现代养牛技术

主　编　刘召乾　韩　寒
副主编　王福刚　张曦文
参　编　乔立旺　高彩霞　朱军利
主　审　许尚忠

北京理工大学出版社
BEIJING INSTITUTE OF TECHNOLOGY PRESS

内 容 简 介

本教材是农业职业学校畜禽生产技术专业核心课程教材。本教材根据职业学校的教育教学改革实际，紧扣人才培养目标，推进以"学中做，做中学"为核心的理实一体化教学模式的小实施；在对牛生产相关工作岗位职业能力进行分析的基础上，以岗位能力培养为核心，对教学内容、教学策略、产教融合等方面进行整合，以服务为宗旨，以就业为导向，凸显产学研深度融合的人才培养模式。为探索"工学交替""项目导向""任务驱动"的教学理念，本教材的编写以"校企融合，能力为本"为原则，从养牛企业工作岗位能力需求出发，引入工匠精神内涵指标，对养牛生产工作过程进行重构，确定 4 个模块、7 个项目、36 个学习情境；课程内容以项目为中心，分解教学任务，设计教学情境，将任务与知识和技能有效地结合起来。教材以知识够用、技能实用和综合素质全面发展为基本要求，重点突出、条理清晰、简明实用、易读易懂，并大量吸收了现代养牛业的新技术和新经验，充分体现了实用性和先进性。

图书在版编目（CIP）数据

现代养牛技术 / 刘召乾，韩寒主编. -- 北京 ：北
京理工大学出版社，2025. 1.
ISBN 978-7-5763-4845-3

Ⅰ. S823

中国国家版本馆 CIP 数据核字第 2025NH9896 号

责任编辑： 芈　岚　　　　**文案编辑：** 芈　岚
责任校对： 刘亚男　　　　**责任印制：** 施胜娟

出版发行 / 北京理工大学出版社有限责任公司
社　　址 / 北京市丰台区四合庄路 6 号
邮　　编 / 100070
电　　话 / (010) 68914026（教材售后服务热线）
　　　　　　 (010) 63726648（课件资源服务热线）
网　　址 / http://www.bitpress.com.cn

版 印 次 / 2025 年 1 月第 1 版第 1 次印刷
印　　刷 / 定州市新华印刷有限公司
开　　本 / 889 mm×1194 mm　1/16
印　　张 / 16.25
字　　数 / 313 千字
定　　价 / 70.00 元

前 言
PREFACE

党的二十大报告指出："全面建设社会主义现代化国家，最艰巨最繁重的任务仍然在农村。坚持农业农村优先发展，坚持城乡融合发展，畅通城乡要素流动。加快建设农业强国，扎实推动乡村产业、人才、文化、生态、组织振兴。"本教材以习近平新时代中国特色社会主义思想为指导，贯彻落实党的二十大精神，按照国家教育部颁布的全国职业学校畜禽生产技术专业类编写大纲的基本要求编写，旨在提升农业职业教育质量，更好地服务于职业教育教学改革，服务于社会主义新农村建设。

本教材的编写始终坚持"项目导向、资源配套、易学易教"的编写理念，既结合了当前新技术发展的前沿知识，也充分吸收了使用者的合理化建议，以打造出具有更广泛适用性、符合高层次技能型人才培养要求的高质量教材。

本教材采用活页式结构编排，从养牛企业工作岗位的能力需求出发，强化工匠精神，对养牛生产工作过程进行重构，确定4个模块、7个项目、36个学习情境。本教材分为学习情境、学习目标、任务书、获取资讯、任务实施、评价反馈、拓展训练七个模块，通过工作流程将知识学习与技能训练贯穿始终，注重对学生实践能力的培养。全书项目的组织与编写既遵循了真实的岗位工作流程，又符合学生知识技能学习的规律，职业教育特色突出。

本教材具有以下特色。

（1）"项目导向"的写作模式。全书七个项目是对现代养牛生产工作过程的全面解析，在工作流程中贯穿知识学习及技能训练，注重对学生实践能力的培养，职业教育特色突出。

（2）立体化的资源库。编写团队制作了大量的与本课程相对应的教学资源和学习资源，形成了立体化的资源库，满足线上线下混合教学改革的需求，方便学生自主学习和教师的教学参考。

（3）样本化。本教材同步设计了较为完善的教学解决方案供教师教学参考，包括课程标准、电子教案、授课教案、授课PPT、实训大纲、考核试题库等。这些教学文件为任课教师提供了较好的教学解决方案，是教师教学的得力助手。

本教材具体任务分工如下：项目一、项目四、项目五、项目六由刘召乾、韩寒编写；项目二由王福刚、韩寒编写；项目三由刘召乾、张曦文、乔立旺编写；项目七由刘召乾、高彩霞编写；山东万祥牧业有限公司朱军利、邹城市金瑞牛业有限公司秦士猛等企业技术专家提供素材支持。本教材由刘召乾、韩寒统稿，并特邀请中国农业科学院许尚忠研究员、青岛农业大学孙国强教授审稿，在此向以上专家和学者表示由衷的谢意。

　　由于时间仓促，编著水平所限，书中难免存在不足与疏漏之处恳请广大读者给予指正。

编　者

目录 CONTENTS

模块三　现代肉牛生产

模块四　牛的保健

模块 一

养牛基础

项目一　牛场舍规划与管理

◉ 项目导学

学时	12
要点	参照《畜禽养殖设施用地标准》（征求意见稿）和《畜禽场场区设计技术规范》（NY/T 682—2023）的要求，本项目简要介绍了确定牛场规模的因素，详细介绍了牛场舍规划与设施选择，同时简述了牛场的管理方式
目标	❖素质目标 　1. 培养学生团结协作、严谨认真的工匠精神。 　2. 帮助学生体验学习的成就感，培养其对畜禽生产技术专业的学习兴趣。 ❖知识目标 　1. 了解养牛的关键因素及养牛规模的确定因素。 　2. 掌握牛场的规划要素及相关养牛设施。 ❖能力目标 　1. 能够确定牛场规模。 　2. 能够对牛场舍进行规划并选择相关配套设施。 　3. 能够对牛场进行合理的管理
资源	1.《畜牧场规划设计》《畜牧场规划与设计》等教材。 2.《中华人民共和国环境保护法》《中华人民共和国水污染防治法》等法律法规。 3. 畜场规划设计网站——京鹏畜牧 http://jpxm.com.cn
策略	1. 教师可运用任务驱动法、讨论法、演示法等教学方法开展教学。 2. 学生能够根据项目所要完成的任务，查阅相关资讯和材料，自主探究，合作完成学习任务。 3. 通过项目训练，培养学生的信息收集和处理能力、分析和解决问题能力以及自主学习能力
评价	1. 牛场的选址原则。 2. 牛场场内规划。 3. 叙述应如何对牛场进行科学管理

学习情境 1 确定养牛生产规模

学习情境

按照《奶牛标准化规模养殖生产技术规范（试行）》《肉牛标准化规模养殖生产技术规范（试行）》中的有关要求，分析土地、资金、技术、饲草料资源、销售市场等因素，对养牛市场进行调研与科学预测，确定养牛生产的规模。

学习目标

1. 能够说出养牛的关键因素。
2. 能够列举确定养牛规模的因素。
3. 培养学生的团队合作意识和安全生产责任意识。

任务书

分析养牛的关键因素，确定养牛规模。

任务分组

班级		组号		指导教师	
组长		学号			
成员	姓名	学号		姓名	学号

任务分工：_____

获取资讯

一、分析土地、资金、技术、饲草料资源、销售市场等因素

1. 土地

牛场场址不得位于《中华人民共和国畜牧法》明令禁止区域，并要符合相关法律法规

及区域内土地使用规划的要求。养牛生产、牛场管理、职工生活及其他附属建筑等需要一定场地、空间。牛场大小可根据每头牛所需面积，结合长远规划及具体饲养的肉牛数量进行确定。一般牛舍及其他房舍的面积为场地总面积的 15%~20%。由于牛体大小、生产目的、饲养方式等不同，每头牛占用的牛舍面积也不同：每头育肥牛所需面积为 1.6~4.6 m²；通栏育肥牛牛舍有垫草的，每头牛占 2.3~4.6 m²；有隔栏的，每头牛占 1.6~2.0 m²。

2. 资金

养牛生产规模的确定必须有资金作保证。若所有资金不足以投资最大生产规模，则以现有资金发展规模作为适宜规模；若所有资金投资规模大于最大生产规模，则以上述最大生产规模作为适宜规模即可。例如，养 100 头肉牛，牛舍基本建筑需 4.5 万~5.0 万元，草料棚需 4.4 万元左右，购入 100 头体重为 400~500 kg 的架子牛需 30 万~40 万元，饲草料等需 0.18 万~1.25 万元，饲料加工设备等还需 2 万~3 万元。所以，应根据资金情况，确定适宜规模。

3. 技术

规模饲养投入资金较大，追求的利润高，若不掌握牛的生长发育规律和生理特点，不使用科学的饲养技术，就难以获得最佳效益。因此，投资牛规模育肥项目建场前，必须对养牛的基础知识有系统的了解，并在以后的饲养实践中不断地学习，系统地运用新的技术知识科学饲养。

4. 饲草料资源

养牛生产需要有大量的青粗饲料，这是限制饲养规模的主要因素，因此生产上应根据本场能够提供的青粗饲料量来决定最大生产规模。饲草是养牛的物质基础。饲养牛之前，一定要充分考察当地的饲草资源，就近解决饲草问题。在条件允许的情况下，若能有适当的耕地进行粮草间作或轮作以解决青饲料供应问题，对养牛生产将更加有利。饲草问题还应考虑季节因素，保证均衡供应。

5. 销售市场

全国肉牛交易市场大约有 3 000 个，平均每 10 个乡镇就有一个肉牛交易市场。大型市场一般每天上市 500 头牛以上；中型市场每天上市 100~500 头；小型市场每天上市 100 头以下。专业化市场都是大型交易市场，例如，河南淮阳、长春皓月、吉林四平营城、莱州市柴棚、河北围场棋盘山、山东嘉祥黄垓、山西省文水胡兰镇、内蒙古通辽余粮堡等交易市场均有专门的经纪人、中介人。

肉牛交易市场应推行科学先进的交易方式，规范交易行为。在规范化市场内，肉牛交易采用明码标价或拍卖的方式来增加交易的透明度。规范化的市场还制定了交易程序，按程序操作，可使肉牛交易真正做到公平、公正、公买公卖，提高交易的效率和效能，促进肉牛流通。

6. 其他

社会经济条件的好坏，社会化服务程度的高低，劳动力成本的高低，以及价格政策的稳定性等对肉牛生产都有一定的制约作用，应予以考虑。

二、市场调研与科学预测

（一）市场调研

现阶段，我国养牛的生产方式分为传统农牧户散养、专业户饲养和规模化饲养场饲养三种类型。自 2023 年以来，肉牛养殖小散户处于退市、修复和观望阶段，而规模养殖企业虽然有扩产布局，但这一过程需要一定周期。与此同时，环保要求愈加严格，导致多数养殖主产区均出现了限养、禁养的情况，这一趋势已在全国范围内展开，区域重新布局也在一定程度上阻碍了生牛存栏的恢复速度。

当前，我国牛业正迎来社会资本的强势注入，"互联网+肉牛养殖"等具有时代特色的肉牛产业模式应运而生。为应对不断升级的挑战与压力，国内牛业企业正积极创新思路，强化品牌效应，相关企业提升核心竞争力的意识日渐增强。

（二）科学预判

探索建立"低成本养殖+零风险收益"的养殖风险防范机制，大力发展牛养殖小区和专业合作组织，开展适度的规模化养殖，是目前发展养牛业的主要着力点。

1. 适度规模养殖是发展趋势

当前，发展养牛业可实施标准化规模养殖场建设等项目；支持规模养殖场进行基础设施标准化改造；由单家独户的小生产模式向联营共利的专业合作生产方式转变，以提高牛肉综合生产能力。以饲草料加工、规模饲养、废弃物处理为重点，发展养牛业还可研发推广养牛设施配套装备，提高劳动生产率，增加养殖效益。

2. 高端产品前景看好

牛肉供需矛盾依然突出。随着国内消费升级，人们对产品质量和口感的要求越来越高，中国的牛肉消费存在巨大的市场潜力，高端牛肉市场需求旺盛且具备购买力支撑，特别是在人均可支配收入较高的一、二线城市。由于牛源短缺，国产牛肉价格预计仍会保持上涨态势。未来，随着城镇化的加速推进，城乡居民收入水平的提高和膳食结构的改变，牛肉需求量将进一步增长，供需之间的缺口也会进一步扩大。预计 2023 年以后，全国牛肉总需求量将持续增加，供需矛盾依然会非常突出。

3. 生态养殖、循环经济是适度规模养殖的成功模式

生态养殖、循环经济是一种以资源的高效利用和循环利用为核心，以低消耗、低排放、高效率为基本特征，由传统的单向线型经济"资源—产品—废弃物"变为物质闭环流动型经济"资源—产品—废弃物—再生资源"，从而形成低投入、高产出，低消耗、少排放，能循环、可持续的节约型增长方式，是可持续发展理念的具体体现和实现途径。

三、确定牛的饲养规模

在养牛生产项目开始前应认真做好市场调研，全面考虑、统筹兼顾，如有没有条件养

牛、养多少、养什么品种、怎么养等问题。周密地做好养殖前的各项准备工作是保证养牛生产的经济效益、生态效益和社会效益的基础，是促进养牛生产可持续发展的关键。适宜的养殖规模要通过市场调查，并结合自身的资金、劳动力、资源、技术水平及市场环境等要素来确定。适宜的养殖规模实际上是指在一定条件下实现利润最大化的养殖规模。规模大小是场区规划与牧场建设的重要依据，养殖规模的确定主要应考虑场地、饲草料资源、资金、社会服务体系等几个方面。

1. 自然资源

自然资源，特别是饲草料资源，是饲养规模的主要制约因素。此外，生态环境对饲养规模也有很大影响。

2. 资金情况

养牛生产所需资金较多，资金周转期长，饲料报酬低。如果资金雄厚，可考虑进行大规模养殖。总之，要量力而行，进行必要的资金运行分析。

3. 经营管理水平

社会经济条件的好坏，社会化服务程度的高低，价格体系的健全与否，以及价格政策的稳定性等，都对饲养规模有一定的制约作用。在确定饲养规模时，应予以考虑。

4. 场地面积

养牛生产，牛场管理，职工生活及其他附属建筑等需要一定场地、空间。牛场大小可根据每头牛所需面积，结合长远规划计算出来。牛舍及其他房舍的面积为场地总面积的15%~20%。由于牛体大小、生产目的、饲养方式等不同，每头牛占用的牛舍面积也不一样：每头育肥牛所需面积为 1.6~4.6 m²；通栏育肥牛牛舍有垫草的，每头牛占 2.3~4.6 m²；有隔栏的，每头牛占 1.6~2.0 m²。

5. 架子牛的来源

规模饲养应选择杂交改良牛，这类牛增重快、肉质好、饲料报酬高。农区应积极推广饲养国外肉牛品种以及南阳牛、秦川牛、晋南牛、鲁西牛等国内地方牛的杂交后代。可以选用西门塔尔牛、皮埃蒙特牛等作为杂交改良的终端父本，从而实现优质高效的理想效果。

在资金、市场销售、技术、价格、劳动力等条件均正常的情况下，根据规模效益，最大生产规模即为适宜规模。要根据自己的土地、资金、劳动力量力而行。一般农户饲养10~50头时效益高，专业育肥大户饲养50~100头时效益较好。适度规模饲养能减少中间流通环节，降低生产成本，提高经济效益。

🐄 工作计划

根据所收集的资讯和决策的制定过程，制订知识梳理方案，并确定牛的饲养规模具体方案，完成表1-1。

表1-1 牛的饲养规模具体方案

步骤	工作内容	负责人

工作实施

引导问题1：影响养牛生产的关键因素有哪些？

引导问题2：如何确定养牛的规模？

评价反馈

项目	内容	分值	赋分		
			自评	组评	师评
职业素养	安全意识、责任意识	20			
	团队合作、交流协作	20			
	积极参加活动，按时完成任务	20			
职业技能	专业知识查找方法得当	20			
	操作符合技术规范	20			
	总分	100			
总评	自评×30%+组评×30%+师评×40% =		教师签字：		

拓展思考题

1. 养牛生产的关键因素有哪些？
2. 如何确定牛的饲养规模？

相关知识点

养牛场应该如何合理制订饲料供应计划

饲料是养牛生产的可靠物质基础，养牛场每年都必须制订饲料生产和供应计划。编制饲料计划应参考牛群周转计划、各类牛群饲料定额等资料，并需要考虑本地区的气候条件及各季节饲料种类的变化情况。全年饲料总需要量要在计划需要量的基础上增加5%～10%，以留有余地。具体操作如下。

1. 确定年平均饲养头数

根据牛群周转计划，确定年平均饲养头数。

年平均饲养头数（成年母牛、育成牛、犊牛）＝全年饲养头数/365

2. 各种饲料需要量

（1）混合精饲料

成年母牛年基础料需要量(kg)＝年平均饲养头数×3(kg)×365

年产乳料需要量(kg)＝全群总产乳量/3(kg)

育成牛年需要量(kg)＝年平均饲养头数×3(kg)×365

犊牛年需要量(kg)＝年平均饲养头数×1.5(kg)×365

混合精饲料中的各种饲料供应量，可按混合精饲料配方中占有的比例计算。例如，成年母牛混合精饲料的配合比例为玉米50%、豆饼或豆粕34%、麦麸12%、矿物质饲料3%、添加剂预混料1%，则混合精饲料中各种饲料供应量如下。

玉米供应量(kg)＝混合精饲料供给量(kg)×50%

豆饼或豆粕供应量(kg)＝混合精饲料供给量(kg)×34%

麦麸供应量(kg)＝混合精饲料供给量(kg)×12%

矿物质饲料供应量(kg)＝混合精饲料供给量(kg)×3%

添加剂预混料供应量(kg)＝混合精饲料供给量(kg)×1%

（2）青贮玉米

成年母牛年需要量(kg)＝年平均饲养头数×20(kg)×365

育成牛年需要量(kg)＝年平均饲养头数×15(kg)×365

（3）干草

成年母牛年需要量(kg)＝年平均饲养头数×6(kg)×365

育成牛年需要量(kg)＝年平均饲养头数×4(kg)×365

犊牛年需要量(kg)＝年平均饲养头数×2(kg)×365

（4）甜菜渣

成年母牛年需要量(kg)＝年平均饲养头数×20(kg)×365

（5）矿物质饲料

一般按混合精饲料量的3%～5%供应。

学习情境 2　牛场舍规划

学习情境

按照《标准化奶牛场建设规范》（NY/T 1567—2007）、《奶牛标准化规模养殖生产技术规范（试行）》和《肉牛标准化规模养殖生产技术规范（试行）》中的有关要求，对牛场舍进行规划的目的是给牛创造舒适的生活环境，保障牛的健康和生产的正常运行，利用较少的资金、饲料、能源和劳动力，获得更多的畜产品和较高的经济效益。

学习目标

1. 掌握牛场选址原则。
2. 能够科学合理地规划牛场内部。
3. 培养学生的安全生产责任意识和团队合作精神。

任务书

结合牛场选址原则，合理进行场内规划，确定牛舍类型。

任务分组

班级		组号		指导教师	
组长		学号			
成员		姓名	学号	姓名	学号

任务分工：_____

获取资讯

一、牛场选址原则

牛场场址的选择要周密考虑，要有通盘的安排和比较长远的规划，还必须与农牧业发展规划、农田基本建设规划以及修建住宅等规划结合起来，所选场址要有发展的空间，必须适应现代化养牛业的需要。

1. 地势高燥

牛场应建在地势高燥、背风向阳、地下水位较低、具有缓坡、北高南低、总体平坦的地方。地下水位要低于 2 m，最高水位要在青贮窖（坑）底部 0.5 m 以下，切不可建在低凹处、风口处，以免汛期积水和冬季防寒困难。

2. 土质良好

土质以砂壤土为好，其土质松软、透水性强，雨水、尿液不易积聚，雨后没有硬结，有利于牛舍及运动场的卫生清洁及保持干燥，有利于防止蹄病及其他疾病的发生。

3. 水源充足

要有充足的合乎卫生要求的水源，保证生产生活及人畜饮水；水质须良好，不含毒物，确保人畜安全和健康。一般情况下，育肥牛每头每天饮水量为 16~30 L，此外还要增加 20%~25% 的清洁用水与生活饮水。

4. 草料丰富

牛场应距秸秆、青贮和干草饲料资源较近。一般牛场与周围农业种植区的距离应保持在 5~8 km，以保证草料供应，减少运费，降低成本。

5. 社会联系

牛场选址要考虑卫生防疫问题，符合兽医卫生和环境卫生的要求，周边无疫病区，距皮革厂、肉类加工厂、屠宰场等 1 500 m 以上。牛场之间应相距 300~1 500m；牛场距居民区至少 500~1 500m（见图 1-1），距主要交通设施（如公路、铁路等）应在 1 000 m 以上（见图 1-2）。牛场选址还要注意交通、供电、通信是否方便，是否利于饲料、产品的运输以及人员的往来，以便于对外交流。此外，牛场选址应设置在距离村庄居民点至少 500~1 000 m 的下风处，以防止对人们的生活产生不良影响。

图 1-1　牛场选址与居民区及牛场之间的距离要求

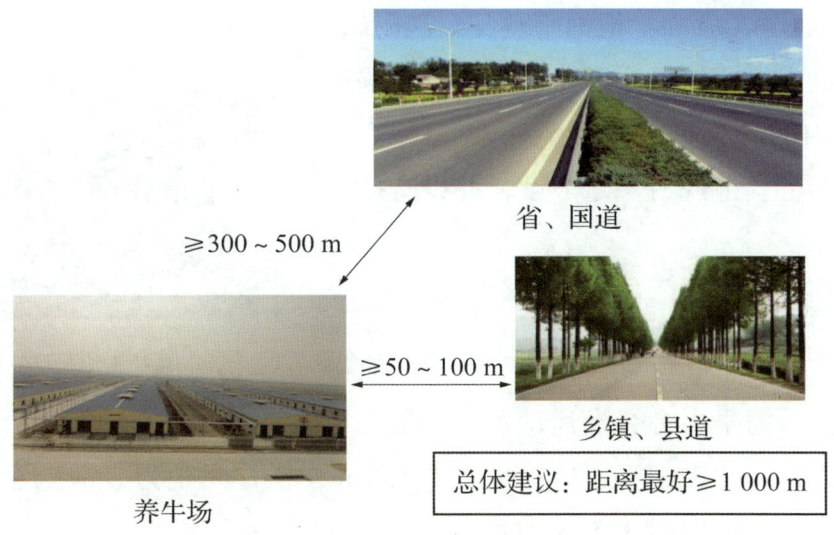

图 1-2　牛场选址与交通设施之间的距离要求

6. 节约土地

牛场选址应不占或少占耕地。

7. 避免地方病

人畜地方病多由土壤、水质缺乏或含有过多的某种元素而导致。地方病对肉牛生长和肉质的影响很大，虽可防治，但势必会增加成本。

二、肉牛牛舍建筑

（一）场内规划

牛场场区规划应本着因地制宜、合理布局、统筹安排、科学规划的原则。场内建筑物的配置应紧凑整齐，土地利用率要高，供水管道要短，以利于生产流程的管理和疾病防控；同时还须满足防火安全的要求。按经营管理功能的不同，可将牛场场区分为生活管理区、辅助生产区、生产区和粪污隔离区（见图 1-3）。

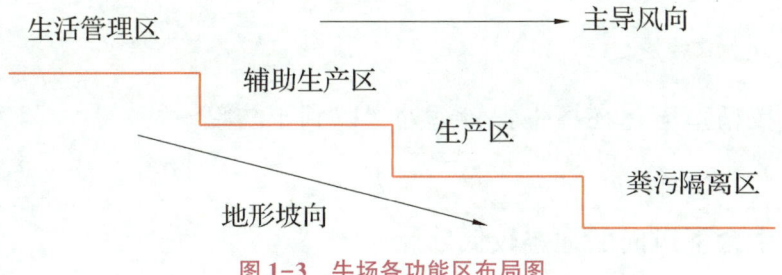

图 1-3　牛场各功能区布局图

生产区与生活管理区、辅助生产区之间应通过设置围墙或树篱严格分开，在生产区进口处应设置二次更衣消毒室和车辆消毒设施。生产区是牛场的核心区，主要包括以下部分。

1. 消毒室（池）

在生产区进口处设紫外线消毒室和消毒池（见图 1-4）。一般供车辆通行的消毒池长

4 m、宽3 m、深0.05~0.1 m，地面平整，耐酸耐碱，不透水。仅供人员通行的消毒池可通过将药液浸湿后的踏脚垫放入池内的方式进行消毒，一般长2.8 m、宽1.4 m、深0.05 m，池底有一定坡度，并设有排水孔，以供排水。

图1-4 某牛场进口处消毒池

2. 牛舍及运动场

肉牛牛舍建在场内中心位置，为便于管理，应尽可能缩短运输线路。肉牛牛舍旁设运动场，一般为牛舍面积的3~4倍。运动场周围应设围栏，围栏须坚固强韧，常以钢管建造，高度为1.5 m，栏柱间距为2 m。运动场内应设有饲槽、饮水池和凉棚。凉棚净高3.5 m，凉棚面积5 m²/头。

3. 饲料库及饲料调制室

饲料库包括草库（见图1-5）及精饲料库等，应离牛舍和饲料加工车间较近。饲料调制室应靠近饲料库，以便于运输。草库宜设在下风向处，与周围房舍应保持50 m以上距离，且须单独建造，既要防止散草影响牛舍环境的美观，又要做好防火安全工作。

4. 青贮窖

青贮窖（见图1-6）应设在牛舍附近，以便于取用，但须注意防止牛舍等处的污水流入窖内。

图1-5 草库

图1-6 青贮窖

5. 兽医室及人工授精室

兽医室及人工授精室应建在离牛舍较远处，以利于防疫。

6. 贮粪场

贮粪场应设在牛舍下风向的地势较低处。

7. 污水池或沼气池

污水池或沼气池用于贮积、处理牛场产生的污水及粪尿，应设在牛场所在位置的最低处，宜建在牛舍下风向的地势低洼处，且与牛舍相距至少200 m，以利于防疫。贮粪池与牛舍之间应保持一定距离（200~300 m），其底面和侧面要密封，以防渗漏污染地下水。目前对牛场废弃物的处理主要以厌氧发酵为主，结合干湿分离器、人工湿地等措施，实现牛场废弃物的无害化处理和资源化利用。

肉牛场规划布局可参考图1-7、图1-8、图1-9。

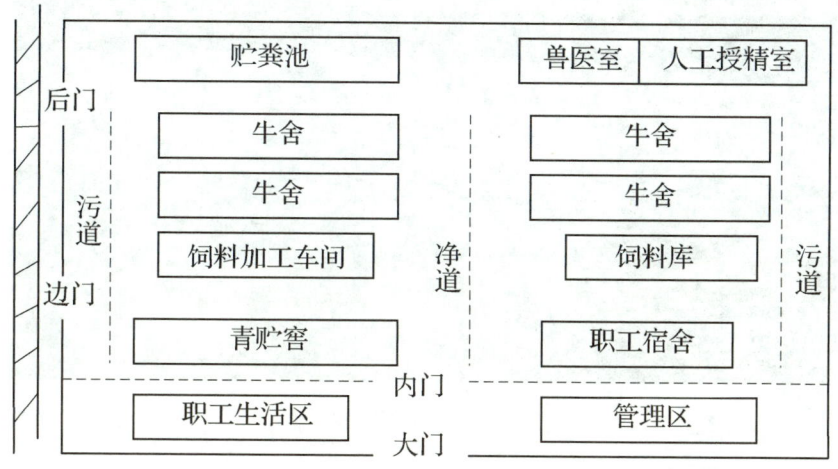

图1-7 肉牛场平面示意图

资料来源：王恬，陈桂银. 畜禽生产［M］. 北京：高等教育出版社，2004.

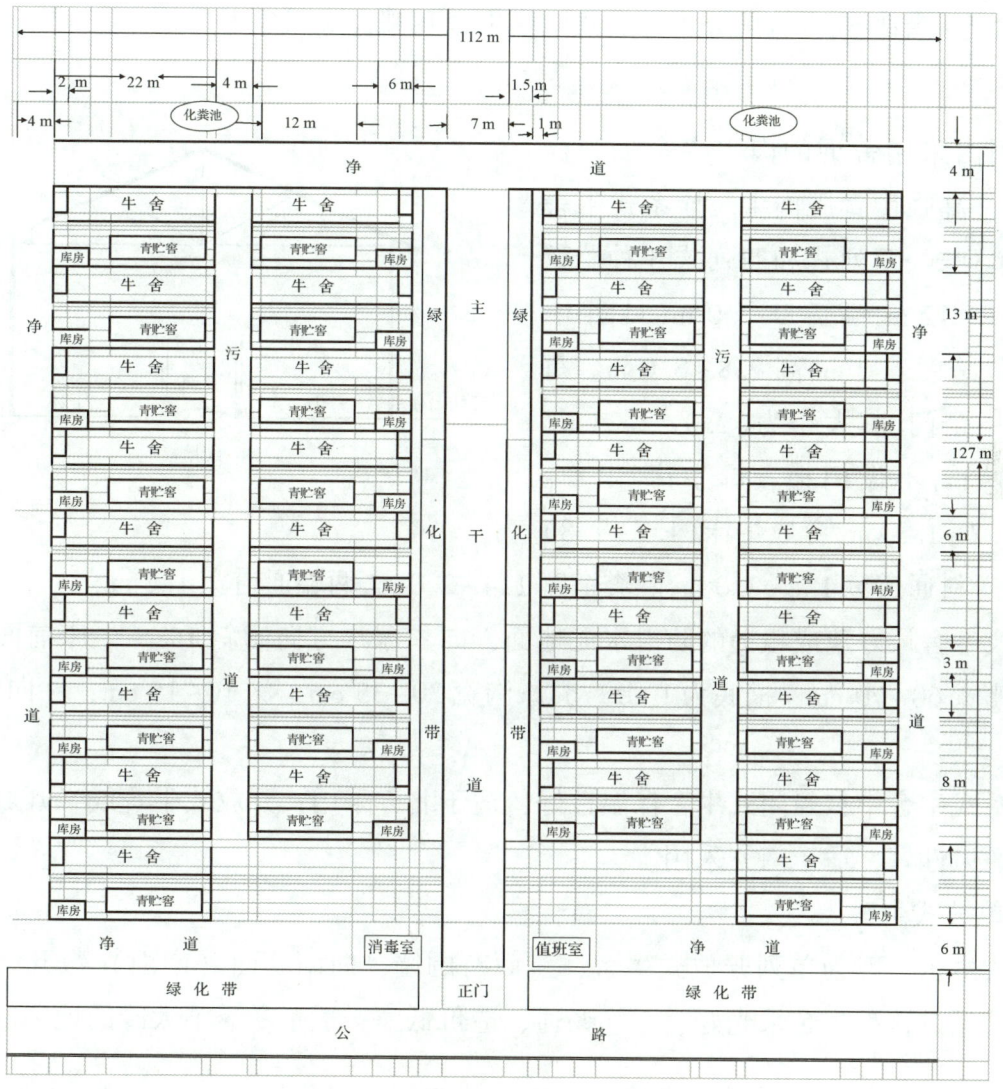

图1-8 某肉牛养殖小区平面布局图

图1-9 某奶牛场效果图

(二) 肉牛牛舍类型

肉牛牛舍主要分为拴系式和围栏式：拴系式牛舍可分为封闭式牛舍、半开放式牛舍、塑料暖棚牛舍等；围栏式牛舍可分为开放式围栏牛舍和棚舍式围栏牛舍。

1. 拴系式牛舍

目前国内采用舍饲的肉牛牛舍多为拴系式，尤其是高强度育肥肉牛。拴系式牛舍也可分为单列式、双列式和四列式3种。双列式跨度10~12 m，高2.8~3.0 m(见图1-10)；单列式跨度6.0 m，高2.8~3.0 m。每25头牛设一个门，其大小为(2.0~2.2) m×(2.0~2.3) m，不设门槛。母牛床(1.8~2.0) m×(1.2~1.3) m，育成牛床(1.7~1.8)

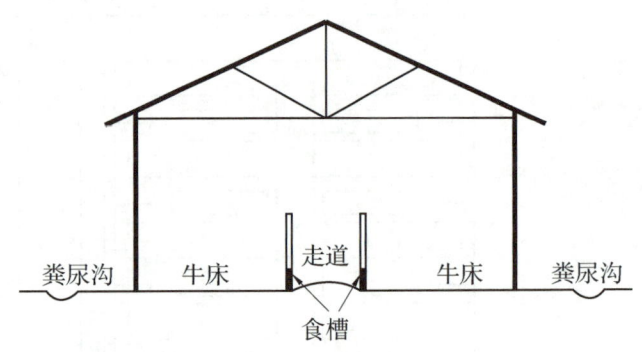

图1-10 双列式拴系肉牛牛舍剖面图

m×1.2 m；送料通道宽1.2~2.0 m，除粪道宽1.4~2.0 m，两端通道宽1.2 m。

拴系式牛舍最好建成粗糙的防滑水泥地面，向粪尿沟方向倾斜1%。牛床前面设固定水泥槽，饲槽宽60~70 cm，槽底为U形。粪尿沟宽30~35 cm、深10~15 cm，并向暗沟倾斜，通向粪池。

在拴系式牛舍中，封闭式牛舍保温性好，适于北方采用；开放式牛舍或半开放式牛舍防暑降温且通风性好，适于南方采用。

（1）单坡式牛舍

单坡式牛舍一般为单列开放式牛舍，三面有围墙，向阳一面（南面）敞开，南面的空地作为运动场。这种牛舍采光好、空气畅通、造价低廉，适于冬季不太冷的地区。

（2）双坡式牛舍

在双坡式牛舍中，牛床的排列多为双列或对尾式。这种牛舍可以是四面无墙的敞篷式，也可以是开放式、半开放或封闭式（见图1-11）。敞篷式适用于气候温和地区，若在多雨地区，可将食槽设于棚内。对于开放式双列牛舍（见图1-12），为防止冬季寒风侵袭，应在东、北、西三面设墙和门窗。在寒冷地区，可采用半开放式或封闭式牛舍。如果牛舍的北面及东西两侧有墙和门窗，南面只有半堵墙，则为半开放式牛舍；如果南面也封起来，则为封闭式牛舍。

图1-11　双坡式牛舍

图1-12　开放式双列牛舍

另外，新型双坡式育肥牛棚舍（见图1-13）近年来较为流行。

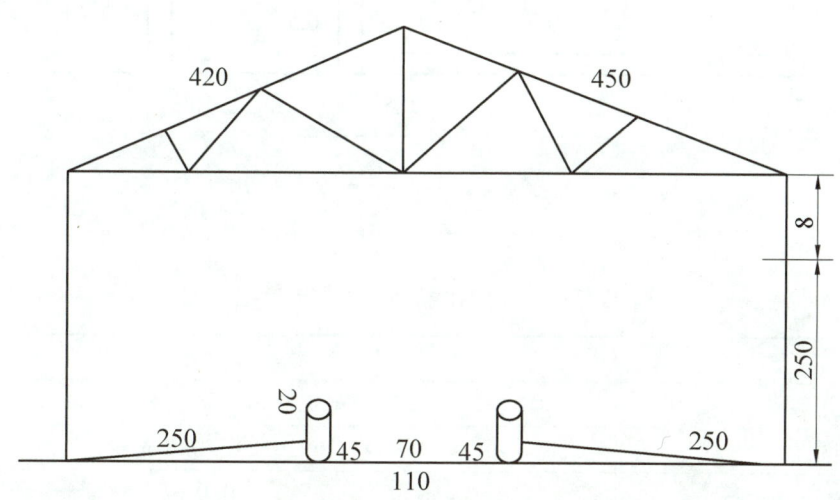

图1-13　新型双坡式育肥牛棚舍结构示意图（单位：cm）

说明：这种牛舍呈南北走向，优点是夏季太阳高度角大，11：00—13：00时进入棚舍的阳光少；而在冬季，太阳高度角小，进入棚舍内的直射阳光多。棚舍中间为饲料槽，两边为排污沟，两侧是拴牛墙（见图1-14），牛下槽后可直接拴系到后墙上，这种设计占地面积少，省工。在冬季，可在棚顶下四周用塑料薄膜围70 cm，再往下的180 cm用帆布围起，并清粪。顶棚为层叠式结构，留有一条8 cm

图1-14　双列式拴系肉牛牛舍实景图

的缝隙，便于通风换气。

2. 塑料暖棚牛舍

塑料暖棚牛舍的暖棚应建在背风向阳、地势高燥处，若在庭院中，则要靠北墙，使其坐北朝南，以增加采光时间和光照强度，有利于提高舍温。所有塑料薄膜均须选用白色透明农用膜（0.02~0.05 mm）。暖棚牛舍四面用空心砖砌成，墙厚 37 cm 或 24 cm。牛舍后坡占牛舍地面跨度 2/3（用草帘或瓦皆可），前坡占 1/3。由于采用的太阳入射角（后墙根和房檐连线的夹角）角度为 30°~40°，因此可保证后墙根都能照到阳光。塑料坡度为 40°~65°，冬天中午的太阳几乎直射塑料面，牛舍内不仅有较大的受光面积，还能获得较大的透光率，从而可以提高舍内温度。塑料暖棚牛舍设计工艺见图 1-15，建筑参数见表 1-2。

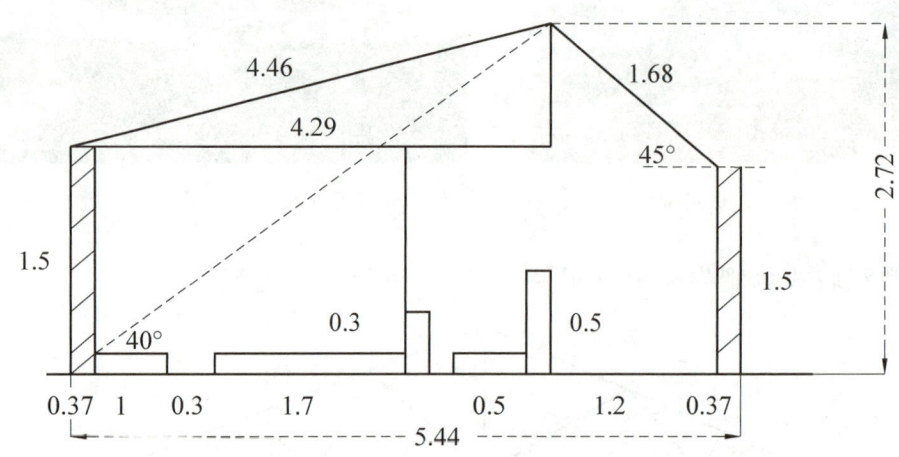

图 1-15　塑料暖棚牛舍设计工艺图（单位：m）

资料来源：杨和平. 牛羊生产［M］. 北京：中国农业出版社，2001.

表 1-2　塑料暖棚牛舍建筑参数

名称	规格
门	宽 1.2 m，高 1.8~2.0 m
支架间距	0.6~0.8 m
南墙高	0.9 m
北墙高	2.4 m
南墙至立柱间距（南侧料道）	2.0 m
北墙至立柱间距	4.8 m
立柱高	3.5 m
食槽	宽 0.8 m，前缘高 0.6 m，后缘高 0.4 m
牛床	长 2.0 m，宽 1.2~1.5 m
排粪沟	0.4 m（如用水泥地面可修成一定的坡度，以便用水冲洗）
畜道、清粪道	1.6 m
牛舍长度	根据牛数确定

资料来源：黄修奇，何英俊. 牛羊生产［M］. 北京：化学工业出版社，2009.

小常识：塑料暖棚牛舍内温度一般比舍外温度高 10 ℃以上。

河北沽源牧场试验表明，外界气温−30 ℃左右时，暖棚牛舍内温度很少低于 0 ℃。丰宁满族自治县试验表明，在一般牛舍减重的牛，在暖棚牛舍内日增重仍可达到 1.175 kg。

3. 围栏式牛舍

围栏式牛舍是指育肥牛在牛舍内不拴系，高密度散放饲养，自由采食、自由饮水的类型。围栏式牛舍多为开放式或棚舍式，并与围栏相结合使用。开放式围栏牛舍三面有墙，向阳面敞开，与围栏相接，水槽、食槽设在舍内，在刮风下雨时，能够使牛得到保护，也可避免饲草饲料淋雨变质，舍内及围栏内均铺水泥地面。棚舍式围栏牛舍多为双坡式，仅依靠水泥柱子作支撑结构，屋顶结构与常规牛舍相近，用料更简单、轻便，采用双列对头式槽位，中间为饲料通道。

（三）肉牛牛舍建筑

1. 牛舍面积

牛舍及其他房舍的面积为场地总面积的 15%～20%。由于牛的品种、体型大小、生产目的、饲养方式等不同，因此每头牛占用的牛舍面积也不一样。育肥牛所需面积为 1.6～4.6 m²/头。

2. 牛舍地面

牛舍地面因建材不同可分为黏土地、三合土地（石灰：碎石：黏土为 1：2：4）、石地、砖地、木质地、水泥地面等。为了防滑，水泥地面应做成粗糙磨面或划槽线，并且线槽应坡向粪沟。

3. 墙体

图 1-16　肉牛牛舍墙

根据墙体的情况，可将牛舍分为开放式、半开放式和封闭式三种类型。封闭式牛舍上有屋顶，四面有墙，并设有门、窗，见图 1-16。开放式牛舍与半开放式牛舍三面有墙，一般南面无墙或只有半截墙，砖墙厚 50～75 cm。

4. 门

牛舍大门一般设成双开门，均向外开，不应设台阶和门槛，以便牛自由出入。成年牛牛舍门宽 2.0～2.2 m，门高 2.0～2.4 m，每 25 头牛须有一扇大门。犊牛牛舍门宽 1.5 m，门高 2.0～2.2 m。

5. 窗户

窗户主要起通风、采光、冬季保暖的作用。在温暖的南方地区，为保证夏季通风，可适当多设窗户和加大窗户面积，见图1-17。窗户面积以占墙体总面积的1/3~1/2为宜。窗台应距牛舍内地面1.2 m，以窗宽1.2~1.5 m、窗高0.75~0.9 m为宜。

6. 屋顶与通气孔

图1-17　牛舍窗

牛舍最常用的是双坡式屋顶。这种形式的屋顶适用于较大跨度的牛舍，也可用于各种规模的牛群。通气孔一般设在屋顶，其大小因牛舍类型不同而异。单列式牛舍的通气孔为70 cm×70 cm，双列式牛舍的通气孔为90 cm×90 cm。北方牛舍通气孔总面积为牛舍面积的0.15%左右。通气孔应高于屋脊0.5 cm或在房屋顶部。对于牛舍的高度（地面至天花板的高度），在北方寒冷地区，以2.4~2.8 m为宜；在南方，以2.8~3.2m为宜，且屋顶斜面坡度应为45°。

三、奶牛牛舍建筑

（一）奶牛牛舍类型

1. 按牛舍屋顶式样分类

按牛舍屋顶式样不同，奶牛牛舍可分为钟楼式牛舍、半钟楼式牛舍、双坡式牛舍和弧形式牛舍4种类型。

①钟楼式牛舍通风良好，适用于南方地区，但结构比较复杂，耗料多，造价高。

②半钟楼式牛舍通风较好，但夏天牛舍北侧较热，结构也较复杂。

③双坡式牛舍适用于较大跨度的牛舍，加大门窗面积可有利于更好地通风换气，冬季关闭门窗则有利于保温，造价较低，适用性强，在南北方均较为普遍。

④弧形式牛舍采用钢材和彩钢瓦作材料，结构简单，坚固耐用，适用于大跨度的牛舍。

以上4种牛舍类型如图1-18所示。

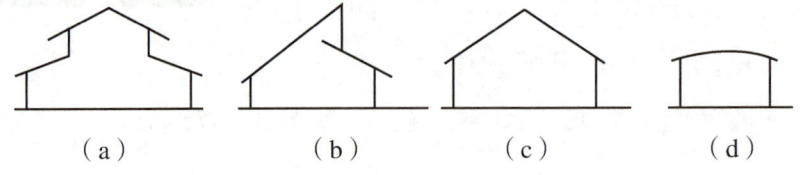

（a）　　　　　（b）　　　　　（c）　　　　　（d）

图1-18　奶牛牛舍类型

（a）钟楼式牛舍；（b）半钟楼式牛舍；（c）双坡式牛舍；（d）弧形式牛舍

2. 按饲养方式分类

按饲养方式不同，奶牛牛舍可分为拴系式牛舍和散栏式牛舍两种类型。

（1）拴系式牛舍

拴系式牛舍主要以牛舍为中心，是一种传统且普遍使用的牛舍。每头牛都以颈枷拴在固定的牛床上，奶牛的饲喂、休息、挤乳在同一牛床上进行。一般每头牛的牛床面积为 1.5~2.0 m²。

（2）散栏式牛舍

在散栏式牛舍中，奶牛的饲喂、休息、挤乳分别在不同的专门区域内进行。奶牛除挤乳外，其余时间不加拴系，任其自由活动。目前，国内新建的机械化奶牛场大多采用散栏式饲养，这是现代奶业的发展趋势。散栏式牛舍结构形式有房舍式、棚舍式和荫棚式 3 种。

①房舍式牛舍适用于气温在 -18~26 ℃ 的北方地区（见图 1-19）。

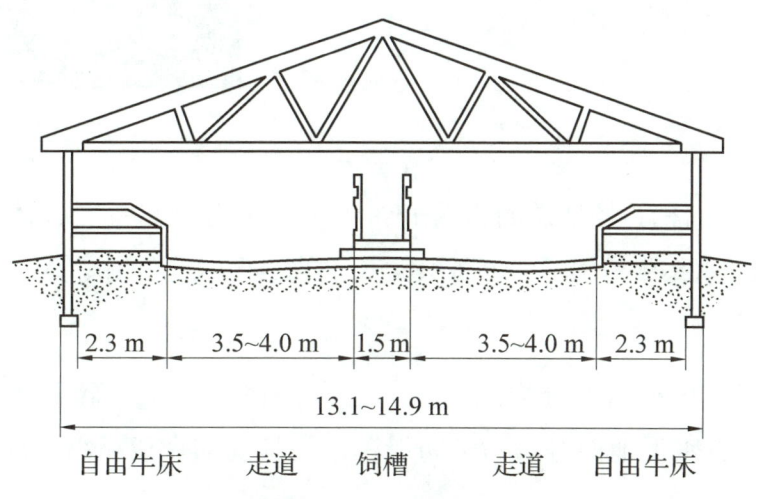

| 2.3 m | 3.5~4.0 m | 1.5 m | 3.5~4.0 m | 2.3 m |

13.1~14.9 m

自由牛床　　走道　　饲槽　　走道　　自由牛床

图 1-19　房舍式牛舍示意图

资料来源：唐春梅，安徽农业科学，2007

②棚舍式牛舍适用于气候较温和的地区。其特点是四周无墙，只有屋顶，形如凉棚，通风、采光好。在多雨地区，饲槽可设在棚舍内。在冬季北风大的地区，可以在北面或东、西、北三面安装活动墙板或其他挡风装置，夏季还可以增设电风扇、喷淋等降温设施。

③荫棚式牛舍适用于气候干燥、雨量不多、土质和排水良好、有较大运动场的地区。牛舍的屋顶仅荫蔽牛床部位，其余部位露天。运动场要有 2% 的坡度，以利于排水，且面积为 30 m²/头以上，饲槽宜设于运动场较高的地段。

3. 按牛群类别分类

按牛群类别不同，奶牛牛舍可分为成年奶牛牛舍、育成牛和青年牛牛舍、产房和犊牛牛舍。

（1）成年奶牛牛舍

成年奶牛牛舍在奶牛场中的比例最高，是牛场的主要建筑，主要用于饲养产乳牛。针对牛舍的建造标准，我国已制定了设计规范。双列式牛舍在我国奶牛业使用最为普遍，可分为对头式（见图 1-20）和对尾式两种。

图 1-20　对头式奶牛牛舍

（2）育成牛和青年牛牛舍

育成牛为 6~16 月龄的奶牛，青年牛为 16 月龄后配种受孕到首次分娩前的奶牛。这类牛舍的基本形式与成年奶牛牛舍相同，只是牛床尺寸小、中间走道稍窄而已。建造上，牛舍可采用东、西、北三面有墙，南面没有墙或仅有半截墙的敞开式或半敞开式设计。

（3）产房和犊牛牛舍

较大规模的牛场应专建产房。产房的床位占成年奶牛头数的10%，床位应大一些，一般宽1.5～2.0 m、长2.0～2.1 m，粪沟不宜深，8 cm左右即可。犊牛牛舍一般应设置犊牛岛（见图1-21）。

图1-21 犊牛岛

（二）奶牛牛舍建筑

1. 牛舍面积

牛舍及其他房舍的面积为场地总面积的15%～20%。由于牛的品种、体型大小、生产目的、饲养方式等不同，因此每头牛占用的牛舍面积也不一样。奶牛所需面积为4.5～5.0 m²/头。

2. 牛舍地面

牛舍地面因建筑材料不同可分为黏土地、三合土地（石灰∶碎石∶黏土为1∶2∶4）、石地、砖地、木质地、水泥地面等。为了防滑，水泥地面应做成粗糙磨面或划槽线，线槽应坡向粪尿沟，见图1-22。

图1-22 奶牛牛舍粪尿沟

3. 墙体

根据墙体的情况，可将牛舍分为开放式、半开放式和封闭式三种类型。封闭式牛舍上有屋顶，四面有墙，并设有门、窗。开放式牛舍与半开放式牛舍三面有墙，一般南面无墙或只有半截墙。

4. 门

牛舍大门一般设成双开门，均向外开，不应设台阶和门槛，以便牛自由出入。成年牛牛舍门宽2.0～2.2 m，门高2.0～2.4 m，每25头牛须有一扇大门。犊牛牛舍门宽1.5 m，门高2.0～2.2 m。

5. 窗户

窗户主要起通风、采光、冬季保暖的作用。窗户面积以占墙体面积的1/3～1/2为宜。窗台应距牛舍内地面1.2 m，以窗宽1.2～1.5 m、窗高0.75～0.9 m为宜。

6. 屋顶与天棚

最常用的屋顶是双坡式屋顶。常用的天棚材料有混凝土板、木板等。对于牛舍高度（地面至天花板的高度），在北方寒冷地区，以 2.4~2.8 m 为宜，在南方，以 2.8~3.2 m 为宜，且屋顶斜面坡度应为 45°。牛舍天棚见图 1-23。

图 1-23　牛舍天棚

工作计划

根据所收集的资讯和决策的制定过程，制订知识梳理方案，并确定肉牛牛舍和奶牛牛舍建设的设计方案，完成表 1-3、表 1-4。

表 1-3　肉牛牛舍建设设计方案

步骤	工作内容	负责人

表 1-4　奶牛牛舍建设设计方案

步骤	工作内容	负责人

工作实施

引导问题 1：牛场选址的原则是什么？

🤖 引导问题 2：牛场内部如何规划？

🤖 引导问题 3：肉牛牛舍和奶牛牛舍的类型分别有哪些？

⊕ 评价反馈

项目	内容	分值	赋分		
			自评	组评	师评
职业素养	安全意识、责任意识	20			
	团队合作、交流协作	20			
	积极参加活动，按时完成任务	20			
职业技能	专业知识查找方法得当	20			
	操作符合技术规范	20			
总分		100			
总评	自评×30%+组评×30%+师评×40% =		教师签字：		

📋 拓展思考题

1. 牛场选址的原则有哪些？
2. 牛场内部须规划哪些具体场所？
3. 牛舍常见类型有哪些？

📝 相关知识点

一、适宜的环境可以充分发挥养牛生产潜力

1. 温度

牛耐寒而不耐热。成年牛比较适宜的环境温度为 5~15 ℃，最佳温度为 10~15 ℃。牛舍地面附近同天花板附近的温度差不宜超过 2.5~3 ℃。墙壁附近与畜舍中央的温度差不宜超过 3 ℃。

2. 湿度

舍内的相对湿度以 50%~70% 为宜，最好不要超过 80%。

3. 舍内通风换气

冷热空气的对流可将牛体散发的热量带走，从而发挥降温的作用。舍内应保持适当的气流，牛所需的风速与环境温度呈正相关：冬季以 0.1~0.2 m/s 为宜，最高不超过 0.25 m/s；夏季则应尽量使风速不低于 0.25~1 m/s。

4. 舍内光照

牛舍采光系数即窗采光面积与舍地面积之比，奶牛牛舍应为 1 : 12，肉牛牛舍应为 1 : 16。舍内光照入射角不应小于 25°，透光角不应小于 5°，以保证冬季牛床上有 6 h 的阳光照射。

5. 有害气体

牛场中的有害气体主要来自牛的呼吸、排泄和生产中的有机物分解，主要是氨、一氧化碳和硫化氢。氨的浓度达到 50 g/m³ 时，会对牛产生不良影响，硫化氢最大允许量不得超过 10 g/m³，一氧化碳浓度应低于 0.8 g/m³。

6. 噪声

牛场应相对安静，让牛能很好地休息，从而进行正常的代谢。

二、畜牧生产的禁养区、限养区、适养区

1. 禁养区

畜禽养殖禁养区是指按照法律、法规、行政规章等规定，在指定范围内禁止任何单位和个人养殖畜禽；禁养区范围内已建成的畜禽养殖场（点），由各县（市、区）人民政府依法责令限期搬迁或关闭。

2. 限养区

畜禽养殖限养区是指禁养区和适养区的过渡区域，是对禁养区的保护，按照法律、法规、行政规章等规定，在一定区域内限定畜禽养殖数量，禁止新建规模化畜禽养殖场；限养区内现有的畜禽养殖场应限期治理，污染物处理应达到排放要求；无法完成限期治理的，应搬迁或关闭。

3. 适养区

畜禽养殖适养区是指禁养区、限养区以外的区域，原则上可作为畜禽养殖适养区。在畜禽养殖适养区内从事畜禽养殖的，应当遵守国家有关建设项目环境保护管理规定，开展环境影响评价。其污染物排放不得超过国家和地方规定的排放标准和总量控制要求。

4. 禁养区范围

①生活饮用水水源保护区、风景名胜区、自然保护区的核心区及缓冲区。
②城市和城镇中居民区、文教科研区、医疗区等人口集中地区。
③市人民政府及各县（市、区）人民政府依法划定的禁养区域。
④国家或地方法律、法规规定需特殊保护的其他区域。

5. 限养区范围

①各县（市、区）人民政府依法划定的限养区域。

②根据城镇发展规划和区域污染物排放总量控制要求，应当限制养殖的区域。

6. 适养区范围

禁养区和限养区以外的其他区域为适养区。按照《中华人民共和国畜牧法》《中华人民共和国动物防疫法》《中华人民共和国水污染防治法》《中华人民共和国环境保护法》等法律、法规的规定，划出一定的生产区域用于建立畜禽养殖小区或规模化养殖场，实行污染物集中治理和废弃物综合利用。

——摘自《畜禽养殖禁养区划定技术指南》环境保护部办公厅

2016 年 10 月 28 日

学习情境 3　牛场设施选择

学习情境

按照《奶牛标准化规模养殖生产技术规范（试行）》《肉牛标准化规模养殖生产技术规范（试行）》中的有关要求，对牛场设施进行合理选择，这对于养牛生产至关重要。

学习目标

1. 能够熟知牛场的主要设施。
2. 强化学生的团队合作和沟通交流意识。

任务书

对牛场的主要设施进行分类。

任务分组

班级		组号		指导教师	
组长		学号			
成员	姓名	学号	姓名	学号	

任务分工：_____

🔘 获取资讯

一、牛场饲养设施选择

1. 饲料生产机具

饲料生产机具包括拖拉机和耕作机械，用于青贮塔（窖）的青贮饲料切草机、割草用镰刀、粉碎机；如果自制配合饲料，则需选用适当的配合饲料加工机组（见图1-24）。

2. 给料车

给料车一般用手推车，大型育肥牛场则需要自动或半自动的给料系统机具。

3. 除粪机具

除粪机具包括清除粪便的除粪车、田间撒粪车、拖车等。

4. 管理器具

管理器具包括刷拭毛刷（见图1-25）、鼻环、缰绳、扫帚、无血去势器、体尺测量工具等。

5. 饲养器具

饲养器具包括水槽（见图1-26）、饲槽等。

图1-24 配合饲料加工机组　　　图1-25 刷拭毛刷　　　图1-26 水槽

二、牛舍内部设施

1. 牛床

牛床的大小取决于牛体大小和拴系方式（见表1-5）。牛床不宜过短或过长，过短时牛起卧受限，容易引起乳房损伤，发生乳房炎或四肢受损等；过长则粪便容易污染牛床和牛体。牛床的宽度取决于牛的体型和是否在牛舍内挤乳。牛床还应有适当的坡度，并高出清粪通道5 cm，以利于冲洗和保持干燥；坡度应为1.0%~1.5%，不宜太大，以免造成牛的子宫后垂或产后脱出。牛床应采用水泥地面，并在后半部划线以防滑。牛床上可铺设垫草或木屑，这不仅有助于保持干燥、减少蹄病，还能改善卫生条件。

表1-5　牛床长、宽设计参数　　　　　　　　　　　　　　　单位：cm

牛群类别	长度	宽度
成年奶牛	170~180	110~130
青年牛	160~170	100~110
育成牛	150~160	80
犊牛	120~150	60

2. 隔栏

为防止奶牛相互侵占牛床，一般应在牛床之间设置由弯曲钢管制成的隔栏。隔栏的长度约为牛床地面长度的2/3，高为80 cm，由前向后倾斜。

3. 饲槽

饲槽位于牛床前，通常为固定的统槽，须质地坚固、表面光滑、不透水、耐磨、耐酸，底部为圆弧形，利于清洗消毒，槽底高于牛床地面5~10 cm，设计参数见表1-6。饲槽最好采用水磨石或钢砖建造，前沿设有栏杆，端部装置给水导管及水阀，两端装设有窗栅的排水器，以防草、渣类堵塞阴井。一般应在两栏之间的饲槽旁离地面0.5 m处设自动饮水装置，每两头牛提供一个。

表1-6　牛饲槽设计参数　　　　　　　　　　　　　　　　单位：cm

饲槽种类	槽顶部内宽	槽底部内宽	前高	后高
成年奶牛	60~70	40~50	30~40	60
青年牛	50~60	30~40	25	50~55
育成牛	40~50	30~35	20	40~50
犊牛	30	25~30	15	30

近年来，有较多奶牛场开始改用地面饲槽，即饲槽不突出地面，或者略低于地面（见图1-27）。这种饲槽结构简单、造价低廉、清洗容易，饲草料不易浪费。

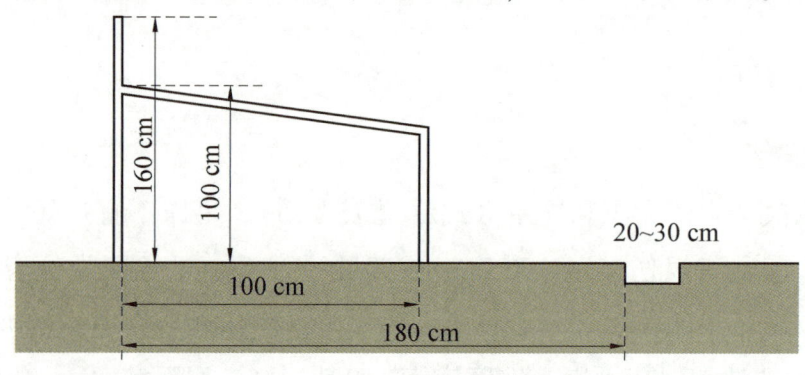

图1-27　牛床及饲槽侧面图

4. 走道

走道一般分为饲料通道和清粪通道。采用人工喂料时要求饲料通道宽 1.2~1.5 m，采用机械喂料时要求饲料通道宽 3.6 m，并高出牛床地面 5~10 cm。清粪通道一般要求宽 1.6~2.0 m，路面有 1% 的坡度，并要划线以防止牛滑倒，高度一般低于牛床。

5. 粪尿沟

在牛床与清粪通道之间设有粪尿沟。粪尿沟通常为明沟，沟宽一般为 30~40 cm，以铁锹能放进沟内为宜，沟深为 5~20 cm，沟底应有 6% 的排水坡度。

6. 颈枷

颈枷的作用是把牛固定在牛床上，以便于其采食、休息和挤乳，防止其因随意乱动而前肢踏入饲槽，后肢倒退入粪尿沟。颈枷须坚固、轻便、光滑、操作方便，可分为硬式和软式两种，其中硬式颈枷多采用钢管制成（见图 1-28）。

图 1-28　硬式颈枷

工作计划

根据所收集的资讯和决策的制定过程，制订知识梳理方案，并确定牛场设施配置方案，完成表 1-7。

表 1-7　牛场设施配置方案

步骤	工作内容	负责人

工作实施

引导问题：肉牛牛舍的主要设施有哪些？

评价反馈

项目	内容	分值	赋分		
			自评	组评	师评
职业素养	安全意识、责任意识	20			
	团队合作、交流协作	20			
	积极参加活动，按时完成任务	20			
职业技能	专业知识查找方法得当	20			
	操作符合技术规范	20			
	总分	100			
总评	自评×30%+组评×30%+师评×40% =		教师签字：		

拓展思考题

简述牛场设施的种类。

学习情境 4　牛场的管理

学习情境

按照《奶牛标准化规模养殖生产技术规范（试行）》《肉牛标准化规模养殖生产技术规范（试行）》中的有关要求，以肉牛场的管理为例，对牛场进行成本核算及效益分析，并进行牛场产业化经营。

学习目标

1. 能够对牛场成本进行核算。
2. 能够合理经营、管理牛场。
3. 培养学生严谨认真的工作态度，强化勤俭节约的意识。

任务书

对肉牛场进行成本核算及效益分析。

任务分组

班级		组号		指导教师	
组长		学号			

成员	姓名	学号	姓名	学号

任务分工：＿＿＿＿＿＿＿＿＿＿＿＿＿＿＿＿＿＿＿＿＿＿＿＿＿＿＿＿＿＿

获取资讯

一、肉牛场成本核算及利润核算

（一）肉牛场成本核算

1. 肉牛场生产费用

（1）工资和福利

直接从事养牛生产的人员的工资和福利。

（2）饲料费用

饲养牛群消耗的饲草、饲料费用。

（3）燃料和动力费用

牛群饲养中消耗的燃料和动力费用。

（4）医药费用

防治牛群疫病消耗的药品和医疗费用。

（5）种公牛、种母牛折旧费用

种公牛从参加配种开始计算，种母牛从产犊开始计算的折旧费用。

（6）固定资产折旧费用

固定资产折旧费用包括牛舍折旧费用和专用饲养机械折旧费用。

（7）固定资产修理费用

牛舍和专用饲养机械的修理费用。

（8）低值消耗品费用

饲养牛群使用的低值工具、器具和劳保品费用。

（9）其他直接费用

直接用于牛群饲养的其他费用。

（10）共同生产费用

分摊到牛群的间接生产费用。

（11）牛场管理费用

分摊到牛群的管理费用。

记录与记账种类见图 1-29。

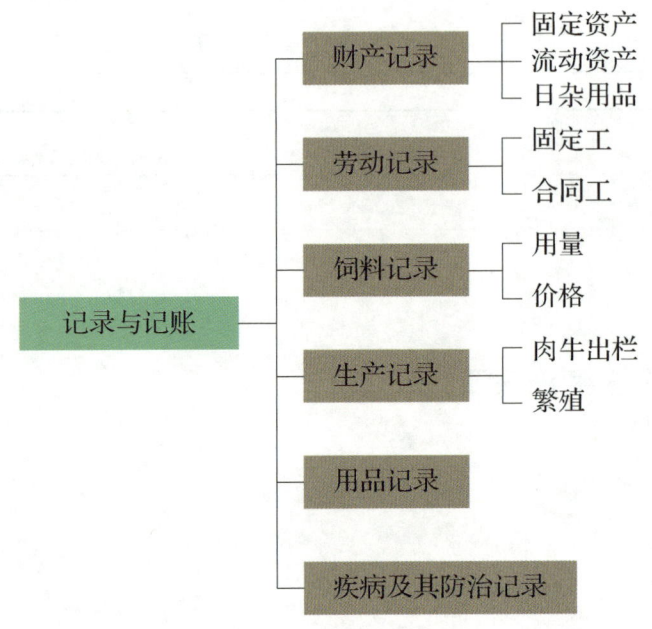

图 1-29　记录与记账种类

2. 牛产品成本

（1）饲养日成本

一头肉牛饲养一天的费用，可反映出饲养水平的高低。

$$饲养日成本=\frac{本期饲养费用}{本期饲养头日数}$$

（2）增重单位成本

犊牛或育肥牛增重的平均单位成本。

$$增重单位成本=\frac{本期饲养费用-副产品价值}{本期增重量}$$

（3）活重单位成本

牛群全部活重单位成本。

$$活重单位成本=\frac{期初全群成本+本期饲养费用-副产品价值}{期终全群活重+本期售出转群活重}$$

（4）生长量成本

$$生长量成本 = 生长量饲养日成本 \times 本期饲养日$$

（5）牛肉单位成本

$$牛肉单位成本 = \frac{出栏牛饲养费用 - 副产品价值}{出栏牛牛肉总产量}$$

成本项目明细见图 1-30。

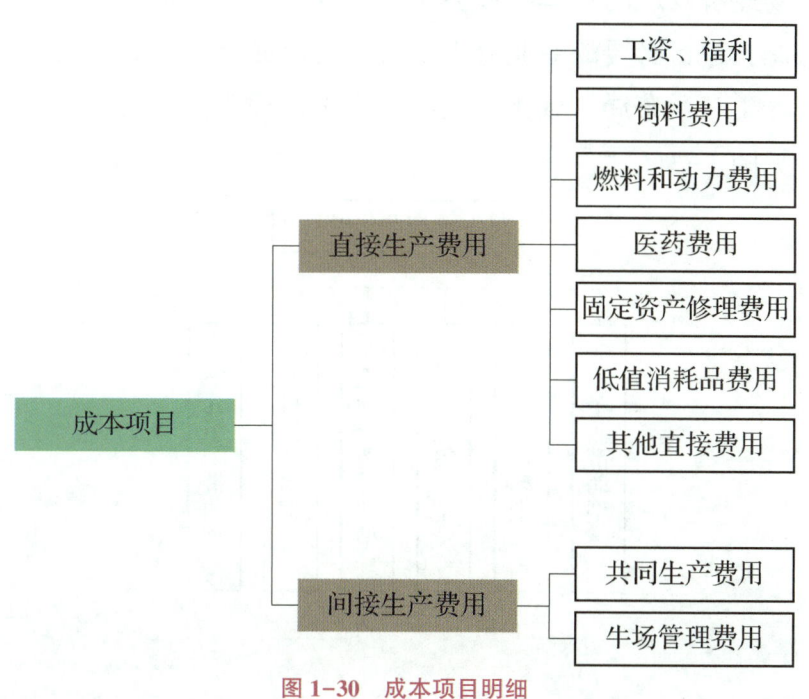

图 1-30　成本项目明细

（二）肉牛场利润核算

肉牛场的利润可以从利润额和利润率两个方面进行计算。

1. 利润额

利润额是指肉牛场利润的绝对数量。

$$销售利润 = 销售收入 - 生产成本 - 销售费用 - 税金$$
$$总利润额 = 销售利润 \pm 营业外收支净额$$

2. 利润率

由于肉牛场的规模大小不同，仅用利润的绝对数量来衡量利润水平是不公平的。利润率是指将利润与成本、产值、资金进行对比，从不同角度反映肉牛场的利润水平。根据不同的计算基础和目的，利润率可分为成本利润率、产值利润率和资金利润率。

$$成本利润率 = \frac{年利润总额}{年成本总额} \times 100\% \quad （反映肉牛场百元成本在一年内创造的利润）$$

$$产值利润率 = \frac{年利润总额}{年产值总额} \times 100\% \quad （反映肉牛场百元年产值所实现的利润）$$

$$资金利润率 = \frac{年利润总额}{年占用资金总额} \times 100\%$$ （反映肉牛场一年内的资金消耗和资金占用与利润的比率关系）

二、肉牛场产业化经营

养牛产业化是指以国内外产品市场为导向，以效益为中心，以科技为先导，以经济利益机制为纽带，按市场经济发展的规律和社会化大生产的要求，通过龙头企业或其经济实体或专业协会的组织协调，进行必要的专业分工重组，实现资金、技术、人才、物质等生产要素的优化配置，实现养牛产业布局区域化、生产专业化、管理企业化、服务社会化、经营一体化、产品商品化，见图 1-31。

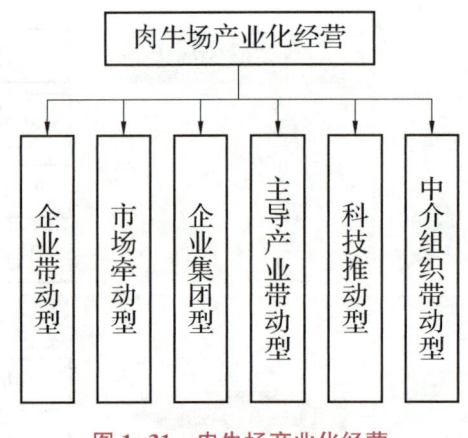

图 1-31 肉牛场产业化经营

工作计划

根据所收集的资讯和决策的制定过程，制订知识梳理方案，并确定肉牛场效益分析方案，完成表 1-8。

表 1-8 肉牛场效益分析方案

步骤	工作内容	负责人

工作实施

引导问题 1：肉牛场的成本核算方法有哪些？

 引导问题2：肉牛如何开展产业化生产？

评价反馈

项目	内容	分值	赋分		
			自评	组评	师评
职业素养	安全意识、责任意识	20			
	团队合作、交流协作	20			
	积极参加活动，按时完成任务	20			
职业技能	专业知识查找方法得当	20			
	操作符合技术规范	20			
总分		100			
总评	自评30%+组评30%+师评40%=		教师签字：		

拓展思考题

1. 简述饲养肉牛的成本。
2. 根据当前行情，计算饲养100头肉牛的经济效益。
3. 肉牛如何开展产业化生产？
4. 谈谈肉牛场废弃物的处理方法。

考证提示

家庭农场畜禽养殖1+X技能证书、执业兽医资格考试大纲相关的知识点如下。

序号	考点	知识点
1	牛场建设	（1）场址选择原则。 （2）牛场规划布局
2	牛舍	（1）肉牛牛舍的主要类型。 （2）奶牛牛舍的主要类型
3	牛场设施	牛场常用的设施
4	牛场经营管理	（1）牛场生产计划的制订。 （2）牛场成本核算。 （3）牛场产业化经营

项目二 牛的饲料配制

项目导学

学时	12
要点	饲料是养牛的基础。全面学习牛的消化特点、常用饲料评价、常用饲料加工和调制、牛的日粮配合技术、全混合日粮制作和检测等内容将有助于开展牛的饲养管理工作，提高养牛的经济效益
目标	❖ **素质目标** 　1. 热爱养牛生产事业，培养一丝不苟、精益求精、敬业爱岗的精神。 　2. 具有团结协作的精神、良好的职业行为和自我学习能力。 ❖ **知识目标** 　1. 了解牛的消化特点。 　2. 掌握牛的常用饲料评价、加工和调制技术。 　3. 掌握牛的日粮配合技术，以及全混合日粮的制作和检测技术。 ❖ **能力目标** 　1. 能够认识牛的消化特点。 　2. 能够对牛的常用饲料进行评价。 　3. 会对牛的常用饲料进行加工和调制。 　4. 能够给牛配合日粮。 　5. 会对牛的全混合日粮进行制作和检测
资源	1.《动物营养与饲料加工》《饲料加工工艺与设备》等相关教材。 　2.《饲料和饲料添加剂管理条例》《饲料原料目录》等。 　3. 实验动物饲料高科技平台
策略	1. 教师可运用任务驱动法、讨论法、演示法等教学方法开展教学。 　2. 学生能够根据项目所要完成的任务，查阅相关资讯和材料，小组合作完成任务。 　3. 通过项目训练，培养学生的信息收集和处理能力、分析和解决问题能力以及自主学习能力
评价	1. 牛的消化特点。 　2. 牛的常用饲料分类。 　3. 常用饲料加工调制。 　4. 牛的日粮配合技术。 　5. 全混合日粮的制作和检测

学习情境 1　牛的消化特点

💬 学习情境

　　牛作为反刍动物，其消化系统的组成和消化特点与单胃动物截然不同，对饲料的利用和吸收方式也存在差异。根据牛消化系统的组成特点和消化特点，采用与其相适应的饲料，合理进行加工调制，并制定适合不同生长阶段的牛日粮配方，对于促进牛群的健康成长，提高养牛的经济效益至关重要。

📖 学习目标

　　1. 了解牛的消化系统组成和采食特点。
　　2. 能够分析牛的消化特点。
　　3. 培养学生踏实肯干、认真负责的职业态度。

📁 任务书

　　分析牛的消化特点。

👥 任务分组

班级		组号		指导教师	
组长		学号			
成员		姓名	学号	姓名	学号

任务分工：_____

_____

📡 获取资讯

一、牛的消化系统特点

（一）牛的消化系统组成

牛的消化系统包括口腔、咽、食管、胃、肠、肝、胰、肛门等器官，见图 2-1。

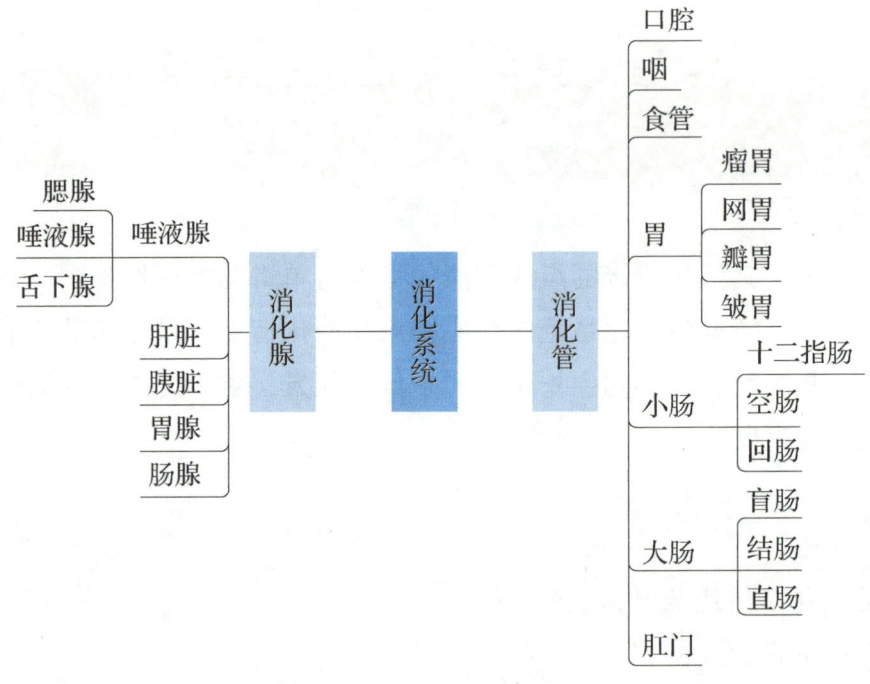

图 2-1 牛的消化系统

牛属反刍动物,有 4 个胃室,即瘤胃、网胃(蜂巢胃)、瓣胃(重瓣胃)、皱胃(真胃),见图 2-2。其中以瘤胃和网胃的容量最大,成年大型牛种的瘤胃和网胃容量可达200 L,小型牛种可达50 L,这个容量相当于皱胃容量的 8~10 倍。瘤胃中生存着数量庞大的微生物群落,其细菌数可达 250 亿~500 亿个/mL,原生虫数达 20 万~50 万个/mL。

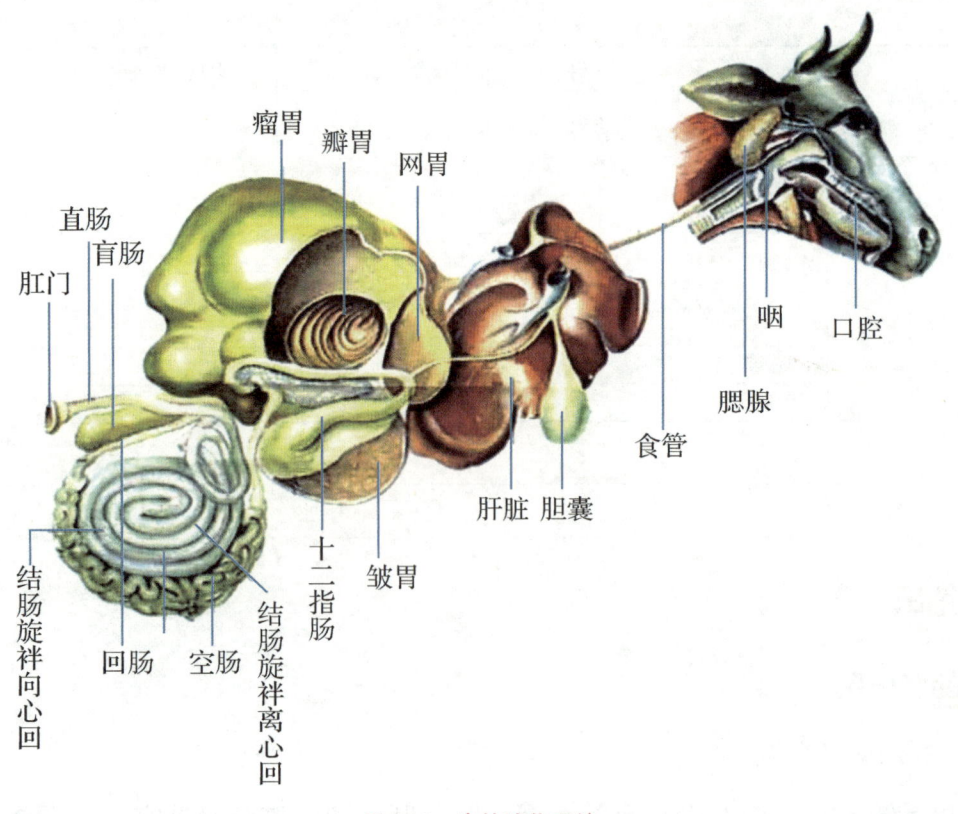

图 2-2 牛的消化系统

（二）牛的采食特点

牛无上切齿，采食时依靠舌将饲料卷入口腔，俗称"舌卷草"。牛摄入口腔的饲料不经充分咀嚼，即匆匆吞咽进入瘤胃，故而对异物的识别能力较差。牛的口腔见图2-3。因此，在饲喂时必须注意以下问题。

①牛不能啃食过矮的牧草，牧草高度低于5 cm时，牛不易吃饱。

②不宜饲喂整粒籽实料，否则食入后会沉入胃底，无法再返回口腔进行重新咀嚼。这些整粒籽实料会因不能被消化而形成过腹料被排出。所以，最好将整粒籽实料压扁、浸软或破碎后再饲喂。

③不能饲喂大块块根、块茎饲料，否则易发生食道梗阻。

④草料在饲喂前要进行认真筛选，将混入的铁钉、铁丝、玻璃碎渣、塑料、有毒植物及发霉变质饲料拣出来，以防被误食。若不慎误食铁器或玻璃，可能会导致创伤性网胃炎、心包炎，而误食有毒变质的饲料则会导致中毒。

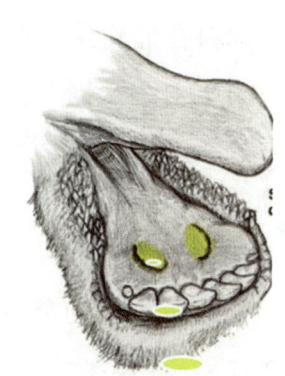

图2-3 牛的口腔

牛有竞食性，在自由采食时会互相抢食。牛全天的采食时间为6~8 h，放牧的牛比舍饲的牛采食时间长。当气温低于20 ℃时，自由采食时间有68%分布在白天；当气温高于27 ℃时，白天采食时间相对减少。天气过冷时，采食时间会延长。牛在一天中有4个采食高峰期，即日出前不久、上午的中段时间、下午的早期和近黄昏，且以日出前不久、上午的中段时间为主。另外，牛对干物质的采食量与其体重密切相关，生长育肥牛的干物质采食量为其体重的2.4%~2.8%，育肥后期牛则为其体重的2.0%~2.3%。饲料品质好时，采食量高；牛的生长期、妊娠初期、泌乳高峰期采食量高；环境温度较低时，采食量增加；环境温度高于27 ℃时，采食量下降。

二、牛的消化特点

（一）犊牛的消化特点

犊牛出生1~2周后，由于采食饲料和饮水，微生物会经口腔进入前胃并栖居繁殖，到3~4月龄时，瘤胃内才出现微生物区系。此后，瘤胃迅速发育，容量增大，4月龄时其容量占整个胃的80%；12月龄时，接近成年牛水平。犊牛大约在出生第3周开始出现反刍，腮腺能够分泌唾液，由此犊牛开始选择性进食饲料。如果在早期就喂给犊牛植物性饲料，可以促进其瘤胃的发育和瘤胃微生物的繁殖；同时，瘤胃内发酵产生的尾产物对瘤胃黏膜乳头的发育也具有刺激作用。

（二）成年牛的消化特点

1. 反刍

牛采食粗糙，仅混以大量唾液形成食团即进入瘤胃，食物在瘤胃中被搅拌发酵后，须通过反刍才能进行消化。反刍包括逆呕、再咀嚼、再混唾液和再吞咽 4 个过程。正常情况下，牛采食后 0.5~1 h 开始反刍，每昼夜反刍 6~8 次，30~50 min/次，每昼夜分泌唾液 100~200 L。因此，必须为牛提供足够的休息时间，以确保其消化机能的正常运行。

2. 嗳气

饲料在瘤胃中发酵会产生多种气体，主要包括二氧化碳、甲烷和氨等。这些气体刺激瘤胃壁的压力感受器，会引起瘤胃由后向前收缩，进而压迫气体经食管由口腔排出，这一过程称为嗳气。牛的平均嗳气次数为 17~20 次/h。

🍃 工作计划

根据所收集的资讯和决策的制定过程，制订知识梳理方案，并分析牛的消化特点，完成表 2-1。

表 2-1　牛的消化特点

序号	特点	负责人

🔊 工作实施

🤖 引导问题 1：牛的消化系统包括哪些器官？

🤖 引导问题 2：犊牛与成年牛的消化特点有什么区别？

✛ 评价反馈

项目	内容	分值	赋分		
			自评	组评	师评
职业素养	安全意识、责任意识	20			
	团队合作、交流协作	20			
	态度端正、按时完成任务	20			

续表

项目	内容	分值	赋分		
			自评	组评	师评
职业技能	知识体系梳理方法得当	20			
	牛的消化特点讲解熟练	20			
	总分	100			
总评	自评×30%＋组评×30%＋师评×40%＝		教师签字：		

拓展思考题

1. 简述牛的采食特点。
2. 简述牛反刍的意义。

相关知识点

食管沟反射

食管沟是牛网胃壁上自贲门向下延伸到网瓣口的肌肉皱褶。哺乳期犊牛在吸吮乳头的刺激作用下，食管沟闭合，形成一个中空闭合的管道，将乳汁绕过瘤胃和网胃，直接送入瓣胃和皱胃进行消化，此过程称为食管沟反射。食管沟反射可避免乳汁进入瘤胃并在瘤胃中发酵，进而产生消化障碍。在人工哺乳时，应注意不要让犊牛吃乳过快而超过食管沟的容纳能力，导致乳汁进入瘤胃，引起不良发酵，见图2-4。

图 2-4　奶瓶哺乳

学习情境 2　常用饲料原料选择

学习情境

牛的饲料有哪些种类？如何选择合适的饲料？怎样合理搭配饲料才能加快肉牛的生长速度？饲料是养牛的基础。在养牛生产的过程中，选择优质高效的饲料原料至关重要。牛常用的饲料种类繁多，科学合理地对其进行分类整理，可以更好地了解不同种类饲料的特点，掌握其主要营养成分与利用价值，从而为养牛生产提供更科学的支持。

学习目标

1. 掌握常见的青粗饲料。
2. 掌握常用的精饲料补充料。
3. 培养学生恪尽职守的责任意识和精益求精的工匠精神。

任务书

对牛常用的饲料进行分类。

任务分组

班级		组号		指导教师	
组长		学号			
成员		姓名	学号	姓名	学号

任务分工：_____

获取资讯

一、青粗饲料

1. 青绿饲料

青绿饲料是指含水量在 60% 以上、富含叶绿素、处于青绿状态的植物性饲料。主要包括天然牧草、人工种植的牧草（如燕麦，见图 2-5），叶菜类，嫩绿树叶及浮萍、水葫芦等水生植物。

青绿饲料长时间堆放，易腐败发霉，其产生的亚硝酸盐会导致牛中毒。高粱苗、玉米苗、马铃薯幼芽、三叶草等青绿饲料堆放发霉或霜冻枯萎都易引起氰化物或氢氰酸中毒。草木樨发霉腐败也易引

图 2-5　燕麦

发中毒。青绿饲料种类众多，喂牛时要调节蛋白质与能量的平衡，并科学合理地加以利用。

2. 青贮饲料

青贮饲料是以青绿的玉米植株或其他青绿饲料为原料，经切碎后装填到青贮窖（池、塔、壕或塑料袋）内，在厌氧的条件下通过乳酸菌发酵，使 pH 值下降到 3.8～4.2，从而抑制腐败菌的繁殖，最终调制而成的多汁饲料。含水量为 50%～55% 的青贮饲料称为半干青贮饲料（见图 2-6）。

3. 粗饲料

干物质中粗纤维含量大于或等于 18%，自然含水量小于 45% 的饲料统称粗饲料，主要包括农作物的秸秆、秕壳，枯草期牧地的牧草，青干草，干树叶等。调制好的优质青干草是牛最好的粗饲料，见图 2-7。在农作物秸秆中，以玉米秸为最好，小麦秸为最差（春小麦秸好于冬小麦秸）。喂牛前，应进行氨化处理，以提高消化率和营养价值。

图 2-6 半干青贮饲料

图 2-7 粗饲料草捆

二、精饲料补充料

1. 精饲料

精饲料主要包括禾本科籽实饲料与豆科籽实饲料，其共同特点是体积小、粗纤维含量低、可消化营养物质含量高，是牛主要的能量和蛋白质补充料。

禾本科籽实饲料的干物质中以无氮浸出物（淀粉）为主，占干物质的 70%～80%。喂牛常用的禾本科籽实饲料包括玉米（见图 2-8）、高粱、大麦、燕麦等。其中被称为"饲料之王"的玉米富含淀粉，能量值高、适口性好、消化率高，是牛的主要能量饲料。

豆科籽实饲料的营养特点是粗蛋白质含量高，占干物质的 20% 以上，无氮浸出物含量为 30%～50%，其中的纤维素易被消化（见图 2-9）。因富含可消化粗蛋白质，豆科籽实饲料常用作蛋白质补充料。

牛乳属于动物性蛋白质饲料，是犊牛不可替代的食物。目前，在无公害牛肉生产中，不允许使用除牛乳以外的其他动物性饲料。

图 2-8 玉米

图 2-9 豆粕

2. 主要加工副产品

加工副产品主要包括三大类，即禾本科籽实加工副产品糠麸类；豆科籽实加工副产品饼粕类；酿造、制糖业副产品糟渣类。

糠麸类饲料主要包括米糠（见图 2-10）、麸皮、玉米皮等。麸皮粗纤维含量高、质地疏松、容积大，具有轻泻作用，是牛产前产后的理想饲料。

图 2-10 米糠

饼粕类饲料是油料作物籽实经压榨或浸渍提出植物油后剩余的副产品，其可消化粗蛋白质含量可达 30%～45%，氨基酸种类齐全、含量丰富，营养价值很高。此类饲料含磷较多，含钙较少，B 族维生素含量较高，但胡萝卜素较少。牛最常用的蛋白质饲料是大豆饼、大豆粕、棉籽饼等。生豆饼（粕）中含有抗胰蛋白酶等抗营养因子，棉籽饼中则含有棉酚，因此在配合日粮时，要控制用量。

糠麸类饲料和饼粕类饲料在配合日粮时通常作为精饲料使用。

糟渣类饲料主要来源于制糖和酿酒业的副产品，如酒糟、醋糟、豆腐渣等，其营养成分受原料和加工工艺等因素的影响，一般粗纤维和水分含量较高，不易储存和运输。鲜啤酒糟蛋白质含量高，饲用效价较高，富含维生素 B_{12}，并含有未知的促生长因子，是促进奶牛产乳和肉牛育肥的好饲料。

三、添加剂

（一）营养类添加剂

1. 维生素添加剂

维生素添加剂用于补充饲料中维生素的不足，以保证牛的正常生产和健康。成年肉牛必需添加的维生素包括维生素 A、维生素 D 和维生素 E。

2. 矿物质添加剂

矿物质添加剂主要是用于满足牛对矿物质的需要。除常量元素外，肉牛通常还需要补充铁、铜、锰、碘、硒、钴等7种微量元素。矿物质添加剂通常以添加剂预混料或复合营养舔块（砖）的形式添加（见图2-11、图2-12）。使用时需考虑各种微量元素之间的拮抗和协同作用。

图2-11 食盐（添加在预混料中）

图2-12 复合营养舔砖

3. 氨基酸添加剂

牛的瘤胃微生物能合成必需氨基酸，因此成年牛在正常情况下不需添加氨基酸。但犊牛饲料中应提供必需氨基酸。对于快速生长的肉牛，在饲料中添加过瘤胃保护氨基酸能显著提高生产性能。氨基酸添加剂中最重要的是蛋氨酸，如蛋氨酸锌（蛋氨酸和锌的螯合物）及蛋氨酸烃基类似物，它们都能减少微生物的降解，起到过瘤胃保护作用。

4. 脂肪酸钙

脂肪酸钙是一种过瘤胃保护脂肪，其在瘤胃中不溶解，只有在真胃和小肠中才能水解，从而提高了脂肪酸的利用率，是一种新兴的牛能量补充剂。

（二）饲料药物添加剂

莫能菌素钠又称瘤胃素，可通过改变瘤胃革兰氏阳性菌和阴性菌的比例，改变瘤胃的发酵产物，从而提高牛的增重和饲料转化效率，其添加量为每头每天200～300 mg。

杆菌肽锌可抑制病原菌细胞壁的形成，影响其蛋白质合成功能，从而杀灭病原菌。它还能使肠壁变薄，促进营养吸收，有利于生长和改善饲料效率，对虚弱犊牛的作用更为明显。对于3月龄内的犊牛，饲料中的添加量为10～100 g/t；对于3～6月龄犊牛，饲料中的添加量为4～40 g/t。

硫酸粘杆菌素可促进生长和提高饲料利用率，对沙门氏菌、大肠杆菌等引起的菌痢具有良好的防治作用，但大量使用可导致肾中毒，因此其使用量每吨饲料不超过20 g，且不能与土霉素、喹乙醇同时使用。

盐霉素钠对大多数革兰氏阳性菌有较强的抑制作用，并具有抗球虫作用，一般使用量为每吨饲料10～30 g。

黄霉素可通过干扰细胞壁结构物质的生物合成来抑制细菌繁殖，不仅能够防治疾病，还能降低肠壁厚度，减轻肠壁重量[①]，从而促进营养物质在肠道内的吸收，促进牛生长并提高

---

① 本书中重量表示质量，单位为kg。

饲料利用率。肉牛一般黄霉素用量为每头每天 30～50 mg。

（三）脲酶抑制剂

脲酶抑制剂主要包括乙酰氧肟酸、氢醌、磷酸钠等，能够调控瘤胃微生物脲酶的活性，从而控制瘤胃中氨的释放速度，提高尿素（见图 2-13）的利用率，增加蛋白质的合成量。

图 2-13　尿素

（四）缓冲剂

缓冲剂是一类能增强溶液酸碱缓冲能力的化学物质。比较理想的缓冲剂首选碳酸氢钠（小苏打），其次是氧化镁。缓冲剂能调节瘤胃 pH 值，促进消化纤维的细菌生长，提高有机物消化率和细菌蛋白质的合成，同时能增加采食量，并减轻热应激。小苏打的添加量一般为精饲料量的 1%～1.15%（每周逐渐增加），氧化镁的添加量为精饲料量的 0.75%～1%。

（五）生物活性剂

生物活性剂主要包括酶制剂、酵母培养物、活菌制剂等。

酶制剂具有促进饲料消化吸收、提高饲料利用率和生产水平的作用。肉牛常用的酶制剂产品主要是复合酶制剂，包括淀粉酶、蛋白酶、脂肪酶、纤维素酶等。

酵母培养物的主要作用是稳定瘤胃 pH 值，刺激纤维素消化，提高挥发性脂肪酸的产量和比例，降低瘤胃乳酸浓度，增加干物质采食量。在育肥肉牛饲料中添加酵母培养物可增加瘤胃微生物蛋白质产量，提高增重速度和饲料利用率。

活菌制剂是一类能够维持肠道微生物区系平衡的活的微生物制剂，主要包括芽孢杆菌、双歧杆菌、链球菌、乳酸杆菌、消化球菌等，其作用是补充有益菌群，维持消化道微生物区系平衡，稳定瘤胃 pH 值，增加丙酸产量，提高养分消化率，以及通过增强免疫机能来提高抗应激能力，促进肉牛增重。活菌制剂的建议添加量为每头每天 10～50 g。

（六）中草药添加剂

中草药富含多种微量养分和免疫因子，具有低毒、无残留、无副作用和资源丰富的特点。在生产高效、安全、无公害牛肉产品的过程中，中草药添加剂的开发和应用可减少牛的活动消耗，使牛得到充分休息，促进营养物质的代谢和合成，提高增重，改善牛肉品质。

🐄 工作计划

根据所收集的资讯和决策的制定过程，制订知识梳理方案，并分析牛常用饲料种类，完成表 2-2。

表 2-2　牛常用饲料种类

类型	常用饲料	负责人

工作实施

引导问题 1：牛常用的饲料分为哪几类？

引导问题 2：牛常用的青粗饲料有哪几类？

引导问题 3：牛常用的精饲料补充料有哪些？

引导问题 4：牛常用的饲料添加剂有哪些？

评价反馈

项目	内容	分值	赋分		
			自评	组评	师评
职业素养	恪尽职守、责任意识	20			
	交流协作、合作意识	20			
	态度端正、精益求精	20			
职业技能	饲料分类梳理得当	20			
	准确鉴别饲料类型	20			
总分		100			
总评	自评×30%+组评×30%+师评×40% =		教师签字：		

拓展思考题

1. 简述牛常用的粗饲料种类。

2. 牛的精饲料补充料有哪些？

3. 牛常用的饲料添加剂有哪些？

相关知识点

反刍动物可以利用非蛋白氮饲料，有什么意义呢？

牛是反刍家畜，可利用尿素、双缩脲、铵盐等非蛋白含氮物。1 kg尿素的含氮量相当于6.8 kg含粗蛋白质42%的豆饼所提供的氮量，可有效补充饲料中蛋白质的不足。为提高尿素的利用率，日粮中蛋白质含量以9%~12%为宜，且应适量添加淀粉质精饲料。同时，还要确保饲料中钴、硫、钙、锌、锰、铜等矿物质的供给，以保证瘤胃微生物的正常功能。尿素的安全用量以不超过日粮干物质的1%为宜；500 kg左右体重的成年牛日喂量最多150 g。在饲喂尿素时，可将尿素分顿均匀地混拌到精饲料中，也可将尿素拌入青贮饲料中或将尿素水洒在干草上饲喂，或调制成氨化饲料饲喂。初次饲喂时要由少到多逐渐加量，并应留出5~7天的适应期。若中途停喂，再次饲喂时要重新过渡。由于犊牛瘤胃功能尚不健全，故不宜饲喂尿素。此外，不能将尿素掺入生豆类、苜蓿草等含脲酶高的饲料中饲喂，也不能将尿素溶于水中饮用或空腹饲喂，喂尿素后2 h内不能饮水，以避免发生氨中毒现象。

为减缓尿素在瘤胃内的分解速度，使瘤胃内的细菌有充足时间利用氨合成菌体蛋白，从而提高尿素的利用率和饲喂的安全性，可在添加尿素的饲料中加入脲酶抑制剂，或使用糊化淀粉对尿素进行包被，或制成尿素舔砖等。双缩脲、异丁叉双脲、磷酸脲等物质在瘤胃中释氨缓慢，利用率高且较为安全。

学习情境3　常用饲料加工

学习情境

合理利用饲料资源进行科学加工，挖掘饲料的营养潜力，提高饲料利用效率，不仅可以降低养牛生产的饲料成本，而且还可以降低养牛生产的营养成本，节约饲料，从而提高养牛生产的效率和效益，促进养牛业的发展。

学习目标

1. 掌握青干草的调制、加工和贮藏技术。
2. 熟知农作物副产品的加工调制技术。
3. 能够熟练进行青贮饲料的制作。
4. 培养学生安全生产的意识，强化吃苦耐劳、一丝不苟、精益求精的工匠精神。

📋 任务书

梳理常用饲料的加工调制方法。

👥 任务分组

班级		组号		指导教师	
组长		学号			

成员	姓名	学号	姓名	学号

任务分工：_____

📡 获取资讯

一、青干草的调制、加工和贮藏技术

青干草是将牧草、饲料作物适时刈割，经自然或人工干燥后调制而成的能长期储存的粗饲料，见图 2-14。

1. 适时刈割

青干草的质量和产量与刈割时间密切相关。刈割的最佳时间应是牧草营养物质产量和牛对牧草的利用率最高的时候。豆科牧草一般在开花期刈割，禾本科牧草应在抽穗期收割。

2. 合理干燥

青干草的调制主要是青绿牧草或饲料作物的干燥过程，干燥的方法包括自然干燥和人工干燥两种。目前国内主要采用自然干燥法。

图 2-14　青干草

（1）自然干燥法

自然干燥法是指依靠太阳光的照射，使牧草的水分含量降低到 20% 以下。这种方法耗费时间长，营养损失多，质量较差。常用的自然干燥法有地面干燥法和草架阴干法。

①地面干燥法是指青草经刈割后，在原地摊开晾晒，经 4~5 h 暴晒，当水分降到 40%

时，将青草堆成小堆，再晒 4~5 天，当水分降到 15%~17% 时，再堆成大垛贮藏。为加快干燥速度，可用牧草压扁机将茎干压裂后再干燥。

②草架阴干法是指把收割后的青草码放在草棚的草架上自然晾干。这种方法可防止雨淋、地面湿度大回潮等问题导致的干燥时间延长和营养损失。

（2）人工干燥法

人工干燥法是利用鼓风机或牧草烘干机对收割的牧草进行快速干燥的方法，包括常温鼓风干燥法和高温快速干燥法两种。

①常温鼓风干燥法是指把经自然晾晒且含水量降到 50% 左右的干草放在有通风道的草棚内，用鼓风机进行吹风干燥。这种干燥法又可分为鼓风机侧置式和下置式两种。

②高温快速干燥法是指利用专用牧草烘干机在很短的时间内将青草的含水量降到 15% 左右。该方法能最大限度地保持原料的营养价值，但需专用机械，成本较高。

3. 科学贮藏

在贮藏期间要经常观察草垛，防止因潮湿引起的发霉、发热甚至燃烧。达到安全贮藏水分 15%~18% 的干草要码垛堆放，并用苫布覆盖，以防止雨淋、日晒和牲畜践踏，同时还要注意防火。

4. 青干草的品质评价

优质的青干草呈绿色，气味芳香，保持着原有茎、叶、花蕾等部分的完整性，质地柔软，适口性好，无腐烂、变质和病虫害，水分含量在 15% 左右。

二、农作物副产品加工调制技术

精饲料多由禾本科和豆科植物的籽实构成，其种皮厚、外壳硬，内部淀粉粒的结构坚硬致密。若喂前不经加工处理，会影响营养成分的消化吸收和利用。

1. 粉碎

牛的精饲料以粉碎到直径 1~2 mm 为宜。整粒玉米难以消化，易从粪便中排出。值得一提的是，棉籽以整粒饲喂为好，其表层棉纤维素可在瘤胃内被消化，而籽实中的蛋白质和脂肪则会在皱胃内被消化，从而提高其利用率。

2. 压扁与糊化

压扁与糊化是指将禾本科和豆科植物的籽实加热到 120 ℃ 左右后压成 1 mm 厚的薄片并迅速干燥。加热过程会使籽实中的淀粉糊化，并破坏豆科籽实中的抗营养因子，有助于营养成分的消化吸收。

3. 湿润与浸泡

粉尘多的饲料在喂前要用少量的水湿润，这样做有利于牛的采食和消化，并可预防粉尘呛入气管，同时还可避免浪费。坚硬的籽实和饼类在喂前浸泡可使其变得膨胀柔软，便于采食和消化。湿润和浸泡处理要掌握好水量、水温及浸泡时间，否则易造成变质及营养成分损失。

4. 制粒

按照牛的营养需要，将几种饲料按一定比例充分混合，然后用制粒机将饲料压缩成直径 4~5 mm、长 10~15 mm 的圆柱形颗粒。这样制成的颗粒饲料营养齐全，饲喂方便，并能充分利用饲料资源，实现工厂化生产。

5. 蒸煮与焙炒

豆科籽实经过蒸煮处理可改善适口性，同时通过加热处理，可使其中的抗营养因子失活，提高消化吸收率。焙炒可使饲料中的淀粉转化为糊精而产生香味，将其拌入到牛不爱吃的粗饲料中，能改善粗饲料的适口性，增进牛的食欲。

6. 发芽与糖化

将禾本科籽实用温水浸泡 12~15 h，摊放在下面有网眼的木质容器内，厚度为 3~5 cm；上覆盖麻袋或炕席，经常喷洒清水，保持一定的湿度，放置在室温 20~25 ℃ 的室内，经 1 周左右时间即可发芽。发芽后的大麦、青稞、燕麦和谷子的维生素含量增加，尤其适合饲喂种公牛。

在磨碎的禾谷类籽实饲料中添加饲料量 2.5 倍的热水，搅拌均匀，放置在 55~60 ℃ 的温度下，保温 4 h 左右。在此过程中，饲料中的部分淀粉在淀粉酶的作用下将转化为麦芽糖，使饲料中的含糖量提高 10% 左右，从而提高饲料的适口性。

三、青贮饲料的制作技术

1. 青贮的原料

青贮饲料的调制主要依靠乳酸菌的作用，适宜的原料包括含碳水化合物较多的玉米、高粱等禾本科作物青秸秆或牧草。用青豆秸等作青贮原料时须加入 5%~10% 的麸皮、米糠或玉米面等富含碳水化合物的饲料，以满足乳酸菌活动的养分需要。一般青贮原料的水分含量为 65%~75%，半干青贮的水分含量为 50%~55%。青贮原料要适时刈割，贮料水分含量高时，要适当加入一些干草或干秸秆，水分不足时要加水调节水分含量。青贮饲料应铡短至 2~3 cm 以利于压实，从而创造出乳酸发酵所需的厌氧环境。

2. 青贮的设备

青贮的设备主要包括青贮窖、青贮塔、青贮壕、塑料袋等，且应选在地势高燥、地下水位低、土质坚实、靠近牛舍的地方。青贮窖有地下式和半地下式两种，可建成圆筒形或方低沟形。

在用拖拉机压实的青贮壕中青贮全株玉米，贮量约为 750 kg/m³；在青贮窖中青贮玉米秸，贮量约为 500 kg/m³。

3. 玉米青贮的调制方法及步骤

青贮饲料的调制要点可概括为"六随""三要"。"六随"即随割、随运、随铡、随填、随压、随封；"三要"即要铡短、要压实、要封严。

（1）收割

全株玉米应在蜡熟期收割，豆科牧草或杂草宜在始花期收割，禾本科牧草则应在抽穗期收割。青贮玉米、高粱时，最好采用收割、铡短、运输联合作业的方式进行（见图2-15）。青贮全株牧草时，可采用捡拾压捆包膜机械，将牧草制成可移动的压紧草团进行堆垛存放，俗称"草罐头"。

（2）切短

根据贮料含水量、质地软硬、茎干的粗细选择铡切的长度，一般原料可切短至1~3 cm，植株茎干粗硬的原料，可进行粉碎，见图2-16。

图2-15　收割

图2-16　切短

（3）装窖

装窖前要搞好窖内卫生，砖砌窖面周围要铺衬塑料薄膜，底部要平铺厚度为10 cm左右的干长秸秆。装窖时，应逐层装填、层层压实，每层厚度20~30 cm。根据窖形、容积和贮量可人工踩实，也可采用机械压实。装窖要一次完成，装填时间越短，青贮品质越好，见图2-17、图2-18。

图2-17　装窖

图2-18　压实

（4）封窖

窖内装满后要立即封窖。装填的贮料应高出青贮设施边缘1 m左右，并应在上面覆盖一层10~20 cm厚的长秸秆；然后用塑料薄膜包封，上面再覆土30~40 cm，见图2-19。

（5）管护

青贮窖周围1 m左右要挖排水沟，以便排水。周

图2-19　封窖

围还应设置防护栏，避免牲畜践踏。若发现窖顶下陷严重或出现漏缝的情况，要及时修补，防止漏气、渗水。

4. 青贮饲料的取用

禾本科牧草须青贮封窖20天以上，玉米和豆科牧草须青贮封窖40天以上方可开窖取用。取用时要用剁刀垂直切取，用多少取多少，一经开窖应连续取用，用后要用塑料薄膜盖严。

5. 青贮饲料品质的感官评定

青贮饲料品质的感官评定主要是观察青贮饲料的色泽、气味、质地等（见表2-3）。优质的青贮饲料pH值应为3.8~4.4，乳酸含量较多，醋酸含量较少，不含酪酸。

表2-3　青贮饲料品质的感官评定标准

等级	色泽	气味	质地
优等	绿色、黄绿色	芳香味重，具有舒服感	柔软，稍湿润
中等	黄褐色、墨绿色	芳香味淡	软、稍干或水分多
劣等	黑色、褐色	臭、腐败味或霉味	干松或黏结成块

四、氨化秸秆的制作与质量标准

氨化饲料是在一定的密闭条件下，通过将氨水、液氨或尿素溶液按照比例喷洒在农作物秸秆饲料上，经过一定时间的常温发酵处理而制成的粗饲料。经氨化处理过的粗饲料，由于氨对饲料的氨化和碱化的综合作用，秸秆质地变得柔软，植物细胞壁变得蓬松，含氮量提高，且具有一定的糊香味，其适口性、营养价值、饲喂安全性和消化率均有不同程度的提升。因此，氨化是一种理想的粗饲料加工方法。

1. 氨化饲料的制作

秸秆的氨化方法包括窖藏氨化、堆垛氨化和袋装氨化。窖藏氨化和袋装氨化设施的建造和处理与青贮设施基本相同。

将重量为秸秆重3%~5%的尿素溶解在水中（100 kg干秸秆的用水量为30 kg），然后将此溶液分层均匀地喷洒在秸秆上，装填一层、喷洒一层、层层压实，尽量排除其中的空气，最后用塑料薄膜密封；也可用25%的氨水进行喷洒，氨水用量按秸秆重的12%计算；还可先装填秸秆，再喷洒重量为秸秆重15%~20%的水，边装窖、边洒水，装满后将注氨管插入距窖底1 m处，注入重量为秸秆重3%的液态氨。

2. 氨化饲料的保存和饲用

对于在窖中、垛内或塑料袋内进行氨化的秸秆，只要塑料薄膜不破、不漏气，就可保证其氨化成功，并可保存较长时间。因此，在氨化期间要经常管护氨化设施，防止鼠害及人畜践踏，防止雨水渗入。若用氨水和液态氨处理秸秆，夏天需要1周的时间，春秋季需2~4

周，冬季需 5~8 周；若用尿素处理，需再延长 1 周的时间，方可开窖或开垛（袋）饲用。在饲喂前一两天，应将秸秆取出晾晒，使其释放出多余的氨气。大捆氨化的秸秆喂前要铡短。初次饲喂时，牛大多不愿采食，可在氨化秸秆中拌入一些麸皮或青草诱导其采食。

3. 氨化秸秆的品质评定

氨化好的秸秆偏碱性，pH 值为 8.0 左右，有糊香味和刺鼻的氨味。若为玉米秸秆，还会略带酸香味，且手感蓬松柔软，无扎手感。经氨化的优质麦秸秆为杏黄色，玉米秸秆为褐色。若色泽灰白或褐黑，无糊香味而有臭味且黏结成块，则属劣质。

五、微贮秸秆制作技术

微贮饲料是通过在农作物秸秆中加入纤维素分解菌、酵母菌和有机酸发酵菌等高效复合微生物，采用生物发酵技术，使这些复合微生物在厌氧环境中进行发酵而制成的一种带有酸香味、适口性好且易于消化吸收的粗饲料。

（一）微贮秸秆的制作流程

1. 窖池的建造

（1）窖池选址

窖池可选择建在地势向阳、高燥、排水容易、土质坚硬、离畜舍较近、接近水源的地方。

（2）窖池尺寸

家庭养牛所用窖池尺寸一般以深 3.2 m、宽 1.2 m、长 3.5 m 为宜，大型牛场可适当增加窖池的长、宽度。此外，家庭养牛最好多建一个窖池，而大型牛场则须多建几个，以便交替使用。窖池大小可根据牛的头数而定，一般窖池容量应以满足 2~3 个月的饲喂要求为宜。

（3）密封

窖池可以建成土窖，也可以用砂石料建成永久性的窖，土窖在用于微贮时要从底到顶全铺上塑料薄膜。

2. 秸秆的选择和加工

（1）选择

可用于微贮的农作物秸秆种类众多，麦秸、高粱秸、黄干玉米秸、山芋秧、青玉米秸、青干草等都可以用来微贮。

（2）加工

用于微贮的农作物秸秆一般须铡成 2~3 cm。

3. 制作方法

（1）菌种的复活

秸秆发酵活杆菌的规格为每袋 3 g，可处理麦秸秆、玉米秸秆 1 t 或青秸秆 2 t。在处理秸秆前，先将菌剂倒入 200 mL 水中充分溶解，然后在常温下放置 1~2 h，使菌种复活。复活好的菌剂一定要当天用完，不可隔夜使用。在有条件的情况下，可在放入菌剂前加入 2 g 白糖，充分溶解后可将复活率提高 10 倍。

（2）菌液的配制

将复活好的菌剂倒入充分溶解的 0.8%~1.0% 食盐水中拌匀。食盐、水、菌种用量的计算方法见表 2-4。

表 2-4　食盐、水、菌种用量的计算方法

秸秆种类	秸秆重量/kg	菌种用量/g	食盐用量/kg	水用量/L	贮料含水量/%
稻草	1 000	3.0	—	1 200~1 400	60~70
麦秸	1 000	3.0	9~12	1 200~1 400	60~70
黄玉米	1 000	3.0	9~12	800~1 000	60~70
青玉米	1 000	1.5	6~8	适量	60~70

（3）秸秆入窖

先挖一个锅底状的坑，直径约 2 m、深约 1 m，然后铺上塑料薄膜（比底略大），接着在窖底放 20~30 cm 厚的秸秆，均匀喷洒菌液水，然后压实；压实后再铺入 20~30 cm 厚的秸秆，再喷洒菌液后压实，直到高出窖口 50~100 cm 再封口。

（4）封窖

装窖完毕后，充分压实，在顶部均匀撒上食盐粉（食盐用量为 250 g/m²），再压实后盖上塑料薄膜。盖上塑料薄膜后，再在上面撒 20~30 cm 厚的麦秸，然后覆土 15~20 cm，密封。

（5）防水

在微贮垛周围挖好排水沟，以防雨水渗入。贮料下沉后应及时加盖土。

4. 饲喂方法

①秸秆微贮饲料一般需发酵 30 天后才能取喂。

②饲喂时，可作为主要粗饲料与其他草料搭配，也可与精饲料同喂。

③家畜对微贮饲料有一个适应过程，应循序渐进，逐步增加饲喂量。

④一般饲喂量为每头牛每天 15~20 kg。

5. 注意事项

①制作时一定要压实、密封，为发酵菌制造厌氧条件。

②每次取出量应以当天喂完为宜。

③每次取喂完毕后，必须立即将口封严，避免微贮饲料变质。

④由于在制作微贮饲料时加入了食盐，因此，这部分食盐应在日粮中扣除。

（二）微贮秸秆的品质评定

调制好的干秸秆微贮饲料呈金黄色，青秸秆微贮饲料为橄榄绿色，具有醇香味或果香味，质地松软湿润。如微贮饲料呈墨绿色，有腐败霉烂气味，手感发黏结块，则属于劣质，不能饲喂。

🍚 工作计划

根据所收集的资讯和决策的制定过程过程，制订知识梳理方案，并分析常用饲料的加工和调制方法以及注意事项，完成表2-5、表2-6、表2-7、表2-8、表2-9。

表2-5　青干草的加工和调制

工作任务	具体内容	负责人

表2-6　农作物副产品的加工和调制

工作任务	具体内容	负责人

表2-7　青贮饲料的制作

工作任务	具体内容	负责人

表2-8　氨化秸秆的制作

工作任务	具体内容	负责人

表 2-9 微贮秸秆的制作

工作任务	具体内容	负责人

工作实施

引导问题 1：青干草的调制步骤有哪些？

引导问题 2：制作青贮饲料的原料和设备有哪些？制作过程涉及哪些方法和步骤？如何进行取用及品质评定？

引导问题 3：分析微贮秸秆的制作流程和品质评定。

评价反馈

项目	内容	分值	赋分		
			自评	组评	师评
职业素养	创新精神、精益求精	20			
	合作默契、充满热情	20			
	态度认真、吃苦耐劳	20			
职业技能	饲料制作过程梳理清晰	20			
	加工操作符合技术规范	20			
总分		100			
总评	自评×30%+组评×30%+师评×40% =		教师签字：		

拓展思考题

1. 简述青干草的调制技术要点。

2. 简述青贮饲料的调制技术要点。

3. 简述微贮秸秆的调制技术要点。

相关知识点

成形饲料的生产技术

成形饲料是指把秸秆、干草段、糠壳及干草粉、配合饲料和混合饲料等加工成粒状、块状等较大形状的饲料。

1. 颗粒饲料

以青绿饲料为制作颗粒饲料的原料时，应适时刈割牧草，晾晒至含水量为30%～40%后，添加矿物质制成全价颗粒饲料，饲料加工机械见图2-20。以优质干草为主要原料时，可添加尿素、矿物质、部分精饲料等，然后加工成全价颗粒饲料。

图2-20 饲料加工机械

颗粒饲料的规格如下。

①犊牛：颗粒饲料直径5～7 mm。

②成年牛：颗粒饲料直径14～19 mm。

注意：

①粗饲料成形差，应添加少量黏结剂，如糖蜜、淀粉、糊精等；

②以秸秆粉为主要原料时，可添加4%～6%的糖蜜；

③牧草最好是铡成或粉碎成2～3 cm。

2. 干草饼

干草饼是一种多在田间条件下，以牧草为原料，不经粉碎，由卷扭制饼机直接压制而成的草饼。这种草饼的直径或横切面积要大于长度，牧草含水量以35%～40%为最适宜，容质量约为800 kg/m³。

3. 饲料舔砖、尿素盐砖

饲料舔砖和尿素盐砖是以尿素、矿物质添加剂、精饲料为主要原料，适量混入草粉、麦秸粉等制成的块状饲料。

而矿物质盐砖则是以食盐为主要原料，适量混入尿素、矿物质等制成的块状饲料。

技能训练一　青贮饲料制作与品质评定

【目的要求】

掌握青贮饲料的制作要领，学会青贮饲料品质的感官评定法。

【训练条件】

青贮窖（或塑料袋）、青贮原料、铡草机、麦秸、塑料膜、青贮料、pH试纸、烧杯、玻璃棒、蒸馏水。

【方法步骤】

①按前述青贮饲料制作的方法步骤，参加青贮饲料生产实践或小规模青贮饲料制作试验。

②对开启的青贮窖分点取样，通过观色泽、闻气味、摸质地、测 pH 值来评定等级。

【考核要求】

各小组完成任务后，由教师随机抽取 1~2 名成员，对其青贮饲料制作流程和品质评定方法的掌握情况进行考核，考核成绩计入本组所有成员的平时成绩。

【实训报告】

①写出制作青贮饲料的要求、方法要领、注意事项及体会。

②写出青贮饲料样品的色泽、气味、质地、pH 值，确定其等级。

技能训练二 氨化秸秆的制作与品质评定

【目的要求】

掌握氨化秸秆制作的方法、要领，学会氨化饲料品质的感官评定法。

【训练条件】

氨化池（或塑料袋）、麦秸、塑料膜、尿素、水桶、水、洒壶、氨化秸秆。

【方法步骤】

①按前述氨化秸秆制作的方法步骤，参加氨化饲料生产实践或小规模氨化秸秆饲料制作试验。

②对开启的氨化秸秆分点取样，通过观色泽、闻气味、摸质地来评定优劣。

【考核要求】

各小组完成任务后，由教师随机抽取 1~2 名成员，对其氨化秸秆制作流程和品质评定方法进行考核，考核成绩计入本组所有成员的平时成绩。

【实训报告】

①写出尿素和水的用量，制作氨化秸秆的方法步骤、注意事项及体会。

②写出氨化秸秆样品的色泽、气味、质地，确定其优劣。

学习情境 4 常用饲料评价

学习情境

日粮占牛养殖成本的 70% 以上，抓好日粮配制，实现科学饲养，对提高养牛效益具有重要作用。牛日粮配合应符合中华人民共和国国家标准《饲料卫生标准》（GB 13078—2017），并参考执行中华人民共和国农业行业标准《无公害食品 奶牛饲养饲料使用准则》（NY/T 5048—2001），根据饲养标准和饲料的营养价值，选择若干饲料并按一定比例相互搭配，使能量、蛋白质等营养物质符合家畜的营养需要。

学习目标

1. 了解牛饲料的分类。
2. 掌握牛日粮配合的原则。
3. 能够熟练开展常用饲料评价工作。
4. 培养学生一丝不苟、踏实肯干、爱岗敬业的意识，强化精益求精的工匠精神。

任务书

归纳常用饲料评价的方法。

任务分组

班级		组号		指导教师	
组长		学号			
成员		姓名	学号	姓名	学号

任务分工：_____

获取资讯

一、牛饲料的分类

1. 按物理形状分

牛饲料按物理形状分为散碎料、颗粒饲料、块（砖）、饼饲料、液体饲料等。

2. 按营养构成分

牛饲料按营养构成分为全价配合饲料、精饲料混合料、浓缩饲料、添加剂预混料等，全价配合饲料组分见图 2–21。

（1）添加剂预混料

添加剂预混料包括单一的维生素添加剂、复合维生素添加剂、微量元素添加剂、含硒添加剂、益生素添加剂、复合添加剂及复合预混料等。

复合预混料的用量一般为1%~5%，分为以下几种。

①1%复合预混料：含有牛需要的维生素（维生素A、维生素D、维生素E）、微量元素（铁、锌、铜、锰、碘、硒、钴等）和调节瘤胃细菌功能的益生素（含啤酒酵母、曲霉菌、乳酸菌等），用量为1%。

②4%~5%复合预混料：除含有以上三类成分外，还添加了一些常量矿物质元素，如钙、磷、镁、钾、钠、氯、硫等，用量一般为4%~5%。

（2）浓缩饲料

牛的日粮中除了要配合几种不同的粗饲料外，还需要有较多品种的谷实类精饲料和蛋白质饲料，但对小规模的农户来说，储备足量的精饲料和蛋白质饲料往往较为困难，为此就出现了解决蛋白质供给的浓缩饲料。

①成分：维生素、矿物质元素、蛋白质。

②常用量：30%~50%。

（3）精饲料混合料

精饲料混合料用于弥补粗饲料在营养供给方面的不足，满足肉牛在生长育肥中对各种营养物质的需求。精饲料混合料中除了含有浓缩饲料中的维生素、矿物质元素、蛋白质外，还添加了能量物质及其他非营养性物质。

精饲料混合料的用量需根据粗饲料品质、肉牛的计划日增重和气候状况等因素进行灵活调整。一般肉牛日喂量为3~5 kg。

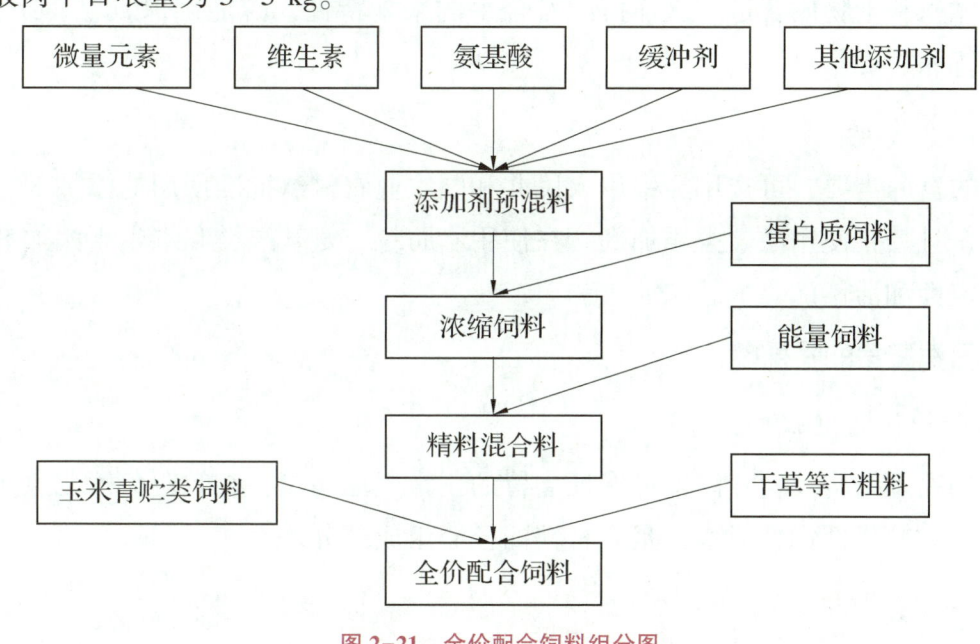

图2-21　全价配合饲料组分图

二、牛日粮配合的依据和原则

牛的日粮是指肉牛一昼夜所采食的各种饲料的总量，其中包括精饲料、粗饲料和青绿多汁饲料等。

（一）依据

首先是饲喂对象的基本情况，包括年龄、品种、体重、育肥阶段、育肥目的等。

其次是营养需要和当地的饲料资源、价格，以及适口性、实用性、安全性等。

最后要确定好精、粗饲料的比例。

（二）原则

1. 选择适宜的饲养标准

根据牛的不同生理和生产阶段选择适宜的饲养标准，并根据实际生产条件和环境做必要的调整。

2. 本着经济性原则

就地取材，选用资源充足、价格低廉的原料，充分利用当地农副产品，以降低成本。

3. 饲料种类多样化

根据牛的消化特点，合理选用多种原料进行搭配（精饲料 3~5 种，粗饲料 2~3 种），以发挥营养物质的互补作用，提高日粮营养价值和利用率。所选饲料应新鲜、无污染、对产品质量无影响。饲料种类应保持相对稳定。

4. 饲料组成符合牛的生理特点

牛的饲料以粗饲料为主，搭配适量精饲料，粗纤维含量应占干物质的 17%~20%，并须具备一定的体积和干物质含量。这样搭配符合牛的采食特性，既能确保其吃得下、吃得饱，又能满足其营养需要。

5. 正确使用饲料添加剂

根据牛的营养需要，可选用经中华人民共和国农业农村部批准使用的添加剂，尽量避免使用抗生素，且禁止使用激素类添加剂。在使用脂肪粒、氨基酸类和维生素添加剂时，要注意保护其稳定性和活性。

三、牛日粮配合的特殊性

1. 粗饲料是日粮的主体

粗饲料的物理结构及营养浓度可保证瘤胃的正常生理功能，有效避免消化道疾病。粗饲料价格低，可大幅降低饲料成本，是牛日粮的核心组成部分。

2. 饲料比例应合理

单靠粗饲料饲喂无法实现高效优质的生产目标。若要充分发挥牛的生产潜力，应合理利用粗饲料及各类农副产品，同时还应根据营养需求缺口制定精饲料配方。

3. 充分利用非蛋白氮

肉牛饲料中添加尿素等非蛋白氮，可补充日粮中蛋白质的不足，既可提高生产水平，又能降低饲养成本。在肉牛饲料中，尿素的添加比例一般不高于 1.5%。

四、牛饲料的质量管理

牛饲料的质量直接影响牛乳和牛肉的品质，与人类健康息息相关。

（一）粗饲料质量管理

1. 青贮饲料

青贮饲料的加工调制须严格按照青贮饲料的调制技术要求进行，青贮饲料的质量应符合中华人民共和国农业农村部颁布的《青贮饲料质量评定标准（试行）》，且其等级应在"良好"以上，严禁使用劣质青贮饲料。开窖时，应剔除边角漏气处的腐烂块，采用垂直或稍倾斜的方式面向前清底拉运，并分上午和下午两次拉运，以保证饲料的质量。

2. 青干草

青干草饲料的加工调制须严格按照青干草饲料的调制技术要求进行，调制或购买的青干草质量应达到"二级"以上的质量标准。贮藏时，应严格管理，防止发霉变质。杜绝使用劣质青干草饲料。用青干草饲喂前，应先将其铡短至 10 cm，剔除霉烂草。铡草机须装入磁铁以吸取混入干草中的铁钉、铁丝等。

3. 秸秆类

秸秆类饲料在使用前应先去掉根部的泥土部分，妥善保存，防止发霉变质，并尽量减少风、雨、阳光等带来的损失。饲喂前应进行适当加工处理（如铡短、氨化等），以提高消化率。

（二）精饲料质量管理

精饲料质量应符合《饲料卫生标准》（GB 13078—2017）。

1. 饲料原料

①精饲料原料应具有良好的新鲜度，并具有该品种应有的色、嗅、味和组织形态特征，不得出现发霉、结块、变质、异味及异臭。

②禁止购入不符合卫生标准和质量标准的饲料，以及高水分的饲料原料。

③购料时应进行营养成分测定。各种精饲料原料受产地、品种及加工工艺的影响，质量差异很大。因此，每次购料均应分别采样进行常规养分测定，根据不同的质量，调整精饲料配方。

2. 添加剂

①所使用的营养性饲料添加剂和一般性饲料添加剂应是中华人民共和国农业农村部《允许使用的饲料添加剂品种目录》中规定的品种，或是取得试生产产品批准文号的新饲料

添加剂品种。严禁使用违禁药物和添加剂。

②添加剂应具有该品种应有的色、嗅、味和组织形态特征，不得出现发霉、结块、变质、异味及异臭。

③禁止购入不符合卫生标准和质量标准的添加剂。

④肉牛饲料中不得使用任何药物。严格执行《饲料和饲料添加剂管理条例》有关规定。合理使用添加剂，减少环境污染和肉中残留。

（三）配合饲料质量管理

①配合饲料时应按配方比例正确称量，微量和极微量组分应进行预稀释。配好的饲料应每月抽样，进行常规成分测定。

②经常检查饲料库，及时清除墙角、墙根、仓底处的霉变饲料。

③粉碎机和混合搅拌机都要安装磁铁，以防止铁钉、铁丝等异物混入饲料。粉碎机以压扁锤碎为目的，肉牛饲料以适度粉碎为宜，不宜过细。

④禁止在肉牛饲料中添加和使用任何动物源性饲料（如肉骨粉、骨粉、血粉、血浆粉、动物下脚料、动物脂肪、脱水蛋白、羽毛粉、鱼粉等）。

工作计划

根据所收集的资讯和决策的制定过程，制订知识梳理方案，并分析牛饲料的分类、牛日粮配合技术、牛饲料质量管理，完成表2-10、表2-11、表2-12。

表2-10　牛饲料的分类

分类依据	饲料分类	负责人

表2-11　牛日粮配合技术

工作任务	工作内容	负责人

表2-12　牛饲料的质量管理

饲料种类	管理要点	负责人

🌐 工作实施

📟 引导问题 1：牛日粮配合的依据、原则和特殊性是什么？

📟 引导问题 2：不同种类的饲料应该如何妥善管理？

⊕ 评价反馈

项目	内容	分值	赋分		
			自评	组评	师评
职业素养	精益求精、责任意识	20			
	精专慎独、交流协作	20			
	按时完成、态度端正	20			
职业技能	精准进行饲料质量管理	20			
	熟练开展牛日粮配合工作	20			
总分		100			
总评	自评×30%+组评×30%+师评×40% =		教师签字：		

📋 拓展思考题

1. 牛日粮配合要遵循哪些原则？
2. 简述粗饲料的质量管理措施。

学习情境 5　全混合日粮制作

💬 学习情境

奶牛全混合日粮（total mixed rations，TMR）饲养技术是规模化养殖场广泛应用的一种饲养技术，是奶牛养殖产业走向集约化、规模化和现代化的必由之路。TMR 饲料是一种通过科学配制，将日粮中的青粗饲料、精饲料和各种添加剂充分混合后制成的全价平衡饲料。这种技术不仅能够大幅度提高劳动生产效率，降低生产成本，还能提高养牛的经济效益。

📖 学习目标

1. 掌握 TMR 制作的技术要点和注意事项。

2. 能够熟练制作 TMR。

3. 培养学生一丝不苟、履职尽责的职业素养，强化团队合作和甘于奉献的工匠精神。

任务书

TMR 的制作。

任务分组

班级		组号		指导教师	
组长		学号			
成员	姓名	学号		姓名	学号

任务分工：_____

获取资讯

一、TMR 饲养的概念

TMR 饲养技术是根据奶牛不同泌乳阶段所需的营养成分及其比例，将铡切成适当长度的粗饲料及精饲料、矿物质饲料、饲料添加剂等按一定比例投入专用搅拌机，经充分混合后制成 TMR 饲料，并用这种含水量为 45% 左右的饲料喂牛的先进饲养技术。

二、TMR 饲养的技术要点

1. TMR 的制作

（1）TMR 搅拌机机型的选择

常用的 TMR 搅拌机包括立式、卧式和牵引型（见图 2-22）等，其中立式搅拌机是最优选择。在使用这种机型时，草捆无须另外加工，具有混合均匀度高、罐内无剩料、维修方便和使用寿命长的优点。

（2）严格按日粮配方投料

确保各组分精确计量，定期校正计量控制器。

图 2-22　牵引型 TMR 搅拌机

（3）精选原料

投料时，应避免铁器、石块、包装绳等杂质混入搅拌机，造成机器损伤。

（4）控制每批次填料量

根据搅拌机的说明书，掌握适宜的填料量，避免过多装载影响搅拌效果。通常装载量应占总容积的 60%～75%。

（5）填料顺序

按"先粗后精，先干后湿，先轻后重"的原则进行填料。通常按照干草、农作物副产品、青贮、糟渣类、精饲料的顺序依次加料，并同时进行搅拌。

（6）搅拌时间

掌握搅拌时间的原则是确保搅拌后 TMR 中至少有 20% 的粗饲料长度大于 3.5 cm。一般情况下，最后一种饲料加入后搅拌 3～6 min 即可，避免过度混合。

（7）效果评价

搅拌好的 TMR，精、粗饲料混合均匀、松散不分离、色泽均匀、新鲜，不发热、无异味、不结块。

（8）水分控制

根据青贮饲料及农作物副产品等的含水量，将 TMR 的水分控制在 40%～50%。

2. 合理分群

定期测定个体牛的产乳量、乳脂率、乳蛋白，每月评定奶牛体况，根据奶牛产乳量的高低、泌乳阶段、体况好坏，将成年母牛分为若干个群。如果牛群的平均乳量差异不超过 15%，则可用一个 TMR 配方；如果两组乳量相差达 40% 以上，则考虑使用两个 TMR 配方。合群使用一个 TMR 配方，简便易行、省力省事并能避免频繁转群产生的应激反应，有利于高产奶牛更好地发挥遗传潜力。对产乳量特别高（每天产乳 48 kg 以上）的奶牛，可通过额外添加少量精饲料或粒料的办法进行补饲，有条件的牛场可采用电子识别自动补饲槽额外补饲精饲料。

3. 确定日粮组成

根据牛群生产状况和奶牛体况制定精饲料配方和微量元素、维生素复合添加剂配方；根据本地饲料资源，确定粗饲料的品种及用量，并按照奶牛的采食量和饲料价格进行调整。此外，还应考虑饲料的适口性，合理使用诱食剂。核实各种饲料混合后奶牛能否采食到应摄取的数量，是否能够满足奶牛的营养需要，并做适当调整。

4. 经常检测各种原料的养分含量

测定 TMR 原料的营养成分是科学配制日粮的首要条件。即使是同一种饲料，由于产地、收割期及加工方法的不同，其含有的干物质及其他营养成分也会存在较大差异，所以应根据实测的营养结果来配制日粮。

5. 饲槽中不宜长时间断料

由于 TMR 饲养是以群为单位的自由采食技术，需要保证群内的每头牛都能采食到足够数量的饲料，因此就必须做到饲槽白天不断料，夜间断料时间不宜过长（见图 2-23）。为了使奶牛采食旺盛并便于人员操作，一般会采用日喂两遍的模式，在每遍增补 TMR 饲料前，断料时间均不宜超过 2 h。

图 2-23　TMR 搅拌机投喂饲料

6. 经常观察奶牛的食欲、体重、体况以及产乳量和乳成分变化

应每天观察奶牛的采食状况和群体产乳量，每 10~15 天记录一次奶牛的采食量、个体产乳量和乳脂率、乳蛋白率及膘情，并且每月记录一次奶牛的体况和繁殖状况。对记录做详细分析，及时解决存在的问题。另外，要根据牛群的具体情况，结合各种原料的价格，调整 TMR 内精饲料成分配比和粗饲料用量，确保泌乳后期奶牛体况得到恢复，同时降低生产成本，获得最大的经济效益。

7. 保证 TMR 达到技术指标

TMR 饲料的各种指标是以营养浓度数值来表示的相对量，计算要准确、科学，估测的奶牛采食量不可有较大偏差，各种原料在混合前要准确计量并混合均匀。专用搅拌机要能够接近牛舍，操作过程要实行计算机程序式控制，同时还要做到准确卸料、科学分发。

三、实施 TMR 饲养技术时的注意事项

1. TMR 饲喂

投放饲料时，要确保牛能够均匀采食。槽位要充足，以免牛因抢食而角斗。

2. 饲槽设计要适宜

饲槽应略低于牛床，槽底光滑，颜色要浅。

3. 保持饲料新鲜

为防止槽内饲料沉积发热，要注意勤翻料，并且每天都要清理槽内剩料，做到合理利用、不浪费。

4. 牛要去角

牛去角是为了避免牛互相角斗而受到损伤。

5. 勤观察日粮的一致性及均匀度

经常观察牛的采食、反刍（牛群休息时，会有 40% 的牛在反刍）及剩料情况。夏季应定期刷槽。要做到不空槽、勤匀槽。

6. 夏季及时处理产乳母牛的剩槽料

产乳母牛的剩槽料可直接投喂给后备牛或干乳牛，以免长时间存放造成发霉变质，不可与新鲜饲料混合进行二次搅拌。

🗃 工作计划

根据所收集的资讯和决策的制定过程，制订知识梳理方案，并分析 TMR 饲养的技术要点和注意事项，完成表 2-13、表 2-14。

表 2-13　TMR 饲养的技术要点

序号	要点内容	负责人
1		
2		
3		
4		
5		
6		
7		

表 2-14　TMR 饲养的注意事项

序号	要点内容	负责人
1		
2		
3		
4		
5		

📡 工作实施

🖥 引导问题 1：怎样进行 TMR 的制作和检测？

🖥 引导问题 2：制作 TMR 时应该注意什么？

🖥 引导问题 3：实施 TMR 饲养时应该注意什么？

评价反馈

项目	内容	分值	赋分		
			自评	组评	师评
职业素养	一丝不苟、履职尽责	20			
	团队精神、奉献精神	20			
	态度端正、按时完成	20			
职业技能	熟练开展 TMR 的制作	20			
	准确实施 TMR 饲养	20			
总分		100			
总评	自评×30%+组评×30%+师评×40% =		教师签字:		

拓展思考题

1. 实施 TMR 饲养的技术要点有哪些？
2. 实施 TMR 饲养时应注意哪些事项？

考证提示

家庭农场畜禽养殖 1+X 技能证书、执业兽医资格考试大纲相关的知识点如下。

序号	考点	知识点
1	牛的消化特点	（1）消化系统组成：瘤胃、网胃、瓣胃和皱胃。 （2）消化特点：嗳气和反刍
2	饲料配制	（1）青贮饲料的制作。 （2）青干草的调制、加工和贮藏。 （3）农作物副产品的加工调制
3	TMR	（1）TMR 的制作。 （2）TMR 饲养技术的优势

项目三　牛的品种及生产性能

◎ 项目导学

学时	20
要点	牛的品种资源丰富，不同品种在生产性能上存在显著差异。根据生产目的选择适合的牛品种至关重要。通过学习牛的品种、牛体型外貌鉴定、牛生产性能评定等内容，可以充分发挥牛的良种优质特性，提高生产效益，创造更高的经济价值
目标	❖ **素质目标** 1. 热爱养牛生产事业，具备敬业爱岗、吃苦耐劳、学农爱农的职业精神。 2. 具有团结合作的意识，能做到恪尽职守，岗位责任感强。 3. 具有创新意识，具备精益求精的工匠精神。 ❖ **知识目标** 1. 了解牛的生物学特性。 2. 熟悉牛的品种原产地、外貌特征。 3. 掌握牛的生产性能评定指标。 ❖ **能力目标** 1. 能够正确鉴定牛的品种。 2. 能够准确描述奶牛和肉牛的主要外貌特征。 3. 能够顺利开展奶牛和肉牛的生产性能评定工作
资源	1. 中国畜牧业协会（https://org. caaa. cn）。 2. 中国奶业协会信息网（https://www. dac. org. cn）。 3. 全国畜牧总站（http://www. nahs. org. cn）
策略	增强学生的学农爱农意识，教师可利用各类环境资源，采取讨论法、案例法、任务驱动法和训练与实践法帮助学生理解、学习比较抽象的内容；引导学生采取分组学习法、自主学习法和实践学习法实现内容的学习与技能的训练，以达到教学目标
评价	1. 简述荷斯坦牛的外貌特征及生产性能。 2. 我国引入的肉牛品种主要有哪些？各有何特点？ 3. 奶牛和肉牛的生产性能评定方式

学习情境 1 奶牛品种识别

💬 学习情境

奶牛是以产乳为主的牛类品种。奶牛的养殖特别普遍，而且具有重要的价值和意义。《全国奶牛遗传改良计划（2021—2035 年）》的全面实施，加快了奶牛良种培育的步伐，大幅提升了奶牛生产水平。在养殖过程中，奶牛品种的选择至关重要，这直接关系到养殖效益的高低。

📱 学习目标

1. 能够准确识别荷斯坦牛。
2. 了解中国荷斯坦牛。
3. 培养学生勇于创新、精益求精的工匠精神，强化团队合作意识。

📁 任务书

对奶牛场内不同牛品种的外貌特征和身份标识进行识别。

👥 任务分组

班级		组号		指导教师	
组长		学号			
成员	姓名	学号	姓名	学号	

任务分工：_____

📻 获取资讯

一、荷斯坦牛原产地及分布

荷斯坦牛原产于荷兰北部地区，俗称荷兰牛，因其毛色多为黑白花，故又称黑白花奶牛。近年来已选育出红白花荷斯坦牛，只不过数量较少。荷斯坦牛因其卓越的产乳性能，曾被许多国家引入。引入后，经过长期的风土驯化和系统繁育，或者与当地牛杂交，培育成了各具特色的荷斯坦牛，并冠以该国的国名，如美国荷斯坦牛、中国荷斯坦牛等。荷斯坦牛现在已分布到世界各国。

二、外貌特征

荷斯坦牛微课

荷斯坦牛体形高大，成年公牛体重可达 900～1 200 kg，母牛为 650～750 kg。此牛结构匀称，头清秀，皮薄毛短，脂肪少，乳房大，后躯发达，毛色为黑白花，少数为红白花，多数牛额部有白星，四肢下部、腹下、尾帚为白色（见图 3-1）。

三、生产性能

荷斯坦牛以产乳量高而闻名于世，2000 年注册的荷斯坦牛 305 天产乳量为 8 222 kg，乳脂率为 4.45%，乳蛋白率为 3.53%。

图 3-1 荷斯坦牛

四、适应性

荷斯坦牛较耐寒，耐热性稍差，其纯种的适应性和抗病力较差。

五、杂交改良效果

荷斯坦牛与我国黄牛杂交，遗传性能良好，杂交效果好，其后代的生长发育和产乳性能均比本地黄牛有显著提高。

工作计划

根据所收集的资讯和决策的制定过程，制订知识梳理方案，并分析荷斯坦牛的特点，完成表 3-1。观察图片，进行荷斯坦牛的鉴定，完成表 3-2。

表 3-1 荷斯坦牛的特点

特点	具体描述	负责人

表 3-2　荷斯坦牛的鉴定

图片序号	鉴定结果	鉴定依据

工作实施

引导问题 1：荷斯坦牛原产地是哪里？

引导问题 2：荷斯坦牛外貌特征有哪些？

引导问题 3：荷斯坦牛产乳量为多少？

评价反馈

项目	内容	分值	赋分		
			自评	组评	师评
职业素养	勇于创新、精益求精	20			
	恪尽职守、合作意识	20			
	态度认真、按时完成	20			
职业技能	荷斯坦牛的特点梳理正确	20			
	准确鉴定荷斯坦牛	20			
总分		100			
总评	自评×30%+组评×30%+师评×40%＝		教师签字：		

拓展思考题

简述荷斯坦牛的外貌特征。

中国荷斯坦牛微课

相关知识点

中国荷斯坦牛

中国荷斯坦牛（1997 年以前称为中国黑白花奶牛）是 19 世纪末期由中国的黄牛与当时引进我国的荷斯坦牛杂交，并经过 1970—1980 年的不断选育而逐渐形成的牛品种。中国荷斯坦牛在培育过程中，由于各地引进的荷斯坦公牛和本地母牛的类型不统一，以及饲养条件的差异，因此其体型分为大、中、小三个类型。中国荷斯坦牛体格健壮、结构匀称，毛色呈黑白花，花片分明，因受荷兰兼用荷斯坦牛的影响，近似兼用型。中国荷斯坦牛额部多有白斑，腹底部、四肢膝关节以下及尾端多呈白色，体质细致结实、体躯结构匀称，泌乳系统发育良好，蹄质坚实。中国荷斯坦牛是通过杂交并经过了长期选育而形成的一个品种，也是我国唯一的奶牛品种。

学习情境2　肉牛品种识别

💬 学习情境

肉牛养殖不仅要求饲养管理技术过硬，品种的选择也至关重要。我国各地的肉牛品种资源比较复杂，包括原生本地牛和国外引入的杂交改良牛，分布状况不均衡。要想获得理想的经济效益，必须综合考虑当地的地理特征、气候条件、环境资源、市场需求等条件，对各个品种的适应性、生产性能等方面进行全面分析和比较，合理取舍，最终选出最为恰当的肉牛品种。

📱 学习目标

1. 能够识别肉牛的不同品种。
2. 能够识别肉牛的外貌特征。
3. 培养学生执着专注、一丝不苟的职业态度，强化踏实肯干、敬业乐业的工匠精神。

📁 任务书

对肉牛场内不同牛品种的外貌特征和身份标识进行识别。

👥 任务分组

班级		组号		指导教师	
组长		学号			
成员	姓名	学号		姓名	学号

任务分工：_____

获取资讯

一、夏洛莱牛

1. 原产地及分布

夏洛莱牛是现代大型肉牛品种，原产于法国。我国第一个肉牛品种夏南牛就是用该牛与南阳牛杂交培育而来的。

2. 外貌特征

夏洛莱牛体格大，骨骼结实，全身肌肉非常丰满，尤其是后腿肌肉圆厚，并向后突出，形成双肌特征；头中等大，颜面部宽，颈粗短多肉；体躯呈圆筒状，四肢直立；被毛细长，毛色为白色或乳白色，见图3-2。成年公牛体重为1 100~1 200 kg，母牛为700~800 kg。平均初生重，公犊为45 kg，母犊为42 kg。

图3-2　夏洛莱牛

3. 生产性能

夏洛莱牛15月龄以前的日增重均超过其他品种，育肥期日增重最高可达1.88 kg，因而可以在较短的时期内，以较低的成本生产出更多的肉量。屠宰率为60%~70%，胴体产肉率为80%~85%。在我国的饲养条件下，出生6月龄平均日增重为1 168 g；公犊周岁体重可达378 kg，母犊可达320 kg；18月龄公牛体重可达734 kg，母牛可达464 kg。

4. 杂交改良效果

夏洛莱牛杂交一代毛色乳白或浅黄，初生重较本地黄牛提高30%，周岁体重提高50%，屠宰率提高5%，但繁殖性能稍差，难产率高，不宜作小型黄牛的第一父本，在经济杂交中宜作终端公牛。

二、利木赞牛

1. 原产地及分布

利木赞牛原产于法国中部利木赞高原。我国自1974年开始从法国引入该品种。

2. 外貌特征

利木赞牛体躯呈圆筒形，头短、额宽；公牛角粗而较短，向两侧伸展，并略向外卷曲；

胸宽深，肋圆，背腰较短，尻平，背腰及臀部肌肉丰满；毛色由红到黄，深浅不一；口鼻、眼周围、四肢内侧及尾帚毛色较浅，见图3-3。成年公牛体重为950~1 200 kg，母牛为600~800 kg。

图 3-3 利木赞牛

3. 生产性能

利木赞牛早期生长发育快，产肉性能高，胴体质量好，眼肌面积大，前后肢肌肉丰满，出肉率高，肌肉呈大理石纹状。在较好的饲养条件下，6月龄公犊体重可达250 kg，平均日增重为1.1 kg；12月龄公牛体重达525 kg。该牛8月龄就可生产出大理石纹状的牛肉，屠宰率一般为63%~70%，胴体产肉率为80%~85%。

4. 杂交改良效果

利木赞牛具有早熟、生长速度快、难产率低、适宜生产小牛肉的特点。与我国地方黄牛杂交改良时，后代品种体型改善，肉用特征明显，生长快，该牛18月龄体重比本地黄牛高31%，22月龄屠宰率达58%~59%。

三、皮埃蒙特牛

皮埃蒙特牛微课

1. 原产地及分布

皮埃蒙特牛原产于意大利北部的皮埃蒙特地区。该牛具有双肌基因，是目前国际公认的终端父本。我国于1986年以胚胎和冷冻精液的形式开始引进该品种。

2. 外貌特征

皮埃蒙特牛头较小，颈短厚，角中等大小，角形为平出稍前弯，角尖黑色；被毛有变色特征；犊牛出生时为乳黄色，出生后4~6月龄时胎毛褪去，呈成年牛毛色；公牛性成熟后，颈部、眼圈和四肢下部为黑色，其余部位为白色；各龄公、母牛的鼻镜部、蹄及尾帚均呈黑色，见图3-4。成年公牛体重可达1 000 kg以上，母牛为500~600 kg。平均初生重，公犊为41.3 kg，母犊为38.7 kg。

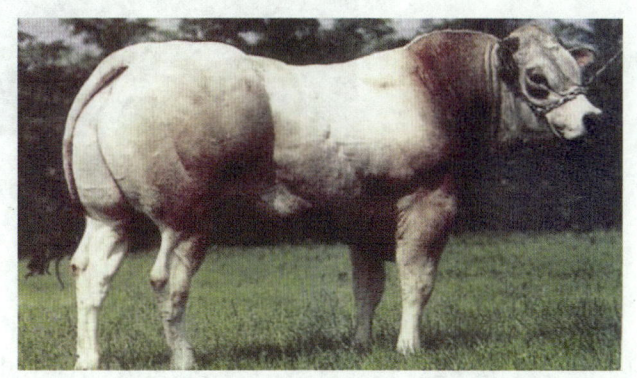

图 3-4 皮埃蒙特牛

3. 生产性能

皮埃蒙特公牛屠宰适期为 14～15 月龄，体重可达 550～600 kg；母牛 14～15 月龄体重可达 400～500 kg。母牛一个泌乳期的产乳量平均为 3 500 kg，乳脂率为 4.17%。

4. 杂交改良效果

皮埃蒙特牛在河南南阳地区用于改良南阳牛，通过 244 天的育肥，2 000 多头皮南杂交后代取得了 18 月龄耗料为 800 kg、体重为 500 kg、眼肌面积为 114.1 cm² 的良好成绩，被认为是目前肉牛终端杂交的理想父本。

四、蓝白花牛

蓝白花牛微课

1. 原产地及分布

蓝白花牛原产于比利时。我国于 1996 年引进少量蓝白花牛，作为肉牛配套系的父系品种。

2. 外貌特征

蓝白花牛形体高大，体躯强壮，背直，肋圆，呈长筒状；体表肌肉明显发达，臀部丰满，后臀部尤其突出；头部轻巧、纤细，尻微斜；毛色为白，身躯中有蓝色或黑色斑点，色斑大小变化较大；鼻镜、耳缘、尾多为黑色，见图 3-5。成年公牛体重为 1 200 kg，母牛为 700 kg。

图 3-5 蓝白花牛

3. 生产性能

蓝白花牛 1.5 岁左右初配，妊娠期 282 天。犊牛初生重较大，初生公犊平均为 46 kg，母犊平均为 42 kg。犊牛早期生长速度快，日增重达 1.4 kg，周岁公牛体重可达 500 kg 以上。该牛胴体中可食部分比例大，屠宰率达 65% 以上。

4. 杂交改良效果

蓝白花牛属大型优良肉牛品种，杂交效果显著，杂交后代臀部丰满，双肌明显，生长迅速，具有较大的发展潜力。

五、南德温牛

1. 原产地及分布

南德温牛原产于英国的南德温郡。我国于 1996 年首次从澳大利亚引进该品种。

2. 外貌特征

南德温牛全身肌肉丰满；角中等大，呈乳白色，角尖黑色，母牛角向上弯曲，公牛角较短并外伸，也有选育的无角南德温牛；被毛为红色，皮肤为黄色，仅乳房、尾帚及腿部有少量白色，见图 3-6。成年公牛体重为 800 ~ 1 000 kg，母牛为 540 ~ 630 kg。

图 3-6　南德温牛

3. 生产性能

南德温犊牛初生重为 35 ~ 40 kg，在良好的饲养条件下，日增重可达 1.3 ~ 1.5 kg，最高可达 2.3 kg。该牛年产乳量为 1 500 ~ 2 000 kg，高产个体可达 3 300 kg 左右，乳脂率达 4.2%。

4. 杂交改良效果

南德温杂交牛很少发生难产的情况，且杂交牛生长快、肉品质好、效益高，具有较好的发展前景。

六、安格斯牛

安格斯牛微课

1. 原产地及分布

安格斯牛原产于英国的安格斯和阿伯丁地区。我国先后从英国、澳大利亚和加拿大等国引入过该品种。

2. 外貌特征

安格斯牛以被毛黑色、无角为其重要的外貌特征，故又称无角黑牛。此外，也有少数红色安格斯牛，主要分布在加拿大、英国和美国。该牛头小额宽，颈短，体躯呈圆筒形，四肢短粗，全身肌肉丰满，具有典型的肉牛外貌，见图 3-7。成年公牛体重为 700 ~ 900 kg，母牛为 500 ~ 600 kg。犊牛初生重为 25 ~ 32 kg。

图 3-7　安格斯牛

3. 生产性能

安格斯牛有良好的肉用性能，生长发育快、早熟易肥、胴体品质好、出肉率高、肌肉的大理石纹好。该牛哺乳期平均日增重为 900~1 000 g，育肥期平均日增重为 700~900 g，屠宰率一般为 60%~65%。

4. 杂交改良效果

安格斯牛遗传稳定，繁殖性能好，极少难产，与蒙古牛的杂交一代育肥期日增重较母本高 13.79%。该牛杂交后代无角，便于管理，适合作为山区小型黄牛的改良父本。

德国黄牛微课

七、德国黄牛

1. 原产地及分布

德国黄牛又称格菲牛，原产于德国和奥地利。我国从 1996 年开始陆续引入。

2. 外貌特征

德国黄牛毛色为浅黄色、黄色或淡红色，眼圈周围颜色较浅；体躯长而欠宽阔，胸深，背直，后躯发育好，全身肌肉丰满，见图 3-8。成年公牛体重为 1 000~1 300 kg，母牛为 650~800 kg。

图 3-8 德国黄牛

3. 生产性能

德国黄牛犊牛平均日增重为 985 g，育肥期日增重为 1 160 g，平均屠宰率为 62.2%，净肉率可达 56% 以上。该牛乳用性能好，母牛产乳量可达 4 164 kg，乳脂率为 4.15%。

4. 杂交改良效果

在粗放饲养管理条件下，德杂一代黄牛与当地黄牛相比，在体型外貌、生长速度、肉用性能等方面均有显著提高。

海福特牛微课

八、海福特牛

1. 原产地及分布

海福特牛原产于英格兰西部的海福特郡。我国引入的海福特牛主要分布于东北和西北地区。

2. 外貌特征

海福特牛具有典型的肉牛体型，分有角和无角两种，有角牛的角向两侧伸展。该牛体型较小，头短额宽，颈粗短，多肉，垂皮发达，体躯呈圆筒状，腰宽平，臀宽厚，肌肉发达，四肢短粗；毛色为橙黄或黄红色，有"六白"（即头、颈下、鬐甲、腹下、尾帚和四肢下部为白色）的特征，见图 3-9。成年公牛体重为 850~1 100 kg，母牛为 600~700 kg。

图 3-9　海福特牛

3. 生产性能

海福特牛增重快，肉质柔嫩多汁，肌肉呈大理石纹状，屠宰率一般为 60%~65%；犊牛初生重为 28~34 kg，7~8 月龄日增重为 800~1 300 g，9~12 月龄日增重可达 1 400 g，周岁重达 410 kg。

4. 杂交改良效果

海福特牛与我国黄牛杂交效果好，杂交后代体格增大、体型改善，具有明显的杂交品种优势，一般用作经济杂交的父本以及中小型黄牛向肉用方向发展的改良品种。

九、西门塔尔牛

1. 原产地及分布

西门塔尔牛微课

西门塔尔牛原产于瑞士阿尔卑斯山区，以西门塔尔平原为最多。我国已经育成了乳肉兼用的中国西门塔尔牛。

2. 外貌特征

西门塔尔牛头大额宽，角细呈白色并向外上方弯曲；体躯长，肋骨开张，有弹性，胸部发育好，尻部长而平，四肢端正结实，大腿肌肉发达；被毛为黄白花或红白花；头、腹下和尾帚多为白色，肩部和腰部有条状白毛片，见图 3-10。成年公牛体重为 1 000~1 300 kg，母牛为 650~800 kg；公牛体高为 142~150 cm，母牛体高为 134~142 cm；犊牛初生重为 30~45 kg。

图 3-10　西门塔尔牛

3. 生产性能

欧洲各国西门塔尔牛的平均产乳量为 3 500~4 500 kg，乳脂率达 4.0%~4.2%；我国核心群西门塔尔牛的平均产乳量已超过 4 500 kg。

西门塔尔牛犊牛在放牧条件下，日增重可达 800 g，舍饲育肥条件下可达 1 000 g，1.5 岁龄体重为 440~480 kg；公牛育肥后屠宰率为 65%，胴体肉多，脂肪少而分布均匀。

4. 杂交改良效果

2001 年，中国西门塔尔牛正式通过了国家畜禽遗传资源委员会的审定，现已普遍推广。

📠 工作计划

根据所收集的资讯和决策的制定过程，制订知识梳理方案，并分析不同品种肉牛的特点，确定肉牛品种鉴定方案，完成表 3-3、表 3-4。

表 3-3　不同品种肉牛的特点

肉牛类型	原产地及分布	外貌特征	生产性能	杂交改良效果

表 3-4　肉牛品种鉴定

图片序号	鉴定结果	鉴定依据

🎛 工作实施

🤖 引导问题 1：肉牛的品种有哪些？

🤖 引导问题 2：利木赞牛的外貌特征是什么？

🤖 引导问题 3：西门塔尔牛的外貌特征是什么？

🤖 引导问题 4：安格斯牛的生产性能如何？

⊕ 评价反馈

项目	内容	分值	赋分		
			自评	组评	师评
职业素养	执着专注、一丝不苟	20			
	踏实肯干、敬业乐业	20			
	认真负责、按时完成	20			
职业技能	不同品种肉牛异同点梳理正确	20			
	准确鉴定肉牛的品种	20			
总分		100			
总评	自评×30%+组评×30%+师评×40% =		教师签字：		

拓展思考题

1. 简述常见肉牛的品种。
2. 比较不同种类肉牛的外貌特征和生产性能。

相关知识点

双肌现象

双肌是肉牛臀部肌肉过度发育的形象称呼，而不是说肌肉是双的或有额外的肌肉，其中以夏洛莱牛、皮埃蒙特牛等品种的双肌发生率较高。双肌在外观上有以下特点。

①以膝关节为圆心画一圈，双肌牛的臀部外线正好与圆周相吻合，非双肌牛的臀部外线则在圆周以内。双肌牛后躯肌肉特别发达，能看出肌肉之间有明显的凹陷沟壑。

②双肌牛沿脊柱两侧和背侧的肌肉很发达，形成"复腰"，腹部上收，体躯较长。

③双肌牛肩区肌肉较发达，但不如后躯，肩肌之间有凹陷，颈部较厚，上部呈弓形。

技能训练三 牛品种识别

【目的要求】

能根据牛的外貌特征识别引入牛和本地牛的主要品种；熟悉各品种的经济类型及主要优缺点。

【训练条件】

1. 材料

不同牛品种的图片、幻灯片、模型或活牛。

2. 用具

幻灯机、配计算机的投影仪等。

【方法步骤】

①教师事先准备好不同品种牛的图片、幻灯片或模型等，并标记序号。

②教师对所提供牛品种的产地、外貌特点、生产性能、适应性及利用情况做简要说明。

③学生反复观看，比较并记忆各牛品种的产地、外貌特点、生产性能和适应性。

④教师随机抽取几个牛品种进行考核，把考核内容（品种名称、外貌特点、生产性能、适应性等）写在考核用纸上。

【考核要求】

各小组完成任务后，由教师随机抽取 1~2 名成员，考核其对牛品种的精准识别，考核成绩计入本组所有成员的平时成绩。

【实训报告】

调查本地区饲养的牛的品种，叙述其品种特征和生产性能，进行鉴别并给出比较说明。

三河牛微课　　秦川牛微课　　南阳牛微课　　晋南牛微课　　鲁西黄牛微课　　延边牛微课

学习情境 3　奶牛体型外貌鉴定

💬 学习情境

体型外貌鉴定是奶牛养殖方面的一门应用型学科，其可以客观准确地记录并分析奶牛的体貌数据，指导遗传改良工作。

📖 学习目标

1. 熟知奶牛的体型外貌指标。
2. 能够对奶牛的体型外貌进行鉴定。
3. 培养学生坚持不懈、耐心专注的工作态度，强化创新意识和团队合作精神。

📒 任务书

对奶牛的体型外貌进行鉴定。

👥 任务分组

班级		组号		指导教师	
组长		学号			
成员	姓名		学号	姓名	学号

任务分工：_____

获取资讯

一、体高

体高是牛体骨骼结构的综合表现，是评价奶牛体格的重要指标之一。体高主要是基于地面到牛体十字部的相对高度进行量度，具有可量度的特点。鉴于奶牛体高在一胎时仍处于发育阶段，到三胎（4~5 岁）时才完全发育完成，因此分别制定了一胎和三胎两个指标。

奶牛体高在 130 cm 时，属于极低个体，应评最低分 1 分；体高在 140 cm 时，属于中等个体，应评 5 分；体高在 150 cm 时，属于极高个体，应评 9 分。三胎牛的评分标准在相应的一胎标准上降低 1 分（荷斯坦牛的体高理想评分为 7~9 分，对应的体高为 145~147 cm。实际生产中主要以牛颈枷高度作参照，评估大群牛体高状况）。

二、前段

前段部位是指奶牛耆甲部与十字部之间的相对高度差，其变化范围从耆甲部低于十字部到耆甲部高于十字部，由极低到极高的范围为 10 cm，即耆甲部低于十字部 5 cm 为极低，评 1 分；耆甲部和十字部齐平为中等，评 5 分；耆甲部高于十字部 5 cm 为极高，评 9 分。

从生物学角度来说，耆甲部若低于十字部，则奶牛的站立姿势前低后高，内脏器官均向前倾斜，相对胸腔压力增大，不利于肺和心脏的运动。同时，生殖系统也向前下方倾斜，不利于生殖系统的分泌物排出，容易造成生殖系统疾病。

若耆甲部高出十字部过多，则形成前高后低，内脏器官向后倾斜，腹腔压力增大，特别是怀孕母牛的后期，腹腔压力更大，会使子宫内胎儿发育等受到一定影响。因此，最理想的状态是耆甲部比十字部高 3 cm（由于实际测量中受颈枷影响，此性状已被弱化，实际生产中仅供参考），评分为 7 分（奶牛站立地面必须是水平面）。

三、体躯大小

奶牛体躯大小主要根据其体重进行评分，体重目前都是根据奶牛的胸围来估算。

体躯大小评分时，一胎母牛胸围为 173 cm，估计体重 410 kg，属于极小个体，评 1 分；胸围为 188 cm，估计体重 500 kg，属于中等个体，评 5 分；胸围达到 200 cm，估计体重可达 590 kg，属于极大个体，评 9 分（通过称重系统进行测量，结果更为准确）。

四、胸宽

胸宽可以体现出奶牛是否具有高产能力和维持高产的持久力。胸宽大的奶牛肋骨开张大、肺活量大、心功能强，代谢能力也强，身体更加健康，而这是维持牛高产的结构基础。通过观察奶牛胸底部两前肢之间的内裆宽度可对奶牛进行评分。

奶牛胸宽在 37 cm 以上的个体为极宽个体，评 9 分；胸宽为 25 cm 的个体为中等个体，评 5 分；胸宽为 13 cm 的个体为极窄个体，评 1 分（由于实际测量中受颈枷影响，此性状已被弱化，实际生产中仅供参考）。

五、体深

体深的评分以奶牛体躯最后一根肋骨处的腹下沿深度为评分基准。

如果奶牛腹下沿很深，呈下垂状态，评 9 分；腹下沿比较深，但很紧凑，呈下垂状态，评 7 分，是比较理想的体深；中等评 5 分；腹下沿很浅，呈犬腹状态，评 1 分（实际测量中可参考腹底到飞节间的距离，距离越短体深越深）。

六、腰强度

腰强度主要是鉴定奶牛腰部的结实程度。腰部不结实的奶牛往往会出现子宫下沉，导致产道在躯体内向下方弯曲，从而增加产犊时的分娩难度。同时，子宫内分泌物也不易排出，易引发生殖系统疾病，影响奶牛的配种受胎率。

腰强度的评分主要是观察被鉴定牛臀部（十字部）的荐椎至腰部第一腰椎之间的连接强度和腰部短肋的发育状态。极强的个体评 9 分，极弱的个体评 1 分，中等的个体评 5 分。

七、尻角度

尻角度是指腰角到臀部坐骨结节端的倾斜角度，评分时，应从母牛的侧面进行观察。

腰角高于坐骨结节端 8 cm 者，其尻角度为倾斜，评 9 分；腰角高于坐骨结节端 4 cm 者，其尻角度属于理想角度，评 5 分；腰角低于坐骨结节端 5 cm 者，其尻角度为极逆斜，评 1 分。

适当的尻角度有利于母牛生殖道分泌物和产后恶露的排出，无论是逆斜或倾斜的状态，均对生殖道内分泌物的排出有影响，进而直接影响奶牛的繁殖率。

八、尻宽

尻宽直接关系到产犊的难易程度，尻越宽的母牛产犊越容易。尻宽评分主要是以臀端两坐骨结节间的宽度为基准进行评分：两坐骨结节间宽 10 cm 者，为极窄个体，评 1 分；宽度每增加 2 cm 评分增加 1 分，18 cm 为中等个体，评 5 分；26 cm 为极宽个体，评 9 分。

九、蹄角度

蹄角度是指后蹄外侧前蹄壁与地面所形成夹角的陡峭程度。蹄角度小的牛，其蹄冠薄，蹄壁变得长而平展，需要经常修蹄，易引起蹄损伤、蹄变形和蹄病。蹄角度很小的个体，即 15°，评 1 分；蹄角度为 45° 的个体，评 5 分；蹄角度为 65° 的个体，评 9 分。

十、蹄踵深度

蹄踵深度主要观察奶牛的后蹄踵上沿与地面之间的相对高度，该性状直接关系到奶牛的蹄健康和运动能力。

蹄踵深度为 0.5 cm 时，为极浅个体，评 1 分，蹄踵深度每增加 0.5 cm，评分增加 1 分，蹄踵深度为 2.5 cm 时，为中等个体，评 5 分；蹄踵深度为 4.5 cm 时，为深个体，评 9 分。

十一、乳房深度

乳房深度是乳房底部距飞节的距离。若乳房呈倾斜状态，则乳房深度是指乳房底部最低点到飞节的距离。

对于一胎母牛，若乳房底部距飞节 12 cm，则为理想个体，评 5 分；若与飞节平行，则为极深个体，评 1 分；若距飞节 18 cm，则为极浅个体，容积最小，评 8~9 分。对于三胎以上母牛，若乳房底部距飞节 5 cm，则为理想个体，评 5 分；若距飞节 12 cm，则其容积小，为很浅个体，评 8 分；若与飞节平行，则评 4 分；若低于飞节，则其乳房深度为较深和极深，评 1 分。

十二、乳房质地

乳房质地是影响奶牛泌乳能力的重要性状。腺体乳房的特点是皮肤薄、弹性好，挤奶前后变化较大，触摸时质地细软，乳静脉发达。结缔组织乳房的特点是皮肤粗、厚、弹性差。

十三、中央悬韧带

中央悬韧带又称乳房中隔，其强度直接影响乳房的形态。中央悬韧带极强个体的乳房明显分为四个区，乳中沟很深，可达 5~6 cm，从乳房的后部看，后乳房也有明显的乳沟直达后乳房上端，把后乳房分为左右两个部分，具有这样的中央悬韧带的个体可评 8~9 分。

乳中沟呈钝角且深 3 cm 的个体，评 5 分；无乳中沟的个体，评 1 分。

十四、前乳房附着

前乳房附着决定前乳房的悬重能力和可能引起的损伤，对其评分是通过从侧面观察，并借助触摸来进行的。对于附着很强的个体，手很难伸入乳房的基部，而对于极弱的个体，手几乎无阻力，很容易就可伸入腹壁与前乳房之间。

极强个体，评 9 分；极弱个体，评 1 分；中等个体，评 5 分（实际生产中站在牛侧面，横向推乳房，感受摆动幅度，幅度小表明前乳房附着结实，反之表明前乳房附着差）。

十五、前乳头位置

前乳头位置直接关系到挤奶的难易程度。无论是手工挤奶还是机器挤奶，乳头的位置极度向外和极度向内，均会给挤奶带来困难，且乳头极外的个体，易造成乳头损伤。乳头极内的个体，评 9 分；极外的个体，评 1 分；理想个体，评 6 分（两个乳头平行且垂直于地面为理想状态，有助于提高挤奶效率）。

工作计划

根据所收集的资讯和决策的制定过程，制订知识梳理方案，并分析奶牛体型外貌鉴定指标和标准，完成表 3-5。

表 3-5　奶牛体型外貌鉴定指标和标准

鉴定指标	鉴定标准	负责人

工作实施

引导问题 1：奶牛体型外貌鉴定指标有哪些？

引导问题 2：奶牛体型外貌鉴定标准是什么？

评价反馈

项目	内容	分值	赋分		
			自评	组评	师评
职业素养	坚持不懈、耐心专注	20			
	合作精神、创新意识	20			
	态度端正、按时完成	20			
职业技能	奶牛体型外貌鉴定指标梳理正确	20			
	准确进行奶牛体型外貌鉴定	20			
总分		100			
总评	自评×30%+组评×30%+师评×40% =		教师签字：		

拓展思考题

简述奶牛体型外貌鉴定指标及标准。

技能训练四　奶牛体况评分

【目的要求】

通过实际操作，了解奶牛体况评分的重要性，初步掌握体况评分的方法。

【训练条件】

不同体况（膘情）的奶牛若干头，奶牛体况评分标准。

【方法步骤】

评定时，应将奶牛拴在牛床上进行操作。奶牛体况评分主要依据目测和触摸牛的背、腰角、臀、尾根等部位的肌肉和体脂沉积情况，并结合腹部凹陷和被毛光亮程度等整体印象，按照奶牛体况评分标准进行评定。将各部位的实际表现记录在表3-6中，并据此进行综合评分。

采用5分制评分：1分——差；2分——中等；3分——良好；4分——肥；5分——过肥。

【考核要求】

各小组完成任务后，由教师随机抽取1~2名成员，考核其对奶牛体况评定方法的掌握情况，考核成绩计入本组所有成员平时成绩。

【实训报告】

填写完成奶牛体况评分表（见表3-6），并评价奶牛的营养状况。

表3-6　奶牛体况评分表

场别：　　　　　　　　　　　　　　　　　　　　　　　　　　　　评定日期：

牛号	品种	年龄	胎次	评定时间（泌乳期）	背椎与腰椎	腰角与臀角	尾根	整体	评分

学习情境4　肉牛体型外貌鉴定

📖 学习情境

肉牛外貌是生产性能的表征，不同生产用途的牛，都各具与其相适应的体型外貌。根据《肉牛生产性能测定技术规范》（GB/T 43838—2024），肉牛饲养应选择相宜体型外貌的个体，使其生产性能达到最佳，才能提高养牛的经济效益。

📚 学习目标

1. 掌握肉牛的体型外貌特点。

2. 理解肉牛的体型线性评分标准。

3. 会对肉牛进行年龄鉴定。

4. 培养学生耐心专注、知难而进的职业素养，强化兢兢业业、守正创新的工匠精神。

任务书

归纳肉牛的体型外貌特点，对肉牛进行体型线性评分，并对肉牛进行年龄鉴定。

任务分组

班级		组号		指导教师	
组长		学号			
成员		姓名	学号	姓名	学号

任务分工：＿＿＿＿＿＿＿＿＿＿＿＿＿＿＿＿＿＿＿＿＿＿＿＿＿＿＿＿＿＿＿

获取资讯

一、肉牛体型外貌特点

（一）牛体各部位的名称

牛的整个体躯分为头颈部、前躯、中躯和后躯四部分，牛体各部位具体名称见图3-11。

1. 头颈部

头颈部以鬐甲和肩端的连线与躯干分界，又分为头和颈两部分，头部以枕骨脊与颈部分界。

2. 前躯

前躯是颈之后、肩胛骨后缘垂直切线之前，以前肢骨骼为基础的体表部位，包括鬐甲、前肢、胸等部位。

3. 中躯

中躯是肩胛软骨后缘至腰角垂线之前的中间躯干段，主要包括背、腰、腹等部位。

4. 后躯

后躯是自腰角之后的体躯后部，是以骨盆、荐骨和后肢诸骨为基础的体表部位，包括尻部、臀部、乳房、生殖器官、后肢、尾等部位。

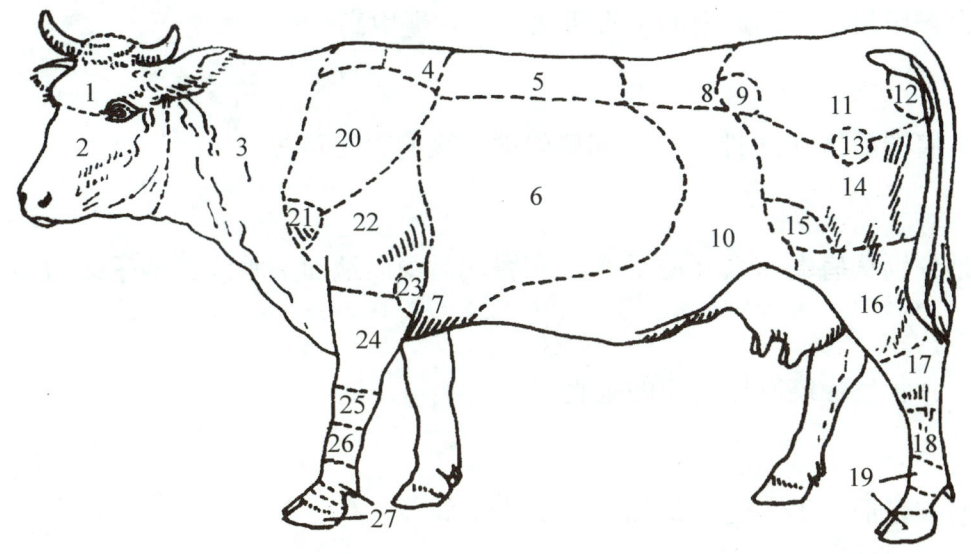

图 3-11 牛体各部位具体名称

1—颅部；2—面部；3—颈部；4—鬐甲部；5—背部；6—肋部（胸侧部）；7—胸骨部；8—腰部；9—髋结节；
10—腹部；11—荐臀部；12—坐骨结节；13—髋关节；14—股部；15—膝部；16—小腿部；17—跗部；18—跖部；
19—趾部；20—肩带部；21—肩关节；22—臂部；23—肘部；24—前臂部；25—腕部；26—掌部；27—指部

（二）牛的主要体尺

进行体尺测量时，应使牛站在宽敞平坦的场地上，肢势端正，见图 3-12。

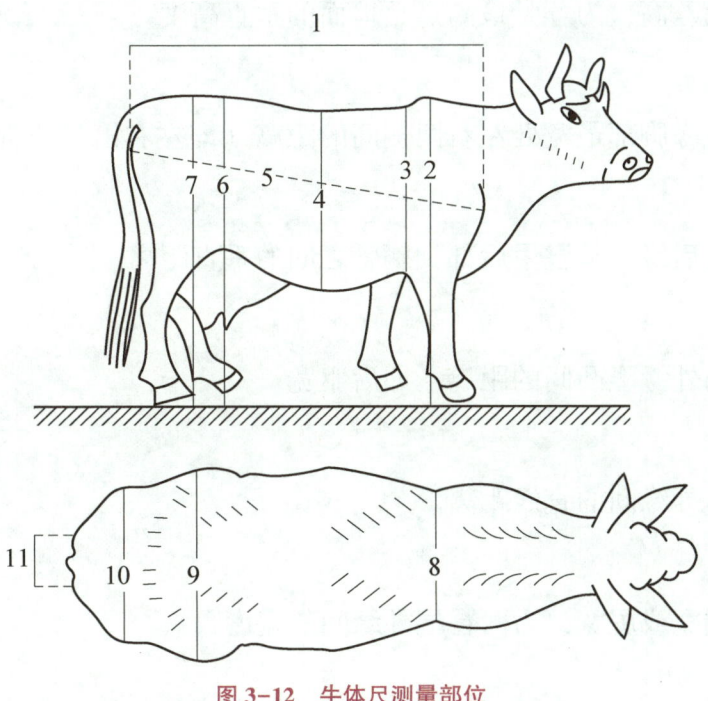

图 3-12 牛体尺测量部位

1—体直长；2—体高；3—胸深；4—腹围；5—体斜长；6—腰高；
7—臀高；8—胸宽；9—腰角宽；10—髋宽；11—臀端宽
资料来源：丁洪涛，畜禽生产，2001

1. 体高

体高是自鬐甲最高点到地面的垂直距离，又称鬐甲高。

2. 体斜长

体斜长是肩端前缘（肱骨突）至同侧臀端后缘的直线距离。

3. 体直长

体直长是分别从肩端前缘（肱骨突）和臀端后缘向地面引垂线，两垂线间的水平距离。

4. 胸围

胸围是肩胛骨后缘绕躯体一周的垂直周径。

5. 管围

管围是前肢管部上 1/3 处（最细处）的水平周径。

6. 腹围

腹围是腹部最粗部位的垂直周径。

7. 腰高

腰高又称十字部高，为两腰角连线中点至地面的垂直高度。

8. 臀高

臀高又称尻高或荐高，为荐骨最高点至地面的垂直高度。

9. 胸宽

胸宽是肩胛骨后缘胸部最宽处左右两侧间的距离（即左右第六肋骨间的最大距离）。

10. 胸深

胸深是沿肩胛骨后缘，从鬐甲后部到胸骨之间的垂直距离。

11. 腰角宽

腰角宽是两腰角外缘隆凸间的距离，即后躯宽。

12. 髋宽

髋宽是两侧臀角外缘间的直线距离。

13. 坐骨宽

坐骨宽又称臀端宽或尻宽，为两臀端外缘间的宽度。

14. 臀长

臀长又称尻长，为腰角前缘至臀端后缘间的距离。

15. 后腿围

后腿围是后肢膝关节处的水平周径，主要用于肉牛的测量。

（三）肉牛的典型外貌

从整体上看，肉牛被毛细密，皮薄骨细，肌肉丰满，皮下脂肪发达，体格结实，前后躯均发达，中躯显得相对较短，使前、中、后躯趋于相等，侧视、俯视、后视均呈长方形（见图3-13）。

从局部看，肉牛头短、额广、面宽而多肉，口角深；颈短而粗圆，垂肉发达；鬐甲低平，宽厚多肉，与背腰在同一水平线上；前胸饱满，突出于两前肢；肋骨长而弯弓较大，肋间隔小；背腰宽广平直、多肉，肷窝

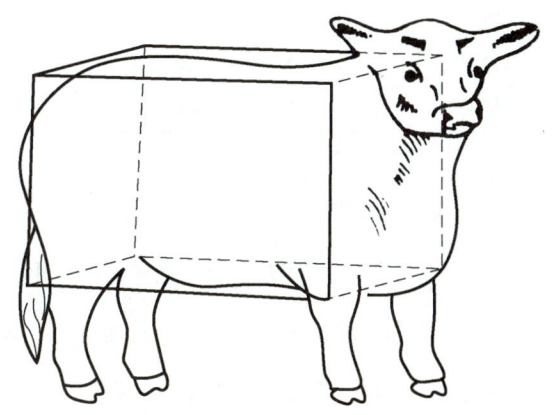

图3-13 肉牛外形模式图
资料来源：杨和平. 牛羊生产 [M]. 北京：中国农业出版社，2001.

浅，腰角丰圆而不突出；尻宽长平直，富于肌肉；四肢相对较短，上部宽而多肉，下部短而结实，左右两肢间距离大。连接肉牛的腰角、臀端与飞节三点，构成丰满多肉的三角形。

肉牛的理想外貌要求是"五宽五厚"，即额宽，颊厚；颈宽，垂厚；胸宽，肩厚；背宽，肋厚；尻宽，臀厚。

二、肉牛外貌鉴定

（一）肉牛外貌鉴定

肉牛的外貌鉴定将牛体按整体结构、前躯、中躯、后躯和肢蹄分为五部分，根据每部分的重要程度赋予一定的分数，总分为100分。鉴定人员根据评分标准和被鉴定牛的外貌情况逐项评分，并综合各部位的得分，得出该肉牛的总分数，最后确定其外貌等级（见表3-7、表3-8）。

表3-7 肉牛外貌鉴定评分表

部位	鉴定标准	公牛		母牛	
		满分	评分	满分	评分
整体结构	品种特征明显，结构匀称、体质结实、肉用体型明显、肌肉丰满、皮肤柔软有弹性	25分		25分	
前躯	胸宽深、前胸突出、肩胛平宽、肌肉丰满	15分		15分	
中躯	肋骨开张、背腰宽而平直、中躯呈圆筒形，公牛腹大不下垂	15分		20分	
后躯	尻部长、平、宽，大腿肌肉凸出延伸，母牛乳房发育良好	25分		25分	
肢蹄	肢势端正，两肢间距离宽，蹄形正、蹄质坚实，运步正常	20分		15分	
合计		100分		100分	

表 3-8　肉牛外貌等级评分标准

等级	特等	一级	二级	三级
公牛	85分及以上	80~84分	75~79分	70~74分
母牛	80分及以上	75~79分	70~74分	65~69分

（二）肉牛体型线性评分

1993年意大利人法罗巴正式提出了肉牛体型线性评分标准。此法评定的项目是按照肉牛评定的要求，分为肌肉发达程度、骨骼粗细和皮肤厚薄等，共4类16项。4类包括结构、肌肉度、细致度和乳房，其中"结构"包括头大小、腰平整、尻倾斜度、前肢势、后肢势和系部6项；"肌肉度"包括鬐甲部、肩部、腰宽、腰厚、大腿肌肉和尻形状6项；"细致度"包括骨骼和皮肤2项；"乳房"包括乳房附着和乳头2项。因此，母牛共有16个性状，公牛有14个性状。我国目前推行的肉牛体型线性评分法为50分制，具体的评分标准见表3-9、表3-10。

表 3-9　肉牛体型线性评分标准

系统	性状	评分方法	评分标准				
			45分	35分	25分	15分	5分
结构	头大小	头越小得分越高	非常小	小	适中	大	非常大
	腰平整	侧观胸后到十字部背线	弓背非常重	呈弓形	水平	下塌	严重下塌
	尻倾斜度	侧观，坐骨端高则得分高	坐骨端非常高	水平	坐骨端低于腰角一个拳头	坐骨端很低	非常低斜
	前肢势	前观	两肢下部外倾，关节内靠呈X状	两肢外倾	前观端正	两肢蹄部近	两肢呈严重O状
	后肢势	侧观	后腿端直，呈象腿状	后腿较直	后腿肢势正确，即坐骨端后缘向下的垂线过飞节中部，于后蹄之后落地	后腿呈镰刀状	后腿呈严重镰刀状，即过度前伸或向后伸
	系部	侧观	系部很短，呈直系	系较短	系部端正，即略微呈弓形	系部长而软	系部过长，出现严重卧系

续表

系统	性状	评分方法	评分标准				
			45 分	35 分	25 分	15 分	5 分
肌肉度	鬐甲部	纵观	非常宽，呈倒盆底形	宽阔	适中，即呈圆弓弧形	窄	尖瘦
	肩部	侧观	肌肉块特别明显	肌肉块发达	肌肉可见，但分块不明显	肌肉瘦弱	特别瘦弱
	腰宽	纵观	特别宽	宽度好	适中，即比腰角宽略狭窄	狭窄	很窄
	腰厚	侧观	特别厚实	厚度好	一般，即接近三指厚	薄	非常薄
	大腿肌肉	后观	后躯极粗宽	后躯左右宽略小于腹	后躯肌肉适中，即髋部窄于腰角	髋部肌肉不明显	后躯明显消瘦
	尻形状	侧观	后躯分块明显，肌肉极发达	后躯肌肉较发达	中等，即大腿上部肌肉不发达	肌肉瘦，大腿部无肉感	大腿部消瘦
细致度	骨骼	管围部关节和尾骨	非常细致	较细致	适中	有粗壮感	非常粗糙
	皮肤	提肩胛后的皮肤	非常薄，易拉起且弹性好	薄，易拉，有弹性	一般	有厚重感，不易拉起，缺乏弹性	非常厚，拉不起，无弹性
乳房	乳房附着	侧观上底部	前延后伸极好	伸展大	一般，即呈圆形乳房	窄而弱	非常弱，呈山羊乳房状
	乳头	侧观	非常大	大	适中	较细小	很小

注：乳房系统鉴定适用于母牛

表 3-10 肉牛体型线性评分等级标准

等级	优秀（EX）	很好（VG）	好⁺（G⁺）	好（G）	中（F）	差（P）
整体分	90～100 分	85～89 分	80～84 分	75～79 分	65～74 分	64 分及以下

（三）我国黄牛的外貌鉴定

我国黄牛的外貌鉴定也采用百分制，其原理和方法与肉牛的外貌鉴定方法相同（见表3-11、表3-12）。

表3-11　我国良种黄牛外貌鉴定评分表

项目		满分标准	公牛		母牛	
			满分	评分	满分	评分
品种特征与整体结构		根据品种特征，要求具有该品种的全身毛、眼圈、鼻镜、蹄趾等部位的颜色，以及角的形状、长短、色泽；体质结实、结构匀称、体躯宽深、发育良好，皮较粗厚，毛细短光亮，头型良好；公牛有雄相，母牛俊秀	30分		30分	
躯干	前躯	公牛鬐甲适当高而宽，母牛较低但宽、胸宽深，肋弯曲扩张，肩长而斜	20分		15分	
	中躯	背腰平直宽广、长短适中、结合良好；公牛腹部呈圆筒形，母牛腹大而不下垂	15分		15分	
	后躯	尻宽长，不过斜，肌肉丰满；公牛睾丸两侧对称、大小适中，附睾发育良好；母牛乳房呈球形，发育尚好，乳头较长，排列整齐	15分		20分	
四肢		健壮结实，肢势良好，蹄大、圆、坚实，蹄缝紧，动作灵活有力，行走时后蹄落地能超过前蹄	20分		20分	
合计			100分		100	

表3-12　我国良种黄牛外貌等级评分标准

等级	特等	一级	二级	三级
公牛	85分及以上	80~84分	75~79分	70~74分
母牛	80分及以上	75~79分	70~74分	65~69分

三、肉牛年龄鉴定

在有牛出生记录的牛场，查阅编号记录即可知道某一头牛的准确年龄。在缺乏可靠记录资料的情况下，可通过牛的外貌、门齿的更换与磨损情况及角轮来鉴定其年龄，其中以根据牙齿鉴别最为可靠。

1. 牛牙齿的种类、数目和排列方式

根据生长的先后顺序，牛的牙齿可分为乳齿和永久齿（恒齿）。先长出的是乳齿，随着年龄的增长，乳齿逐渐脱落而换成永久齿。牛的乳齿为10对，共20枚，无后臼齿，其排列形式见图3-14；永久齿为16对，共

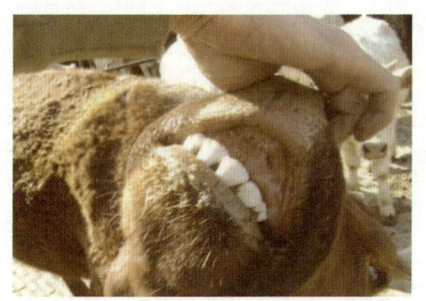

图3-14　牛乳齿排列形成

32 枚，由中间向外依次称为门齿、内中间齿、外中间齿和齲齿。牛的乳齿和永久齿都没有犬齿。

2. 乳齿与永久齿的区别

鉴定牛的年龄时，须将乳齿与永久齿区分开（见表 3-13）。

表 3-13　乳齿与永久齿的区别

区别项目	乳齿	永久齿
色泽	白色	齿冠乳黄色，齿根棕黄色
齿颈	明显	不明显
数量	20 枚	32 枚
性状	齿冠小而薄，有齿间隙	齿冠大而厚，无齿间隙
齿根	插入齿槽较浅，附着不稳	插入齿槽较深，附着很稳定
排列	排列不太整齐，齿间空隙大	排列整齐，齿间紧密无空隙

资料来源：昝林森. 牛生产学 [M]. 北京：中国农业出版社，2007.

3. 门齿的出生、磨损和更换

鉴定牛的年龄时，鉴定员站在牛头部左侧，左手握住牛鼻中隔，顺势抬起牛头，右手插入牛的左侧口角，通过无齿区将牛舌抓住，顺势一扭，然后用拇指尖顶住牛的上颌，其余四指握住牛舌，并拉向左口角外进行鉴定。

对牛的年龄鉴定可概括为"2，3，4，5 看脱换；6，7，8，9 看磨面；10，11，12，13 看齿形（珠点）"，牛门齿的换生与磨损规律见表 3-14。

表 3-14　牛门齿的换生与磨损规律

年龄	门齿变化情况
1.5~2 岁	第一对乳门齿脱落换生永久齿
2.5~3 岁	第二对乳门齿脱落换生永久齿
3.5~4 岁	第三对乳门齿脱落换生永久齿
4.5~5 岁	第四对乳门齿脱落换生永久齿
5~6 岁	前三对永久齿重磨，第四对也出现磨损
7~8 岁	第一对门齿齿面由横椭圆形变成方形
8~9 岁	第二对门齿齿面由横椭圆形变成方形
9~10 岁	第一对门齿齿面由方形变成圆形，第三对门齿齿面由横椭圆形变成方形
10~11 岁	第一对门齿齿面由圆形变成三角形，第四对门齿齿面由横椭圆形变成方形

📇 工作计划

根据所收集的资讯和决策的制定过程，制订知识梳理方案，并分析肉牛体型外貌特点、鉴定标准和年龄鉴定方法，完成表 3-15、表 3-16 和表 3-17。

表 3-15　肉牛体型外貌特点

项目	具体内容	负责人

表 3-16　肉牛体型外貌鉴定标准

项目	具体内容	负责人

表 3-17　肉牛年龄鉴定方法

鉴定项目	鉴定依据	负责人

📡 工作实施

🖼 引导问题 1：肉牛的体型外貌特点是什么？

_____

🖼 引导问题 2：肉牛的体型线性评分标准是什么？

_____

🖼 引导问题 3：如何对肉牛进行年龄鉴定？

_____

⊕ 评价反馈

项目	内容	分值	赋分		
			自评	组评	师评
职业素养	耐心专注、知难而进	15			
	兢兢业业、守正创新	15			
	态度认真、按时完成	15			
职业技能	精准识别肉牛体尺指标	15			
	熟练开展肉牛体型线性评分	20			
	准确判断肉牛年龄	20			
	总分	100			
总评	自评×30%+组评×30%+师评×40% =		教师签字:		

📖 拓展思考题

1. 肉牛的主要体尺指标有哪些？
2. 简述肉牛的典型体型特点。
3. 简述肉牛体型线性评分标准。

📝 相关知识点

牛的体重估测

牛的体重是衡量牛培育水平的一项重要指标，可用来了解牛的生长发育情况，并可作为配合日粮的依据。

体重估测是根据牛的体重与体尺之间的关系计算出来的。下面是几种不同类型牛的估重公式，可供参考。

①乳肉兼用牛估重公式：体重（kg）= [胸围（m）]^2×体斜长（m）×90

②肉牛估重公式：体重（kg）= [胸围（m）]^2×体直长（m）×100

③黄牛估重公式：体重（kg）= [胸围（cm）]^2×体斜长（cm）/11420

④水牛估重公式：体重（kg）= [胸围（m）]^2×体斜长（m）×80+50

⑤牦牛估重公式：体重（kg）= [胸围（m）]^2×体斜长（m）×70

技能训练五　牛的体尺测量、体重估测、年龄鉴定

【目的要求】

通过训练使学生掌握牛的体尺测量部位和测量方法；学会用体尺指标来估测不同类型牛

的体重；初步掌握根据牙齿鉴定牛年龄的方法。

【训练条件】

1. 动物

年龄不同的牛若干头。

2. 用具

测杖、圆形触测器、皮卷尺、牛门齿挂图、牛门齿变化简表、牛门齿标本（或模型）、牛鼻钳等。

【方法步骤】

1. 体尺测量

测量时，要求被测牛端正站立于宽敞平坦的场地上，四肢直立，头自然前伸。每项指标测量三次，取其平均值，记录下来。测量应准确，操作宜迅速。

①用测杖测量体高、荐高、十字部高、体斜长、体直长。

②用圆形触测器测量胸宽、胸深、腰角宽、臀端宽、髋宽、尻长。

③用皮卷尺测量胸围、腹围、后腿围、管围。估测体重时，体斜长用皮卷尺量取。

2. 体重估测

根据被测牛的类型，选用相应估重公式，运用体尺测量的数据进行计算。

3. 年龄鉴定

鉴定人员站在被鉴定牛的头部左侧附近，用左手或鼻钳捏住牛鼻中隔最薄处（鼻软骨前缘），将牛头抬起，使之呈水平状态。随后，迅速将右手插入牛的左侧口角，通过无齿区将牛舌抓住，顺手一扭。接着用拇指尖顶住上腭，其余四指握住牛舌，将牛舌拉向左口角外，使牛口张开，露出门齿。最后观察齿式，判断乳齿与永久齿以及脱换顺序和磨损情况，从而确定年龄。

【考核要求】

各小组完成任务后，由教师随机抽取 1~2 名成员，考核其对牛体尺测量、体重估测、年龄鉴定相关方法的掌握情况，考核成绩计入本组所有成员平时成绩。

【实训报告】

将牛的体尺测量结果及年龄鉴定结果填入表 3-18、表 3-19。

表 3-18　牛的体尺测量结果

牛号	品种	性别	体高	臀高	腰高	体斜长	体直长	胸宽	胸深	腰角宽	坐骨宽	髋宽	臀长	胸围	腹围	后腿围	管围

表3-19　牛的年龄鉴定结果

牛号	品种	性别	门齿更换及磨损情况	鉴定年龄	实际年龄	误差原因分析

学习情境5　奶牛的生产性能评定

学习情境

不同生产目的的牛，其生产性能评定指标有所不同。根据《奶牛生产性能测定技术规范》（NY/T 1450—2025），奶牛主要评定产乳量和乳脂率。通过这些指标的综合评定，可筛选出生产性能最佳的个体，从而帮助提高奶牛的养殖经济效益。

学习目标

1. 掌握奶牛的生产性能评定指标。

2. 能够进行奶牛的生产性能评定。

3. 培养学生执着专注、精益求精的职业素养，强化爱岗敬业、吃苦耐劳的工匠精神。

任务书

奶牛生产性能评定指标的划分及评定标准。

任务分组

班级		组号		指导教师	
组长		学号			
成员	姓名	学号	姓名	学号	

任务分工：_____

🔊 获取资讯

1. 乳房深度

乳房深度是乳房底部到飞节的距离。若乳房呈倾斜状态，则乳房深度是指乳房底部最低点到飞节的距离。

对于一胎母牛，其乳房底部到飞节距离为 12 cm，则为理想个体，评 5 分；若与飞节平行，则为极深个体，评 1 分；若距飞节 18 cm，则为极浅个体，容积最小，评 8~9 分。对于三胎以上母牛，若乳房底部距飞节 5 cm，则为理想个体，评 5 分；若距飞节 12 cm，则其容积小，为很浅的个体，评 8 分；若与飞节平行，则评 4 分；若低于飞节，则其乳房深度为较深和极深，评 1 分。

2. 乳房质地

乳房质地是影响奶牛泌乳能力的重要性状。腺体乳房特点是皮肤薄、弹性好，挤奶前后变化较大，触摸时质地细软，乳静脉发达。结缔组织乳房的特点是皮肤粗、厚、弹性差。

3. 中央悬韧带

中央悬韧带又称乳房中隔，其强度直接影响乳房的形态。中央悬韧带极强个体的乳房明显分为四个区，乳中沟很深，可达 5~6 cm；从乳房的后部看，后乳房也有明显的乳沟可直达后乳房上端，把后乳房分为左右两个部分，具有这样的中央悬韧带的个体可评 8~9 分。

乳中沟呈钝角且深 3 cm 的个体，评 5 分。无乳中沟的个体，评 1 分。

4. 前乳房附着

它决定前乳房的悬重能力和可能引起的损伤，对前乳房附着的评分通过是从侧面观察，并借助触摸来进行的。对于附着很强的个体，手很难伸入乳房的基部，而对于极弱的个体，很容易就能伸入腹壁与前乳房之间，几乎没什么阻力。

极强的个体，评 9 分；极弱的个体，评 1 分；中等个体，评 5 分。（实际生产中站在牛侧面，横向推乳房，感受摆动幅度，幅度小表明前乳房附着结实，反之表明前乳房附着差。）

5. 前乳头位置

前乳头位置直接关系到挤奶的难易程度。无论是手工挤奶还是机器挤奶，乳头的位置极度向外和极度向内，均会给挤奶带来困难，且乳头极外的个体，易造成乳头损伤。乳头极内的个体，评 9 分；极外的个体，评 1 分；理想的个体，评 6 分。（两个乳头平行且垂直于地面为理想状态，有助于提高挤奶效率。）

🍲 工作计划

根据所收集的资讯和决策的制定过程，制订知识梳理方案，并分析奶牛生产性能评定指标和标准，完成表 3-20。

表 3-20　奶牛生产性能评定指标和标准

评定指标	评定标准	负责人

工作实施

引导问题 1：奶牛生产性能的评定指标有哪些？

引导问题 2：奶牛乳房深度的评定标准是什么？

引导问题 3：奶牛中央悬韧带的评定标准是什么？

评价反馈

项目	内容	分值	赋分		
			自评	组评	师评
职业素养	执着专注、精益求精	20			
	爱岗敬业、吃苦耐劳	20			
	态度端正、按时完成	20			
职业技能	奶牛生产性能评定指标梳理正确	20			
	熟练进行奶牛生产性能评定	20			
总分		100			
总评	自评×30%+组评×30%+师评×40%＝		教师签字：		

拓展思考题

简述奶牛生产性能评定方法。

相关知识点

奶牛生产性能测定技术

奶牛生产性能测定是对奶牛产奶性能和乳成分测定的一项技术，国际上通常用奶牛群体改良（dairy herd improvement）的三个英文单词首字母"DHI"来表示，这说明生产性能测定是奶牛群体科学管理和遗传改良方面最基础和最重要的工作。

DHI 技术是通过技术手段对奶牛场的个体牛和牛群状况进行科学评估，并依据科学手段适时调整奶牛场的饲养管理，最大限度地发挥奶牛生产潜力，从而实现奶牛场科学化管理和精细化管理。DHI 技术是奶牛场管理和牛群品质提升的基础。

学习情境 6 　肉牛的生产性能评定

学习情境

不同生产目的的牛，其生产性能评定指标有所不同。根据《肉牛生产性能测定技术规范》（GB/T 43838—2024），肉牛主要评定生长速度和屠宰率等。通过对这些指标数据进行分析，可筛选出生产性能最佳的个体，从而帮助提高肉牛的养殖经济效益。

学习目标

1. 掌握肉牛的生长与增重。
2. 理解肌肉、脂肪、骨骼在生长过程中的变化。
3. 能够准确评定肉牛膘情。
4. 培养学生恪尽职守的责任意识，强化爱岗敬业、合作交流的工匠精神。

任务书

对肉牛的生产性能进行评定。

任务分组

班级		组号		指导教师	
组长		学号			
成员		姓名	学号	姓名	学号

任务分工：

🎯 获取资讯

一、肉牛的生长与增重

体重增长是衡量肉牛生长最直接的指标。肉牛的体重增长速度受品种、初生重、性别、饲养管理等因素的影响。肉用品种比非肉用品种增重快。同是肉用品种，大型品种快于小型品种。若要养到相同体组织比例，则大型晚熟品种的饲养期较长，小型早熟品种的饲养期较短。初生重大的牛，断乳重大，断乳后的增重也相对较快；从性别来讲，公牛增重比去势公牛快，而去势公牛又比母牛快；就饲养管理而言，营养水平越高，增重越快。

牛在一生中各阶段的生长速度均不同。正常饲养条件下，在胎儿期，前四个月生长较慢，四个月后生长较快，分娩前两个月达到最快。出生后到断乳期间，生长速度较快，断乳至性成熟期间，生长速度达到最快，性成熟后，生长速度逐渐变慢，到成年就基本停止生长了。从年龄看，12月龄前生长速度快，以后逐渐变慢（见图3-15）。身体各部分的生长特点在各个时期也有所不同，一般头部、内脏、四肢发育较早，而肌肉、脂肪发育较迟。

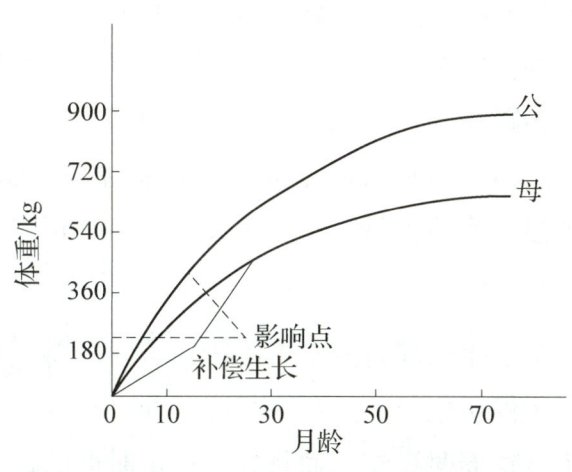

图3-15 肉牛的生长曲线

牛生长发育最快的时期也是把饲料营养转化为体重效率最高的时期。在生长较快的阶段给予充分饲养，便可在增重和饲料转化率上获得最佳效果。

二、肌肉、脂肪、骨骼在牛生长过程中的变化及影响因素

牛的体组织主要是肌肉、脂肪和骨骼，其生长直接影响到增重、屠宰率、净肉率和肉的质量。

肌肉的生长在出生后主要是由于肌纤维体积增大而导致肌束增大。从生长速度来讲，牛自出生到8月龄期间，处于强度生长阶段；8～12月龄生长速度减缓；18月龄后变得更慢。肌肉的纹理随年龄增长而变粗，因此青年牛的肉质比老年牛嫩。

脂肪的生长速度在12月龄前较慢，稍快于骨骼；12月龄后，脂肪生长速度逐渐加快。脂肪的生长顺序是先贮积在内脏器官附近，即网油和板油，以将器官固定于适当的位置；然后是在皮下贮积；最后沉积到肌纤维之间形成"大理石"花纹状肌肉，使肉质变得细嫩多汁。这说明必须饲养到一定肥度时才会形成"大理石"状肌肉。即使是老年牛，通过育肥使脂肪沉积到肌纤维间，也可改善肉质。

骨骼的发育较早，在胚胎期生长迅速，出生后虽然生长速度减缓但较为平稳，并且最早

停止生长。体组织生长规律见图 3-16。

三大组织在整个体组织中的比例在生长过程中变化较大。肌肉比例是先增加后下降；脂肪比例持续增加，年龄越大，比例也越大；而骨骼比例则持续下降。所以，育肥幼龄牛时，饲料中的蛋白质含量应较高；而育肥大龄牛时，则应降低蛋白质含量，提高能量供给。

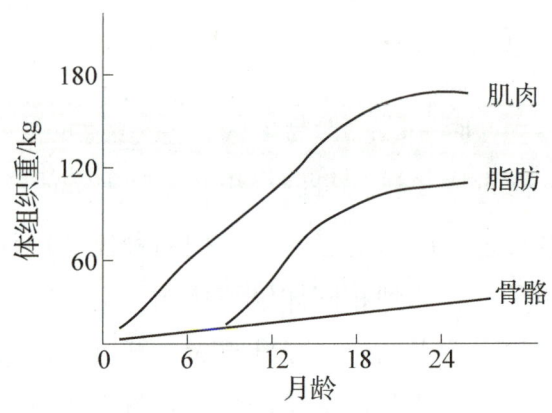

图 3-16　体组织生长规律

不同类型牛体组织的生长形式特性各异。小型早熟品种一般在体重较轻时即可达到成熟年龄的体组织比例，可以早期育肥屠宰；大型晚熟品种必须在骨骼和肌肉生长完成后，脂肪才开始贮积。一般来讲，早熟品种和晚熟品种在生长的最初阶段，肌肉和骨骼所占的比重相似；当体重达到 120 kg 时，早熟品种的脂肪组织生长速度要快于晚熟品种，而肌肉生长速度则慢于晚熟品种，骨骼生长比例始终相似。

三、补偿生长

牛在生长发育的某个阶段，若因饲料不足、生活环境突然变化或疾病而导致生长速度下降甚至停止生长，一旦恢复高营养水平饲养或环境条件满足生长发育需要后，其生长速度会比正常饲养时还快，而且经过一定时期的饲养，仍能恢复到正常体重，这种现象被称为补偿生长。但是，补偿生长并非在任何情况下都能实现，其特点如下。

①生长受阻若发生在出生至 3 月龄或胚胎期，以后很难补偿。

②生长受阻时间越长，越难补偿，一般以 3 个月为宜，最长不超过 6 个月。

③补偿能力与进食量有关，进食量越大，补偿能力越强。

④补偿生长虽能在饲养结束时达到所要求的体重，但饲养期延长会导致总的饲料转化率比正常饲养时低。

四、肉牛膘情评定

目测和触摸是评定肉牛育肥度的主要方法。目测主要观察牛体大小、体躯宽窄和深浅度、腹部状态、肋骨长度和弯曲程度，以及垂肉、肩、背、腰角等部位的肥满程度。触摸是以手触测各主要部位的肉层厚薄和脂肪蓄积程度。通过育肥度评定，结合体重估测，可初步估计肉牛的产肉量。

🎯 工作计划

根据所收集的资讯和决策的制定过程，制订知识梳理方案，并分析肉牛的生长发育规律等，完成表 3-21、表 3-22、表 3-23。

表 3-21　肉牛的生长发育规律

序号	生长发育规律	负责人

表 3-22　肉牛肌肉、脂肪和骨骼的变化规律

项目	变化规律	负责人

表 3-23　肉牛膘情评定

方法	具体评定方式	负责人

工作实施

引导问题 1：肉牛的生长曲线是怎样的？

引导问题 2：肉牛肌肉、脂肪、骨骼的变化有何规律？

引导问题 3：肉牛的膘情评定标准是什么？

评价反馈

项目	内容	分值	赋分		
			自评	组评	师评
职业素养	恪尽职守、责任意识	15			
	爱岗敬业、合作精神	15			
	态度端正、按时完成	15			
职业技能	肉牛生长曲线描述准确	15			
	肌肉、脂肪和骨骼的变化规律描述准确	20			
	熟练进行肉牛膘情评定	20			
总分		100			
总评	自评×30%+组评×30%+师评×40% =		教师签字：		

拓展思考题

1. 简述肉牛生长发育规律。

2. 什么是补偿生长现象？如何在肉牛生产中加以应用？

相关知识点

肉牛膘情评定

1. 目测

绕牛一圈，仔细观察牛体各部位的发育情况。重点是体躯的宽窄及深浅，腹部状态以及尻部、大腿等处的肥满情况。

2. 触摸

结合目测，用手探测颈、垂肉、下胁、肩、背、腰、肋、臀、耳根、尾根和去势公牛的阴囊等部位的肉层厚薄，以及脂肪蓄积的程度。具体方法如下。

①检查下胁：以拇指插入下胁内壁，其余四指并拢，抚于胁外壁，虎口紧贴下胁边缘，掐捏其厚度与弹性，确定其育肥水平，特别是脂肪沉积水平。

②检查颈部：评定者站于牛体左侧颈部附近，以左手牵住牛缰绳，令牛头向左转，随后右手抓摸颈部。高度育肥个体肉层充实、肥满；瘦牛肌肉不发达，抓起有两层皮之感。

③检查垂肉及肩、背、臀部：用手掌触摸各部位，并微微移动手掌，然后对各部位进行按压，按压时由轻到重，反复数次，以检查其育肥水平，肥者肉层厚，有充实感，瘦者骨棱明显。

④检查腰部：用拇指和食指掐捏腰椎横突，并以手心触摸腰角。如果肌肉丰满，则检查时不易触觉到骨骼；否则，可以明显地触摸到皮下的骨棱。只有高度育肥状态下，腰角处才

覆有较多脂肪。

⑤检查肋部：用拇指和食指掐捏肋骨，检查肋间肌肉的发育程度。育肥良好的牛，不易掐住肋骨。

⑥检查耳根、尾根：用手握耳根，高度育肥的牛有充实感；尾根两侧的凹陷很小，甚至接近水平，用手触摸坐骨结节，有丰满之感。

⑦检查阴囊：高度育肥的去势公牛，用手捏摸阴囊，充实而有弹性，内部充满脂肪。如阴囊松弛，证明育肥尚未达到理想水平。

3. 评定等级

肉牛育肥度评定可分为 5 个等级，结合目测与触摸，按照表 3-24 所示标准评定等级。

表 3-24　肉牛宰前育肥度评定标准

等 级	评定标准
特等	肋骨、脊骨和腰椎横突都不明显，腰角与臀端呈圆形，全身肌肉发达，肋骨丰满，腿肉充实，并向外凸出和向下延伸
一等	肋骨、腰椎横突不显现，但腰角与臀端未圆，全身肌肉较发达，肋骨丰满，腿肉充实，但不向外凸出
二等	肋骨不甚明显，尻部肌肉较多，腰椎横突不甚明显
三等	肋骨、脊骨明显可见，尻部呈屋脊状，但不塌陷
四等	各部分关节完全暴露，尻部塌陷

肉牛生产性能评定的主要指标

1. 屠宰测定项目

①宰前重：称取停食 24 h、停水 8 h 后的临宰前体重。

②宰后重：称取屠宰放血后的重量或宰前重减去血重。

③血重：称取屠宰时放出血的重量。

④头重：称取从头骨后端与第一颈椎间割断后的头部重。

⑤皮重：称取剥下并去掉附着的脂肪后皮的重量。

⑥尾重：称取第 2 尾椎之后的全部尾重。

⑦蹄重：从腕关节割下前二蹄，跗关节割下后二蹄，分别称取前二蹄和后二蹄重。

⑧消化器官重：分别称取食道、胃、小肠、大肠、直肠的重量（无内容物）。

⑨生殖器官重：实测重量。

⑩其他内脏重：分别称取心、肝、肺、脾、肾、胰、气管、胆囊（带胆汁）、膀胱（空）的重量。

⑪胴体脂肪重：分别称取肾脂肪、盆腔脂肪、腹膜及胸膜脂肪重。

⑫非胴体脂肪重：分别称取网膜脂肪、肠系膜脂肪、胸腔脂肪、生殖器官脂肪重。

⑬胴体重：称取宰前活重除去血、头、皮、尾、内脏器官、生殖器官、腕跗关节以下四肢重但带肾脏及周围脂肪的重量。

⑭净肉重：称取胴体剔骨后的全部肉重。

⑮骨重：称取胴体剔除肉后的全部重量。

⑯胴体长：自耻骨缝前缘至第 1 肋骨前缘的长度（见图 3-17）。

⑰胴体深：自第 7 胸椎棘突的体表至第 7 胸骨的体表垂直深度。

⑱胴体胸深：自第 3 胸椎棘突的胴体体表至胸骨下部体表的垂直深度。

⑲胴体后腿围：在股骨与胫腓骨连接处的水平围度。

⑳胴体后腿长：耻骨缝前缘至跗关节中点的长度。

㉑胴体后腿宽：去尾的凹陷处内侧至同侧大腿前缘的水平距离。

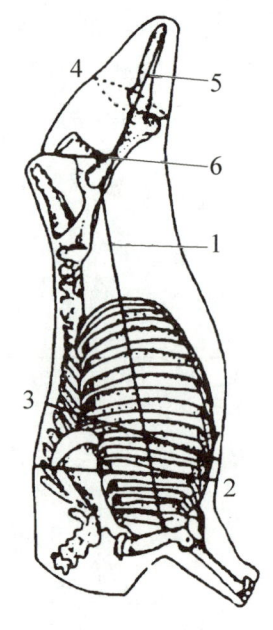

㉒大腿肌肉厚：大腿后侧胴体体表至股骨体中点的垂直距离。

㉓背脂厚：第 5~6 胸椎处的背部皮下脂肪厚。

㉔腰脂厚：第 3 腰椎处皮下脂肪厚。

㉕眼肌面积：第 12~13 肋间背最长肌横切面积。用硫酸纸画出后，用求积仪求其面积。

图 3-17 胴体测量示意

1—胴体长；2—胴体胸深；

3—胴体深；4—胴体后腿围；

5—胴体后腿长；6—胴体后腿宽

2. 屠宰指标计算

屠宰指标计算相关公式为：

$$屠宰率 =（胴体重/宰前重）\times 100\%$$

$$净肉率 =（净肉重/宰前重）\times 100\%$$

$$胴体产肉率 =（净肉重/胴体重）\times 100\%$$

$$肉骨比 = 净肉重/骨重$$

3. 饲料转化率

饲料转化率有两种表示方法，即每增重 1 kg 体重所消耗的饲料量或每千克饲料使牛的增重量。

$$饲料转化率 = 饲养期内消耗的饲料总量/饲养期内净增重$$

$$饲料转化率 = 饲养期内净增重/饲养期内消耗的饲料总量$$

◎ 考证提示

家庭农场畜禽养殖 1+X 技能证书、执业兽医资格考试大纲相关的知识点如下。

序号	考点	知识点
1	牛的品种	（1）奶牛的品种。 （2）肉牛的品种
2	牛的体型外貌	（1）奶牛的体型外貌。 （2）肉牛的体型外貌
3	牛的生产性能	（1）奶牛的生产性能评定。 （2）肉牛的生产性能评定

项目四　牛的繁殖

◎ 项目导学

学时	18
要点	牛的繁殖是改善牛品质和提高养殖数量的基础。通过学习牛的人工授精技术、妊娠早期诊断与助产、繁殖控制技术等内容，可以为科学合理地开展牛的繁殖工作奠定基础
目标	❖ 素质目标 1. 热爱养牛生产事业，培养敬业爱岗、吃苦耐劳、爱护动物、关爱生命的精神。 2. 具有较强的岗位责任感，能够做到恪尽职守、细致耐心。 3. 具有创新精神，具备精益求精的工匠精神。 ❖ 知识目标 1. 了解牛的发情特点。 2. 理解牛的繁殖规律。 3. 掌握牛的人工授精技术流程。 4. 掌握牛的早期妊娠诊断方法。 ❖ 能力目标 1. 能够对牛进行人工授精操作。 2. 能够对牛进行早期妊娠诊断。 3. 能够对牛实施必要的助产操作。 4. 会对牛进行诱导发情和同期发情处理
资源	1.《动物繁殖技术》《牛人工授精技术》等专业书籍。 2. 荷斯坦网。 3. 中国肉牛网。 4. 中国牛业网
策略	1. 加强学农、爱农意识，教师可利用各类环境资源，采取讨论法、案例法、任务驱动法和训练与实践法帮助学生理解、学习比较抽象的内容。 2. 教师可引导学生采取分组学习法、自主学习法和实践学习法实现内容学习与技能训练，以达到教学目标
评价	1. 母牛的发情鉴定方法有哪些？ 2. 牛的人工授精技术的操作要点有哪些？ 3. 母牛早期妊娠诊断的方法有哪些？ 4. 如何进行牛的助产？产后如何护理？ 5. 牛的常用繁殖控制技术的要点有哪些

学习情境 1　牛的人工授精

📋 学习情境

人工授精技术的应用可以提高受精卵的成活率，大幅提升良种覆盖率和牛的单产量，推动畜牧养殖业的健康发展。但是，在实际进行人工授精的过程中，还存在着很多技术方面的问题，需要采取相应的措施加以解决。

📖 学习目标

1. 掌握牛的发情鉴定方法。
2. 掌握人工授精技术操作规范。
3. 培养学生安全生产、精益求精的工匠精神，强化其爱护动物、吃苦耐劳的劳动精神。

📒 任务书

分析牛的发情鉴定方法，梳理人工授精技术的操作规范。

👥 任务分组

班级		组号		指导教师	
组长		学号			
成员					

	姓名	学号	姓名	学号

任务分工：_____

📡 获取资讯

一、发情鉴定方法

1. 外部观察法

母牛发情时，在行为方面，表现为兴奋不安，对外界环境的变化反应敏感，东张西望，食欲减退、反刍时间减少，产乳量下降，常哞叫，并伴有频繁排尿；在生理方面，表现为外阴肿胀，有黏液从阴道流出，分泌量在发情初期较少，盛期较多，后期又逐渐减少（见图4-1、图4-2）。随着发情时间的延长，黏液由稀薄透明变为较浑浊而浓稠。处于发情期的母牛常引起公牛或其他母牛的尾随或爬跨。但母牛在发情初期不接受爬跨，发情盛期接受爬跨而站立不动，后肢开张，举尾拱背。在发情末期，虽有公牛和母牛尾随，但发情母牛不再接受爬跨，并逐渐变得安静。

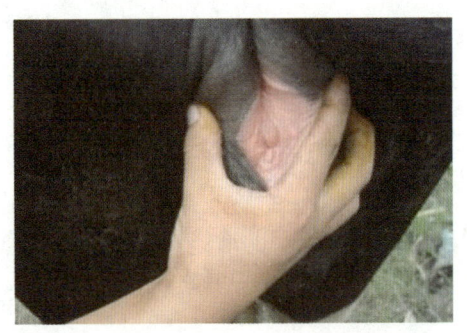

图4-1　发情牛外阴潮红

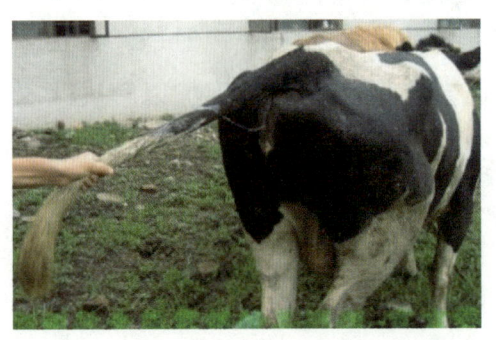

图4-2　发情牛阴道分泌物

2. 试情法

试情法是指利用经输精管结扎、阴茎改道或切除阴茎的公牛进行试情。公牛紧随母牛，且母牛接受公牛的爬跨，可确定母牛发情。若母牛稳当地站立，叉开后腿接受爬跨则是母牛发情的盛期。试情的具体做法是将一个半圆形的不锈钢打印装置固定在皮带上，然后像驾具一样，牢牢戴在公牛的下颌部，当公牛爬跨发情的母牛时，即将下颌球样打印装置中稠的墨汁印在发情母牛身上。试情法常用于放牧的牛群。

3. 阴道检查法

不发情的母牛阴道黏膜苍白、干涩，插入开膛器时有较大阻力，子宫颈口紧闭。发情的母牛阴道黏膜充血、潮红、湿润；阴道内有较多分泌物，有时还流出阴道，用拇指和食指捏取阴道黏液，拉缩7~8次不断；子宫颈口充血、松弛、开张，外口有大量的黏液附着。

4. 直肠检查法

直肠检查法是将手伸入母牛的直肠内，隔着直肠壁触摸卵巢，通过判断卵泡的发育情况来判别母牛是否发情的方法。母牛发情时，子宫颈变软、增粗，子宫角体积增大、收缩反应明显，卵巢上有发育的卵泡，并呈现波动感。

5. 宫颈黏液结晶法

宫颈黏液结晶法是根据宫颈黏液结晶的形态判断母牛发情阶段的方法。在显微镜下观察宫颈黏液结晶，如看到羊齿植物状结晶花纹，结晶花纹典型，上皮细胞、白细胞等杂物很少，则是发情盛期的表现；如看到结晶花纹缩短，呈金鱼藻或星芒状花纹，则说明已进入发情末期。发情母牛宫颈黏液抹片结晶花纹见图4-3。

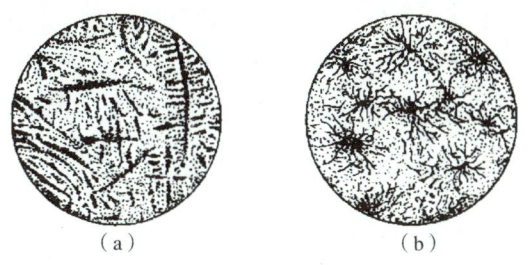

（a）　　　　　　　　（b）

图4-3　发情母牛宫颈黏液抹片结晶花纹

（a）抹片呈羊齿植物状结晶花纹（发情盛期）；

（b）抹片呈金鱼藻或星芒状结晶花纹（发情末期）

因母牛发情持续时间短，生产实践中一般以外部观察法作为判断发情的主要方法。直肠检查法能准确检查母牛的卵泡发育情况，推断排卵时间，鉴定准确可靠。操作技术熟练者经常采用此方法。

母牛发情鉴定依据见图4-4。

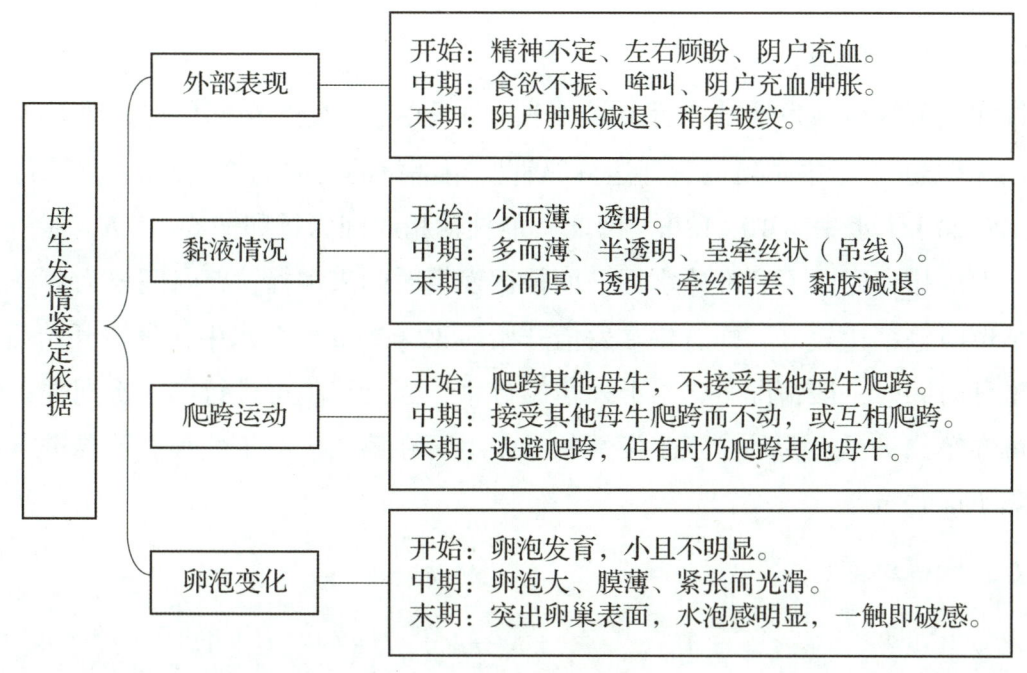

母牛发情鉴定依据	外部表现	开始：精神不定、左右顾盼、阴户充血。 中期：食欲不振、哞叫、阴户充血肿胀。 末期：阴户肿胀减退、稍有皱纹。
	黏液情况	开始：少而薄、透明。 中期：多而薄、半透明、呈牵丝状（吊线）。 末期：少而厚、透明、牵丝稍差、黏胶减退。
	爬跨运动	开始：爬跨其他母牛，不接受其他母牛爬跨。 中期：接受其他母牛爬跨而不动，或互相爬跨。 末期：逃避爬跨，但有时仍爬跨其他母牛。
	卵泡变化	开始：卵泡发育，小且不明显。 中期：卵泡大、膜薄、紧张而光滑。 末期：突出卵巢表面，水泡感明显，一触即破感。

图4-4　母牛发情鉴定依据

二、青年母牛初配年龄的确定

青年母牛性成熟后，其生殖器官虽已发育完全，卵巢上能产生具有受精能力的卵子，并且在配种后可以受胎，但此时机体其他组织器官的发育尚未完全成熟。若配种过早，将会严重影响胎儿和青年母牛自身的发育及未来的生产性能，缩短种用年限；但也不应配种过迟，否则会减少母牛一生的产犊头数。实践证明，只有当青年母牛体重达到成年母牛体重的70%左右时，即小型牛体重达250~300 kg、中型牛达320~340 kg、大型牛达340~400 kg，或者从年龄看，黄牛一般为24~26月龄、奶牛为14~16月龄，才是适宜对青年母牛进行第一次配种的时期。因此，确定青年母牛的初配适龄应根据其年龄和体重灵活掌握（见表4-1）。

表4-1　青年母牛初配时的理想体重和年龄

品种	体重/kg	月龄
荷斯坦牛	380	14~16
海福特牛	420	18~20
安格斯牛	350	13~14
夏洛莱牛	500	17~20
西门塔尔牛	430	18~24
利木赞牛	420	20~21
夏南牛	380	16~18
延黄牛	380	13~14
地方黄牛	250	24~26

三、发情后配种适期

母牛排卵一般发生在发情结束后10~12 h，卵子在输卵管受精部位保持受精能力的时间为6~12 h。精子进入母牛生殖道后到达输卵管受精部位的时间为2~15 min，保持受精能力的时间为12~24 h，水牛为10~18 h。因此，最佳输精时间为排卵前6~18 h，这一时段内的受胎率高。但因排卵时间不宜准确掌握，而根据发情时间来掌握输精时间较为容易，所以在发情症状结束时输精比较好，即黄牛在发情开始后12~20 h内、水牛在发情开始后24~36 h内为适宜配种时间。一般情况下，早上发情的母牛，当天傍晚可进行第一次配种；中午发情的母牛，可在第二天早上配种；下午发情的母牛，可在第二天上午配种。若要进行第二次配种，应间隔10~12 h。

四、人工授精技术

1. 采精

采精前要准备好采精场地和采精台畜（活台牛或假台牛），安装好假阴道。准备就绪后，将公牛牵至采精架，让其进行1~2次空爬跨，以提高其性欲。采精人员站立于台牛右侧，公牛爬跨时，右手持假阴道，左手托包皮，将公牛的阴茎导入假阴道内。公牛的后躯向前冲即射精，随后将假阴道集精杯向下倾斜，以便精液完全流入集精杯内。当公牛下台牛时，采精人员应持假阴道随阴茎后移，将假阴道外筒的开关打开，放掉内部的温水，当阴茎自行脱出时迅速自然地取下假阴道，立即送入精液处理室，取下集精杯，并盖上集精杯盖。

采精时需要特别注意的是，假阴道内壁不要沾上水。冬季，应避免精液温度的急剧下降，宜将采精杯置于保温瓶内或利用保温杯直接采精，以免温度剧变导致精子发生冷休克。

2. 精液品质的评定

鲜精液中的精子活力不低于0.6，精子的密度不低于8亿个/mL，精子的畸形率不超过15%。冻精解冻后应在38℃的条件下镜检，精子活力不低于0.3，才可以输精。

3. 精液稀释及保存

用常温保存、低温保存和冷冻保存的稀释液，按比例对精液进行稀释。精液保存分常温（15~25℃）保存、低温（0~5℃）保存和冷冻（-196℃液氮，见图4-5）保存。

4. 冻精解冻

冻精细管可直接投入38℃±2℃的温水中解冻（见图4-6）。解冻后的精子畸形率不超过25%，顶体完整率在60%以上，精子活力在0.3以上。

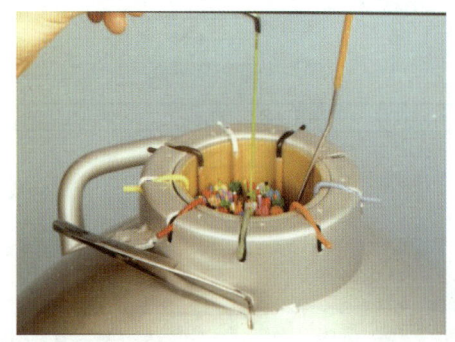

图4-5 液氮罐

图4-6 冻精细管解冻

5. 输精

母牛的输精一般应在开始接受爬跨后13~15 h进行，间隔10~12 h再输精一次，输精时间见表4-2。

表4-2 输精时间

发情时间	第一次输精	第二次输精
早晨（9时以前）	当天下午	翌日9时以前
上午（9时至中午）	当天晚上或翌日早晨	翌日上午10时以后
下午	翌日中午前	翌日下午2时以后

母牛的输精通常采用直肠把握子宫颈输精法。与发情鉴定的操作一致，操作人员戴上长臂手套，在直肠内摸到子宫颈并握于手心（切勿握得太靠前而使子宫颈口游离下垂，造成输精器不易对上子宫颈口）。与此同时，直肠内的手臂下压，使阴门开张，另一只手持吸有精液的输精器或装有细管的输精枪，自阴门插入。插入时，先向上倾斜插入5~10 cm，避开尿道口后，再水平插入子宫颈口处；握子宫颈的手将子宫颈拉向腹腔的方向，使突出阴道的子宫颈外口缩进，阴道皱褶伸展；依靠两只手的协同与配合，将输精器前端插入子宫颈口

内，通过 2~3 个较硬的皱褶，然后再向外拉子宫颈使输精器顺利地插入子宫颈的深部约 5 cm，随即将精液缓缓注入。注入完成后，抽出输精器，用手顺势对子宫角按摩 1~2 次，但不要挤压子宫角。具体操作及相应器械见图 4-7、图 4-8、图 4-9、图 4-10 和图 4-11。输精结束后，应对输精器进行消毒。

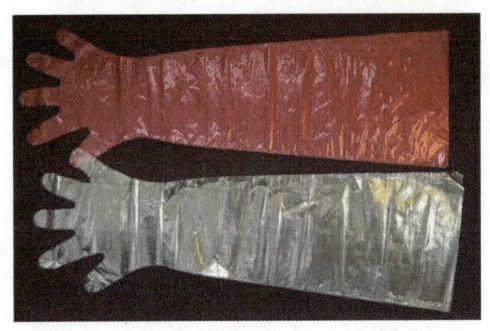

图 4-7 长臂手套

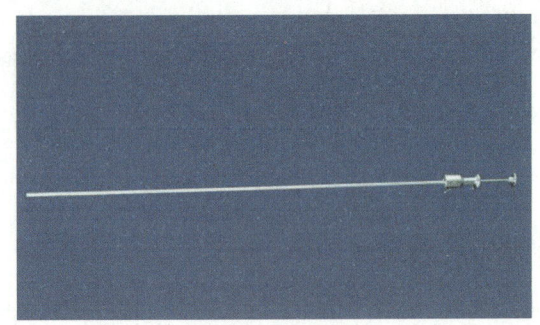

图 4-8 输精枪

| 产地 | 品种 | 生产日期 | 牛号 |

HNS　AG　2006/03/30　00018

图 4-9 冻精细管

图 4-10 输精管套管

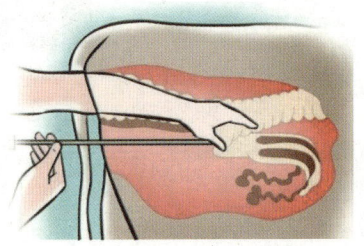

图 4-11 牛的直肠把握子宫颈输精法示意图

输精操作后，填写牛输精冷配登记表，见表 4-3。

表 4-3 ＿＿＿市＿＿＿县＿＿＿乡（镇）牛输精冷配登记表

序号	地址	畜主姓名	母牛牛号	公牛品种	配种日期			预产期	产犊日期
1									
2									
3									
4									
5									
6									
7									
8									
9									
10									

6. 注意事项

（1）解冻注意事项

①冻精细管每次仅解冻 1 支，禁止多支一起解冻。

②取冻精时，提筒应始终保持在液氮罐颈口以下，且操作时间不得超过 5 s。

③解冻好的冻精应尽快使用，冻精细管在适宜的温度（25~30 ℃）下，最多可存放 1 h。

④解冻后，如精子活力低于 0.3，则不能用于输精。

（2）输精注意事项

①母牛一定要保定结实。

②用清水清洗母牛外阴，并用干净毛巾擦干。

③操作人员须将指甲剪短、磨光，洗净手臂并涂上润滑剂。

④输精时若母牛努责，可按压其腰部，待努责停止后再进行操作。

⑤输精枪插入阴道时，由助手分开阴唇再将枪头插入阴道。

⑥输精枪插入阴道时，先以 30°~40° 角斜向上方，避开尿道口插入约 15 cm 后，再水平推进至子宫颈外口处。若向前推进有困难，可握住子宫颈向前轻轻推移或旋转输精枪，以便顺利插入。

⑦严格按照操作规程进行操作，输精过程不能用力过猛，以防对牛的子宫造成伤害。

🖥 工作计划

根据所收集的资讯和决策的制定过程，制订知识梳理方案，并分析母牛发情鉴定方法、整理人工授精操作步骤，完成表 4-4、表 4-5。

表 4-4 母牛发情鉴定方法

鉴定方法	具体鉴定方式	负责人

表 4-5 人工授精操作步骤

步骤名称	具体操作	负责人

续表

步骤名称	具体操作	负责人

工作实施

引导问题 1：如何对母牛进行发情鉴定？

引导问题 2：人工授精的具体操作规程是什么？

评价反馈

项目	内容	分值	赋分		
			自评	组评	师评
职业素养	安全生产、精益求精	20			
	爱护动物、吃苦耐劳	20			
	态度端正、按时完成	20			
职业技能	准确判断母牛的发情状态	20			
	熟练开展人工授精操作	20			
总分		100			
总评	自评×30%+组评×30%+师评×40% =		教师签字：		

拓展思考题

1. 简述母牛发情鉴定的技术要点。
2. 梳理人工授精技术操作流程及注意事项。

技能训练六　母牛的发情鉴定及输精技术

【目的要求】

掌握母牛的发情鉴定和输精的操作方法。

【训练条件】

母牛、牛用开膣器、手电筒、液状石蜡（润滑剂）、75%酒精棉球、0.1%高锰酸钾溶液、冻精（颗粒或细管）、长柄镊子、输精器（最好是凯氏输精枪）、2.9%柠檬酸钠溶液、显微镜、载玻片、水浴锅等。

【方法步骤】

1. 母牛的发情鉴定

（1）阴道检查法

①用 0.1% 高锰酸钾溶液对母牛外阴进行清洗消毒。

②翻开阴唇，观察阴道是否充血、肿胀、潮红，是否有黏液。

③在开膣器上涂上少许润滑剂，慢慢插入阴道，使阴道开张。

④借助光线观察子宫颈是否充血、肿胀及子宫颈口开张程度。

⑤观察黏液量、牵缕性、颜色，判断母牛是否发情。

（2）直肠检查法

①检查人员将手指甲剪短、磨光，将手臂清洗消毒或戴上胶手套，五指并拢呈锥形，缓慢伸入直肠，掏出宿粪。

②再将手伸入直肠，掌心向下轻压肠壁，在骨盆腔底部可触摸到一个长 5~10 cm、直径 3~4 cm，坚实、纵向棒状的子宫颈。沿子宫颈向前摸，即可触摸到一个向下的沟，即子宫角间沟。

③沿子宫角间沟再向两侧前下方触摸，可触摸到绵羊角状的物体，即两侧子宫角。

④沿着子宫角大弯向下稍向外侧，即可触摸到不太规则的、呈扁卵圆形的卵巢。

⑤用食指和中指固定卵巢，用大拇指肚触摸卵巢上的卵泡，判断卵泡发育程度。检查完一侧后再检查另一侧卵巢上卵泡的发育情况，根据卵泡是否发育、发育大小及弹性等特征判断母牛是否发情及发情阶段。

检查时应注意区别卵泡和黄体。卵泡光而圆，触摸时有波动和弹性，与卵巢界限不明显，排卵后卵泡处有不光滑的小凹陷；黄体形状不规则，突出卵巢表面，与卵巢界限明显，触摸时应无弹性、无波动。触摸时用指肚进行，不能用手指乱抓，以免损伤直肠黏膜。母牛努责或肠壁扩张时，应当暂停检查，并用手揉搓按摩肛门，待肠壁松弛后再继续检查。

（3）抹片镜检法

①用长柄钳从子宫颈口处取黏液抹片。

②将抹片烘干后，放在显微镜下检查，根据黏液是否呈现羊齿植物状结晶花纹，判断母牛是否发情。

2. 输精技术

（1）输精准备

①清洗消毒输精器械。

②冻精解冻：对冻精颗粒进行解冻时，用吸管吸取 2.9% 柠檬酸钠解冻液 2 mL 置于小试管内，再将小试管置于 40 ℃水浴锅中加温，然后从液氮罐中取出冻精 1~2 粒，放入试管中轻摇直至溶解。对冻精细管进行解冻时，从液氮罐中仅取出一支冻精细管，放入 38 ℃水浴

锅中加温 10 s。

③取一滴精液，置于洁净的载玻片上，然后在液面上加盖玻片，在显微镜下检查精子活力。将检查合格的精液，装入输精器。

（2）输精

输精时，采用直肠把握子宫颈输精法进行操作。与发情鉴定的方法相同，在直肠内摸到子宫颈并握于手心（切勿握得太靠前而使子宫颈口游离下垂，造成输精器不易对上子宫颈口）。与此同时，直肠内的手臂下压，使阴门开张，另一只手持吸有精液的输精器或装有细管的输精枪，自阴门插入。插入时，先向上倾斜插入 5~10 cm，避开尿道口后，再水平插入子宫颈口处；握子宫颈的手将子宫颈拉向腹腔的方向，使突出阴道的子宫颈外口缩进，阴道皱褶伸展；依靠两只手的协同与配合，将输精器前端插入子宫颈口内，通过 2~3 个较硬的皱褶，然后再向外拉子宫颈使输精器顺利地插入子宫颈的深部约 5 cm，随即将精液缓缓注入。注入完成后，抽出输精器，用手顺势对子宫角按摩 1~2 次，但不要挤压子宫角。输精结束后，对输精器进行消毒。

（3）注意事项

吸取精液或注入精液时动作要慢，切忌反复吸排，以减少对精子的机械性刺激；输精器应事先预热，吸入精液时应与精液等温或温度相近；输精操作中，如遇母牛弓腰强烈努责，则应暂停操作，绝不能强行输精，可让助手捏母牛腰椎，缓和其腰部的紧张；输精器插入子宫颈时，动作要轻缓，遇阻力时，不能强行插入；使用玻璃输精器输精时，输精人员应随牛的左右摆动而摆动，以免将输精器折断；若发现大量精液倒流，则应重新输精。

【考核要求】

各小组完成任务后，由教师随机抽取 1~2 名成员，考核其对输精技术操作规范的掌握情况，考核成绩计入本组所有成员的平时成绩。

【实训报告】

①记录母牛发情鉴定的结果，分析母牛发情的特点。

②描述直肠把握子宫颈输精法的操作过程，写出操作体会。

学习情境2　牛的早期妊娠诊断

💬 学习情境

随着规模化、集约化养牛产业的飞速发展，急需更加准确、高效且便捷的早期妊娠诊断方法，以缩短母牛的产犊间隔，减少空怀期母牛的饲养成本，提高养殖的经济效益。同时，及早对妊娠母牛做出诊断，可有针对性地加强饲养管理，提高产乳量、改善母牛体质，并避免因重复配种而导致的流产。

学习目标

1. 掌握牛早期妊娠诊断的具体方法。
2. 能够对牛的预产期进行推断。
3. 培养学生爱护动物、关爱生命的职业素养，强化其爱岗敬业、恪尽职守的工匠精神。

任务书

梳理牛早期妊娠诊断的方法，推算牛的预产期。

任务分组

班级		组号		指导教师	
组长		学号			
成员	姓名	学号		姓名	学号

任务分工：_____

获取资讯

一、母牛的早期妊娠诊断

母牛的早期妊娠诊断是指在配种后 25~35 天时进行的妊娠检查。

1. 阴道检查法

阴道检查法是指在母牛配种 30 天后用开膣器对母牛的阴道进行的检查。如为妊娠母牛，其阴道黏膜干燥、苍白、无光泽，插入开膣器时阻力较大，干涩感明显，且子宫颈口偏向一侧，呈闭锁状态，有子宫颈黏液栓堵塞子宫颈口。如为未妊娠母牛，其阴道与子宫颈黏膜为粉红色，具有光泽。

2. 直肠检查法

直肠检查法是最为准确、可靠的早期妊娠诊断方法，但需要操作人员具备一定的熟练度和丰富的实践经验。妊娠母牛的子宫颈紧锁，质地变硬，孕侧子宫角基部稍有增粗，轻轻提起置于掌心时有液体波动感，触摸时反应迟钝，不收缩或收缩微弱；卵巢表面可触及较硬的、凹凸不平的黄体，卵巢体积也明显变大。触摸非孕侧子宫角有较强的收缩力和弹性，且非孕侧卵巢表面无黄体，卵巢体积较小。妊娠 40~50 天时进行复检，两侧子宫角呈现出明显不对称，孕角变短、增粗，柔软如水袋，触诊无收缩反应，即可确定为妊娠。

3. 雌激素诊断法

雌激素诊断法是指在母牛配种后 20 天左右，用已烯雌酚 10 mg 对母牛进行一次肌肉注射。已妊娠的母牛不表现发情，未妊娠的母牛可在第二天表现出明显的发情症状。但须注意的是，雌激素的用量要准确，切不可过量。

4. 巩膜血管诊断法

巩膜血管诊断法是指在母牛配种后 20 天，观察其眼球瞳孔正上方巩膜表面，若有明显纵向血管 1~2 条，细而清晰，呈直线状态，少数有分枝或弯曲，颜色鲜红，则可判断为妊娠。

5. 7% 碘酒法

7% 碘酒法是指收取配种 20~30 天后的母牛鲜尿 10 mL，盛入试管中，然后滴入 7% 碘酒溶液 2 mL，充分混合 5~6 min，在亮处观察试管中溶液的颜色，若呈暗紫色则为妊娠，若不变色或稍带碘酒色则为未妊娠。

6. B 型超声波诊断仪诊断法

用 B 型超声波诊断仪诊断母牛妊娠是目前最具有应用前景的早期妊娠诊断方法。术前，将母牛保定在保定架内，将尾巴拉向一侧，清除直肠内的宿粪（必要时可对母牛进行灌肠），以方便检查。将 5 MHz 的超声波探头隐在手心中，在手臂和探头上涂润滑剂，将探头送入母牛直肠内（见图 4-12、图 4-13）。对于妊娠 40 天左右的母牛，可在显示器上看到一个近圆形的暗区（即母牛的胎泡位置），证明母牛已经妊娠。随着胎龄的增加，胎泡增大，形成的暗区也会增大。某些精密 B 型超声波诊断仪诊断法是将探头放置在右侧乳房上方的腹壁上，且探头方向朝向子宫角，即可通过显示屏查看胎泡的大小和位置。

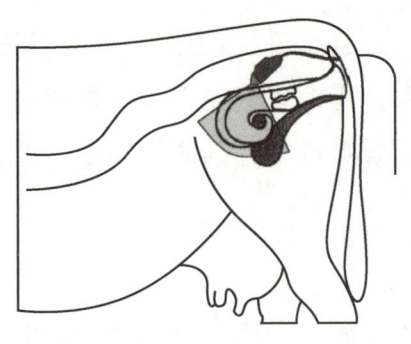

图 4-12　便携式 B 型超声波诊断仪妊娠诊断

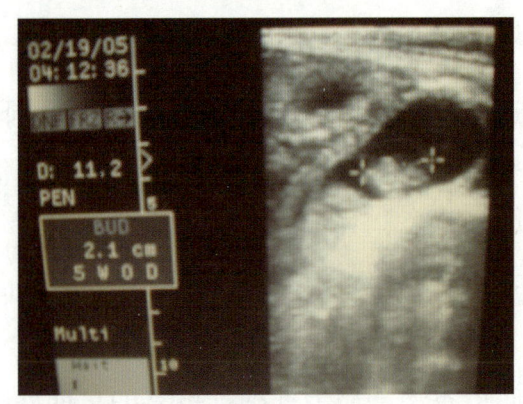

图 4-13　妊娠 35 天 B 型超声波扫描图

将检查结果登记在 B 型超声波妊娠检查登记表中，见表 4-6。

表 4-6　奶牛场 B 型超声波妊娠检查登记表

牛号	组别	产犊日	配种日	B 型超声波检查日	检查结果	空怀原因	治疗记录	检查人	备注

二、预产期推算

为了做好分娩前的准备工作，必须较为准确地推算出母牛的预产期，以便编制产犊计划。黄牛、奶牛预产期的推算采用"月减 3，日加 6"的方法，即将配种月份减去 3、配种日期加上 6，可得出预产期。此方法最适于奶牛，而对于黄牛和肉牛，可在如此推算出的日期上再增加 2~3 天；水牛预产期的推算采用"月减 1，日加 2"的方法，即将配种月份减去 1、配种日期加上 2，可得出预产期；牦牛预产期的推算采用"月减 4，日加 10"的方法，即将配种月份减去 4、配种日期加上 10，可得出预产期。

在具体推算时，若配种月份不够减（或得数为 0 时），则需借用一年（12 个月）再减；若日期加 6 后超过 30，则应减去 30（或 31），减后余数为预产日，同时预产月份须再加 1 个月。

例 1：某牛于 2023 年 9 月 27 日配种受胎，推算其预产期。

月数：9-3=6　　日数：27+6=33　　6 月份为小月 30 天，33-30=3

该牛的预产期为 2024 年 7 月 3 日。

例 2：某牛于 2023 年 1 月 28 日配种受胎，推算其预产期。

月数：1+12-3=10　　日数：28+6=34　　10 月份为大月 31 天，34-31=3

该牛的预产期为 2023 年 11 月 3 日。

🎨 工作计划

根据所收集的资讯和决策的制定过程，制订知识梳理方案，并整理母牛早期妊娠诊断方法、分析母牛预产期推算过程，完成表 4-7、表 4-8。

表 4-7　母牛早期妊娠诊断方法

方法	诊断标准	负责人

表 4-8　母牛预产期推算

品种	推断方法	负责人

工作实施

引导问题 1：母牛的早期妊娠诊断方法有哪些？

引导问题 2：如何推断母牛的预产期？

评价反馈

项目	内容	分值	赋分		
			自评	组评	师评
职业素养	爱护动物、关爱生命	20			
	爱岗敬业、恪尽职守	20			
	态度端正、按时完成	20			
职业技能	准确判断母牛早期妊娠状态	20			
	正确推算母牛的预产期	20			
总分		100			
总评	自评×30%+组评×30%+师评×40% =		教师签字：		

拓展思考题

1. 常用的早期妊娠诊断方法有哪些？怎样诊断？
2. 某奶牛 2024 年 5 月 27 日配种，预计何时产犊？

技能训练七　早期妊娠诊断技术

【目的要求】

熟练掌握早期妊娠诊断的常用方法。

【训练条件】

配种后 30~45 天的母牛、0.1%高锰酸钾溶液、脸盆、肥皂、毛巾、液状石蜡、长臂手套。

【方法步骤】

1. 外部观察法

妊娠母牛的周期性发情停止，性情变得安静、温顺，行动迟缓，避免角斗和追逐；放牧或驱赶运动时常落在牛群之后；食欲和饮水量增加，膘情改善，毛色有光泽，行动谨慎；妊娠初期外阴比较干燥，阴唇紧缩，皱纹明显。外部观察法虽然简单、容易掌握，但不能进行早期确诊，只能作为参考。

2. 直肠检查法

将牛保定好，操作方法与发情鉴定时的直肠检查法相同，将手伸入直肠，触摸子宫角的大小，检查是否左右对称；检查有无液体波动和收缩反应；触摸卵巢的大小以及有无黄体。根据以上直肠检查法可综合判断母牛是否妊娠。操作时应谨慎，动作要轻、快、准，以防造成流产。

3. 巩膜血管诊断法

通过观察巩膜上有无明显、清晰的纵向血管，可判断母牛是否妊娠。

有条件时，可练习 B 型超声波诊断仪诊断妊娠的方法。

【考核要求】

各小组完成任务后，由教师随机抽取 1~2 名成员，考核其对早期妊娠诊断常用方法的掌握情况，考核成绩计入本组所有成员的平时成绩。

【实训报告】

记录检查时母牛的症状表现，判断被检母牛是否妊娠及妊娠时间。

学习情境 3　牛的助产

🖥 学习情境

分娩是母畜的正常生理过程，一般情况下不需要助产，可任其自然产出。但与其他动物相比，牛的骨盆构造更易引发难产。在胎位不正、胎儿过大、母牛分娩无力等情况下，母牛难以自行完成分娩，必须采取必要的助产措施。助产的目的是尽可能做到母子安全，同时还必须尽力保持母牛的繁殖能力。如果助产不当，极易引发一系列产科疾病，因此必须严格按照助产原则进行操作。

📖 学习目标

1. 掌握牛接产前的准备工作。

2. 掌握产后母牛和犊牛的护理工作。

3. 培养学生踏实肯干、恪尽职守的工匠精神，强化其爱护动物、关爱生命的职业精神。

任务书

梳理牛助产的工作要点。

任务分组

班级		组号		指导教师	
组长		学号			
成员	姓名	学号		姓名	学号

任务分工： _____

获取资讯

一、接产

1. 临产征兆

产前半个月，母牛乳房开始出现水肿、膨大；产前一周外阴水肿；产前 1~2 天阴道内常流出鸡蛋清样的黏液，垂于阴门外，见图 4-14。同时，母牛的臀部塌陷，尤其是尾根双侧肌肉呈明显塌陷状态。大多数母牛临产前会出现食欲下降、精神不安、弓腰举尾、频频排尿、回头观腹、哞叫、努责的现象。

2. 分娩过程

母牛分娩过程一般分为 3 个阶段，即开口期、胎儿产出期和胎衣排出期。

（1）开口期

开口期从临产母牛阵缩开始，至子宫颈口完全开张为止。开口期持续时间约 5 h，期间母牛表现轻微不安、尾根频举、食欲下降，常作排尿状。

（2）胎儿产出期

胎儿产出期从胎儿的前置部分进入产道开始，至胎儿产出为止。胎儿产出期持续时间为 0.5~4 h，期间，母牛表现不安、起卧不定，频频弓腰举尾作排尿状。

随着母牛的阵缩和努责，胎儿顺产道滑下，脐带自行断裂，见图 4-15。

图 4-14 外阴黏液

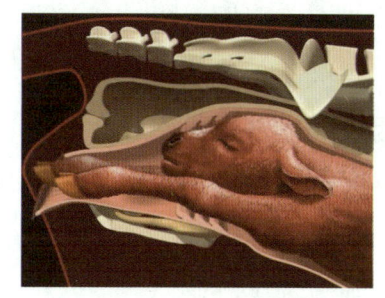

图 4-15 胎儿排出

（3）胎衣排出期

胎衣排出期从胎儿娩出开始，至胎衣完全排出为止。胎衣排出期持续时间为 2~12 h，若胎衣排出超过 12 h，则称为胎衣不下，应采取治疗措施。

> 普通牛的妊娠期为 270~285 天，平均为 280 天。
>
> 水牛的妊娠期为 300~325 天。
>
> 牦牛的妊娠期为 225~290 天，平均为 255 天。

3. 助产技术

（1）准备工作

①产房：清洁、干燥、宽敞、无贼风，应铺上垫草。

②用具和药械：照明设备、肥皂、棉花、注射器、水盆、水桶、擦布、结扎绳、体温表等；75%酒精、2%~5%碘酒、0.1%新洁尔灭和催产素等。

③接产人员做好消毒工作和自身防护等。

（2）助产

助产前，操作人员的手臂、母牛的后躯及外阴，以及所有助产器械均应严格清洗消毒，尽量减少对产道的损伤和污染。用到助产器械时，要用手护住产道，避免损伤。

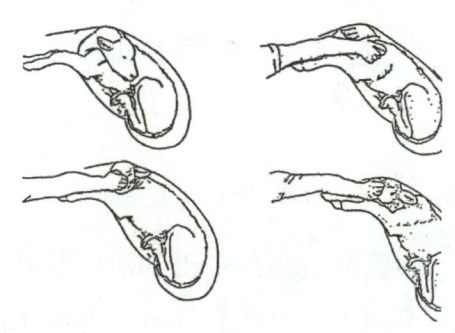

图 4-16 助产过程

助产时，一定要知道胎儿在产道中的位置，以及胎位、胎势、胎向等。胎儿情况不明，胎位、胎势、胎向不正时，严禁牵拉胎儿，助产过程见图 4-16。

如果母牛分娩无力、产道狭窄、胎儿过大，则可人工牵拉胎儿。若还不能产出，可行剖宫产术或截胎术。除非必要，一般不用剖宫产术。

二、产后护理

1. 初生犊牛的护理

初生犊牛的护理包括清除口鼻及身躯上的黏液，断脐带及喂初乳等。

犊牛产出后，应立即用毛巾或纱布将口腔及鼻腔周围的黏液擦净，以利于犊牛的呼吸。若遇假死（没有呼吸，但心脏仍在跳动），则应及时进行抢救。抢救方法包括：①将犊牛后肢提起，控出咽喉部羊水，再将犊牛放在前低后高的地方，用手推拉犊牛胸腹部；②用双手抱住犊牛胸部，有节律地按压、放松；③用手适当用力拍打两肋以促使其呼吸；④将犊牛仰卧，握住前肢，反复前后伸屈，牵动身躯，帮助犊牛迅速恢复呼吸；⑤也可用棉球蘸上碘酒或酒精滴入鼻腔刺激犊牛呼吸。

母牛产后有舔食犊牛身上黏液的习性，可让母牛尽可能地舔干犊牛。如母牛不舔，则可在犊牛身上撒些麸皮引诱母牛舔干，这样可以增加母子亲和力，并有助于母牛胎衣的排出。如母牛实在不肯舔，则应尽快用抹布擦干犊牛身上的黏液，以免受凉而引起感冒。

多数犊牛产下后，脐带会自行扯断，此时需用5%碘酒对断端进行充分消毒。如脐带未断，则可在距腹部6~8 cm处用手扯断或用消毒剪刀剪断脐带，并用5%碘酒对断端进行充分消毒，以利于干燥愈合。待犊牛能自行站立后，应及时哺喂初乳。

2. 母牛产后护理

母牛产后，身体疲劳虚弱，异常口渴，这时可给母牛喂温热的麸皮盐水汤，即由麸皮1.5~2 kg、食盐100~150 g、温热水10~15 kg调成。这样有利于增加母牛腹压、帮助其恢复体力、维持其体内酸碱平衡，还可以暖腹充饥。

清除产房内潮湿、污浊的垫草，换上干净垫草，让母牛休息，这样可有效地预防母牛的产后感染。

母牛恶露一般在产后10~15天排完。如果恶露呈灰褐色，并伴有恶臭，且二十多天不能排尽，或者产后十多天未见恶露排出，则是子宫内膜炎的表现，应尽早检查并治疗。

应给产后母牛饲喂易于消化且富含营养的草料，且每次喂量不宜过多，以免引起消化不良，经3~5天后可恢复正常饲养水平。同时，要观察母牛的食欲和粪便情况。

🌀 工作计划

根据所收集的资讯和决策的制定过程，制订知识梳理方案，并分析母牛接产技术、产后护理要点等，完成表4-9、表4-10。

表4-9　母牛接产技术

接产要点	具体内容	负责人

表4-10 产后护理要点

护理对象	具体内容	负责人

工作实施

引导问题1：母牛接产前的准备工作有哪些？

___

引导问题2：产后母牛和犊牛的护理要点是什么？

___

评价反馈

项目	内容	分值	赋分		
			自评	组评	师评
职业素养	爱护动物、关爱生命	20			
	踏实肯干、恪尽职守	20			
	态度认真、按时完成	20			
职业技能	熟练开展母牛的助产工作	20			
	熟练开展犊牛和产后母牛的护理工作	20			
总分		100			
总评	自评×30%+组评×30%+师评×40% =		教师签字：		

拓展思考题

1. 简述母牛正常分娩的接产方法。
2. 简述初生犊牛的护理方法。

学习情境4 牛的繁殖控制

学习情境

随着科技的不断发展，动物繁殖技术的研究不断深入，其应用也日益广泛。一系列高新技术的应用显著提升了牛的繁殖速度、生产性能和繁殖准确性，为养牛业带来了巨大的经济效益，也为养牛产业的发展提供了强劲的动力和竞争力。

学习目标

1. 能够对牛进行发情控制。
2. 能够说出牛的排卵控制技术流程。
3. 能够说出牛的胚胎移植技术流程。
4. 培养学生忠于职守、爱岗敬业的职业精神，强化其安全生产、勇于创新的工匠精神。

任务书

运用牛的繁殖控制技术。

任务分组

班级		组号		指导教师	
组长		学号			
成员	姓名	学号	姓名	学号	

任务分工：_____

_____

获取资讯

一、发情控制技术

（一）同期发情

1. 孕激素埋植法

将一定剂量的孕激素制剂（18-甲基炔诺酮 15~25 mg）装入管壁有小孔的塑料管中，利用套管针或埋植器将药管埋入耳背皮下（见图 4-17、图 4-18），经一定时间后（一般是 10 天左右），将药管取出，同时，注射 500~800 IU[①] 孕马血清促性腺激素（PMSG）。

---

① IU 是国际单位（international unit），是医学效价单位，常用于表示生物学和化学物品的活性或浓度。

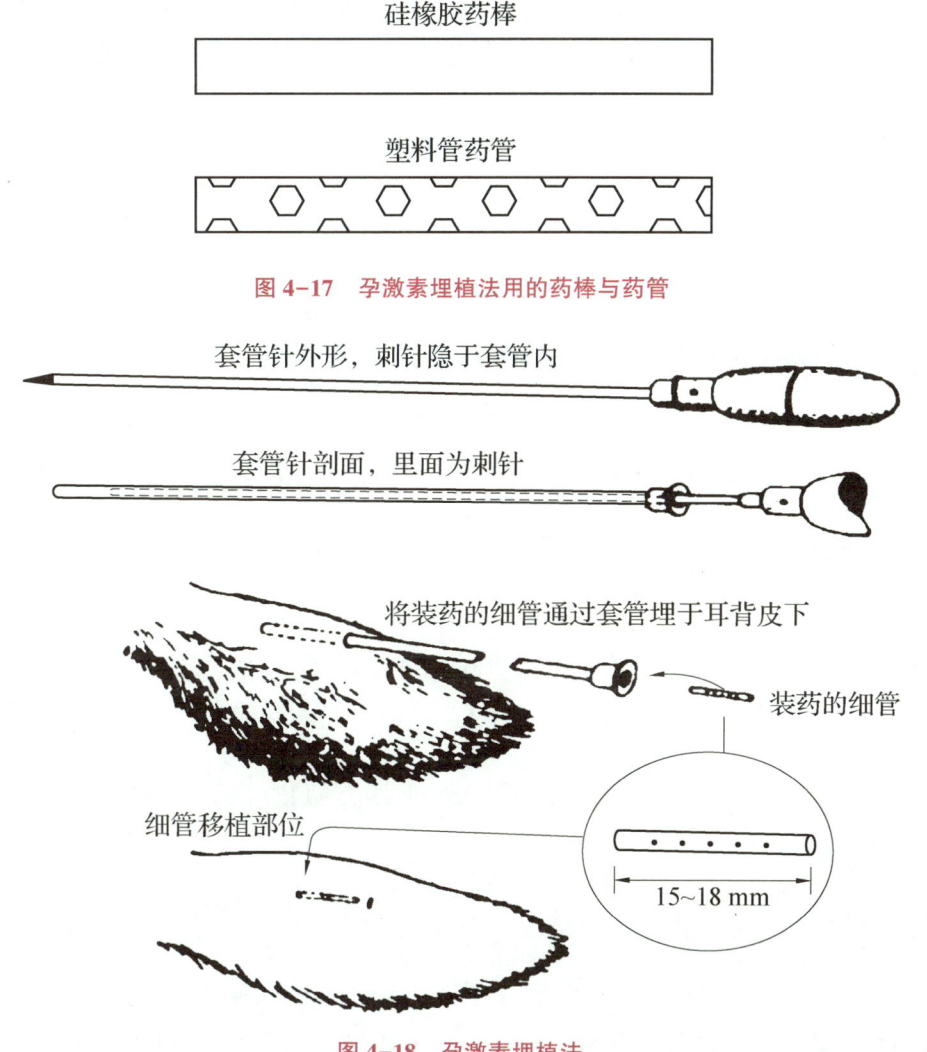

图 4-17 孕激素埋植法用的药棒与药管

图 4-18 孕激素埋植法

2. 孕激素阴道栓塞法

将包含一定量孕激素制剂（18-甲基炔诺酮 100~150 mg 或甲羟孕酮 120～200 mg 或甲地孕酮 150～200 mg 或孕酮 400~1 000 mg）和土霉素的泡沫塑料块或硅橡胶环（见图 4-19），放在子宫颈外口处。放置一定时间后（一般 10 天左右），将其取出，然后注射前列腺素。大多数母牛在第 2~4 天内会出现卵泡发育和排卵现象。

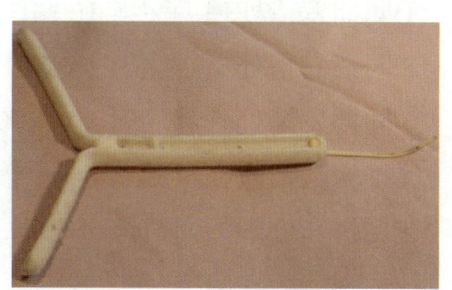

图 4-19 孕激素阴道栓

3. 前列腺素法

前列腺素法有子宫注入（用输精管）和肌肉注射两种，前者用药量少，但操作较困难；后者操作容易，但用药量需适当增加。

用前列腺素处理后，少数牛可能无明显反应。为了提高同期发情效果，在第 1 次处理后，即使对发情的母牛也不进行配种；经 11 天后，再对全群牛进行第 2 次处理，这样可以显著提高牛群的发情率。15-甲基前列腺素 F2a 和前列腺素 F2a 甲酯，子宫注入剂量为 1~2 mg，肌内注射剂量为 10~15 mg；若用氯前列烯醇，子宫注入剂量为 0.2 mg，肌内注射剂量为 0.5 mg。

（二）诱发发情

1. 孕激素埋植法

对于产后母牛，可采用提前断乳方法或孕激素埋植法诱发发情，即用孕激素处理 1~2 周（埋植），然后在处理结束时再注射 800~1 000 IU PMSG。

2. 促性腺激素释放激素（GnRH）肌内注射法

对于产后长期不发情的母牛，可肌内注射 200~400 μg 促黄体激素释放激素类似物 A_2（LRH-A_2，即 GnRH 的一种人工合成类似物），连续注射 1~3 天（每天一次）。

3. 卵泡刺激素（FSH）肌内注射法

对于一般发情母牛，可肌内注射 100~200 IU FSH，每日或隔日一次，以促进发情。

4. 前列腺素法

对有持久黄体的母牛，可注射前列腺素 F2a 或其类似物，以促进发情。

二、排卵控制技术

（一）诱发排卵

在母牛配种前数小时或第一次配种时，注射 50~100 IU 黄体生成素（LH），500~2 000 IU 人绒毛膜促性腺激素（HCG）或 50~150 μg LRH-A_2，以诱发排卵。

（二）同期排卵

①同期发情处理后注射 100 IU LH。
②同期发情处理后注射 1 000 IU HCG。
③同期发情处理后注射 50~100 μg LRH-A_3。

促排卵激素应在孕激素处理结束后 24~48 h 或前列腺素处理结束后 48~72 h 进行注射。通常在促排卵处理的同时应进行第一次输精。

（三）超数排卵

1. FSH 法

以供体牛发情当天为 0 天，在母牛发情周期的第 9~12 天开始，连续 3.5~4 天（每次间隔 12 h）按递减法注射 FSH，见表 4-11。

表 4-11　肉牛超排日程安排

时间	第1天	第5天	第6天	第7天	第8天	第9天	第10天
早上7时	放栓 雌二醇 2 mg 孕酮 100 mg	FSH 4 mL	FSH 3 mL	FSH 2 mL PG 4 mg	FSH 1 mL	发情	人工授精
晚上7时		FSH 4 mL	FSH 3 mL	FSH 2 mL 撤栓（下午）	FSH 1 mL	人工授精	

资料来源：耿明杰. 畜禽繁殖与改良［M］. 北京：中国农业出版社，2022.

2. PMSG 法

当母牛处于发情周期的 12~13 天时，肌内注射 2 500~3 000 IU PMSG，72 h 后再肌内注射 100~200 IU LH 或 1 000~2 000 IU HCG。

三、胚胎移植技术

胚胎移植又称借腹怀胎，是将良种母畜配种后的早期胚胎取出，或者是将体外受精及其他方式得到的胚胎，移植到生理状态相同的同种母畜体内，使之继续发育成为新个体的技术。提供胚胎的个体称为供体，接受胚胎的个体称为受体，胚胎移植过程见图 4-20。

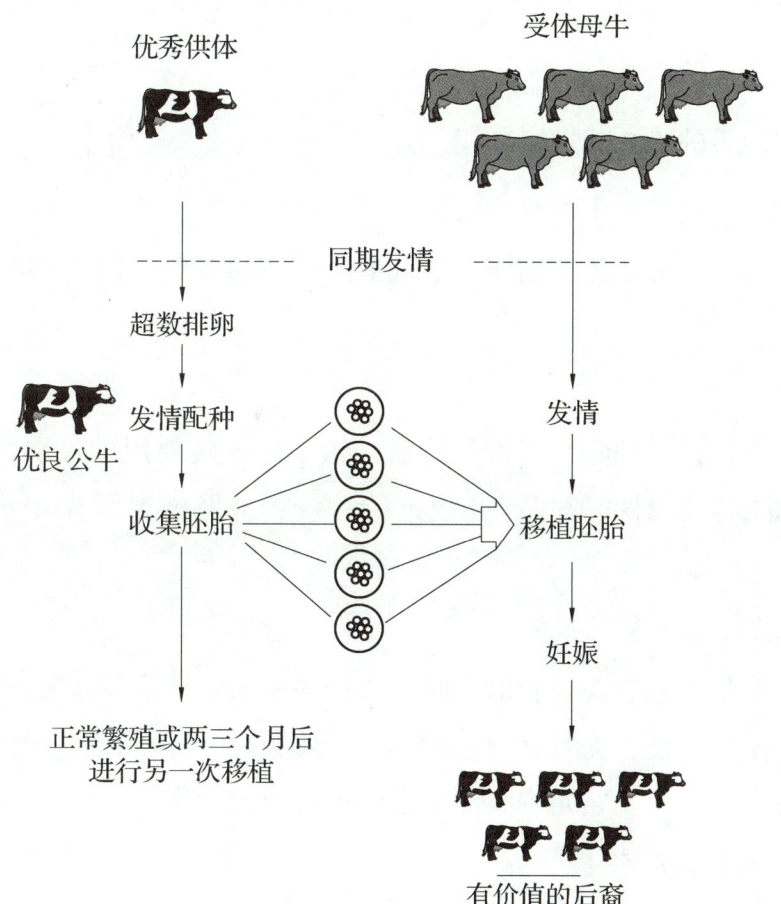

图 4-20　胚胎移植过程

（一）供、受体的选择

1. 供体的选择

供体需具备较高的经济价值和生产性能；繁殖能力良好且繁殖史正常，无遗传缺陷和难产史。供体不得患者有繁殖疾病和传染性疾病，体质健壮且营养状况良好。

2. 受体的选择

受体应具有良好的繁殖性能和健康的体况。

（二）供、受体发情同期化

发情同期化的方法见本学习情境内的相关内容。

（三）供体母畜的超数排卵与人工授精

供体母畜的超数排卵方法见本学习情境内的相关内容，人工授精见本项目学习情境 1 内的相关内容。

（四）胚胎采集

胚胎采集是指利用冲胚液借助工具将胚胎由生殖道（输卵管或子宫角）中冲出，并收集在器皿中的过程。

1. 采胚时间

一般在发情配种后的第 7 天进行冲胚。

2. 保定与麻醉

供体牛要保定结实，对于不安静的牛，可使用 2% 的普鲁卡因 5~10 mL 进行硬膜外腔麻醉。

3. 器械和冲胚液的准备

所有器械必须严格进行消毒，清洗的最后一道工序一定要用双蒸水冲洗。使用过程中，凡是接触胚胎的器械、容器都要用冲胚液进行冲洗；冲胚液要预先用水浴锅预热到 35~37 ℃。

4. 非手术法采胚

非手术法采胚是指利用三路导管的采胚器进行胚胎采集。采胚器的外管前端连接一个气囊，将采胚器插入子宫角后，充气使气囊胀大，堵住子宫颈内口，以免冲洗液经子宫颈流出。把冲洗液通过中管注入子宫角内，然后通过内管导出冲洗液。

（五）胚胎的检查与鉴定

将回收液静置 20 min 后，用塑料管吸去上清液，当吸到液面距底部还有 2~2.5 cm 时，将余下的液体倒入一个培养皿中镜检。

（六）胚胎的移植

牛的胚胎移植一般采用手术法进行。移植前，将胚胎吸入0.25 mL塑料细管内（三段液体夹二段空气，中段放胚胎），然后将细管装入移植器中进行移植。

移植时，对受体牛进行利多卡因硬膜外腔麻醉。消毒母牛外阴，扒开母牛阴唇，把移植器插入移植侧（黄体侧）子宫角，至大弯时缓慢推入。

四、分娩控制技术

分娩控制技术是利用外源性激素，控制分娩过程和时间，使分娩提前或延迟的一项技术。因为延迟分娩在生产中的意义不大，所以本学习情境只介绍诱发分娩。

诱发分娩又称人工引产，是利用药物或机械方法，使妊娠期满的母牛在正常分娩之前排出胎儿的技术。

1. 前列腺素法

对分娩前一周的母牛，肌内注射前列腺素FG2a 30 mg，可使80%的母牛在28 h内分娩。但前列腺素在妊娠中期用来诱导分娩的效果并不好。

2. 地塞米松法

对母牛注射地塞米松30~40 mg，引产成功率可达83%~86%。但对母牛使用地塞米松容易引起胎衣不下。

五、体外受精

体外受精是指哺乳动物的精子和卵子在体外人工控制的环境中完成受精过程的技术。把体外受精胚胎移植到母体后获得的动物称为试管动物。体外受精已成为一项重要而常规的动物繁殖生物技术，在牛的品种改良中，体外受精技术能充分利用优良品种资源，缩短繁殖周期，加快品种改良速度。体外受精技术包括卵母细胞的采集、卵母细胞的成熟培养和体外受精。

六、性别控制

性别控制是通过对牛的正常生殖过程进行人为干预，使成年母牛产出性别符合人们期望的后代的一项生物技术。

1. X，Y精子的分离

依据两类精子头部DNA含量的差异，以流式细胞仪对X，Y精子进行分离。在家畜中，X精子的DNA含量比Y精子高3%~4%。用分离后的精子进行人工授精或体外受精可以对受精卵和后代的性别进行控制。这种方法分离X，Y精子的准确率可达90%以上。

2. 早期胚胎的性别鉴定

运用细胞学、分子生物学或免疫学方法可对移植前的牛胚胎进行性别鉴定，而通过移植已知性别的胚胎可进一步控制后代的性别比例。目前，胚胎性别鉴定最有效的方法是胚胎细胞核型分析法和 SRY-PCR 扩增法。

3. 克隆技术

克隆，即无性繁殖，是指由一个细胞或个体以无性繁殖方式产生遗传物质完全相同的一群细胞或一群个体。在动物中，克隆技术是指不通过精子和卵子的受精过程而产生遗传物质完全相同的新个体的一项胚胎生物技术。哺乳动物的克隆技术包括胚胎分割和细胞核移植两种，但一般仅指细胞核移植技术。细胞核移植技术又可分为胚胎细胞核移植和体细胞核移植。

工作计划

根据所收集的资讯和决策的制定过程，制订知识梳理方案，并分析发情控制技术、排卵控制技术和胚胎移植技术等，完成表 4-12、表 4-13、表 4-14、表 4-15。

表 4-12　发情控制技术

方法	具体实施	负责人

表 4-13　排卵控制技术

方法	具体实施	负责人

表 4-14　胚胎移植技术

方法	具体实施	负责人

表 4-15　其他繁殖控制技术

方法	具体实施	负责人

工作实施

📠 引导问题 1：牛的发情控制技术有哪几类？

_____

📠 引导问题 2：牛的排卵控制技术有哪几种？

_____

📠 引导问题 3：牛胚胎移植技术的步骤有哪些？

_____

评价反馈

项目	内容	分值	赋分		
			自评	组评	师评
职业素养	忠于职守、爱岗敬业	20			
	安全生产、勇于创新	20			
	态度端正、按时完成	20			
职业技能	能熟练开展牛繁殖控制工作	20			
	知识查找方法得当	20			
总分		100			
总评	自评×30%+组评×30%+师评×40% =		教师签字：		

拓展思考题

1. 什么是同期发情？如何对母牛群进行同期发情处理？
2. 简述母牛诱导发情的具体做法。
3. 叙述胚胎移植的原则和程序。

相关知识点

母牛繁殖力指标

1. 发情率

发情率是指发情母牛数占应发情适龄母牛数的百分率，用于衡量母牛群的发情是否正常。

$$发情率 = \frac{发情母牛数}{应发情适龄母牛数} \times 100\%$$

2. 受配率

受配率是指受配母牛数占适龄母牛数的百分率，用于反映牛群配种工作组织的好坏。

$$受配率 = \frac{受配母牛数}{适龄母牛数} \times 100\%$$

3. 受胎率

受胎率是指妊娠母牛数占已配种母牛数的百分率，用于反映配种的效果，是衡量繁殖技术水平和母牛群体生产成绩的重要指标，常用总受胎率和情期受胎率来表示。

（1）总受胎率

总受胎率是指全年受胎母牛数占全年已配种母牛数的百分率。此项指标反映了牛群的受胎情况，可以衡量年度内的配种计划完成情况。

$$总受胎率 = \frac{全年受胎母牛数}{全年已配种母牛数} \times 100\%$$

（2）情期受胎率

情期受胎率是指在一定期限内受胎母牛数占该期内配种情期总数的百分率，在一定程度上能够反映输精的效果和配种的技术水平。

$$情期受胎率 = \frac{受胎母牛数}{配种情期总数} \times 100\%$$

4. 分娩率

分娩率是指实际产犊母牛数占受胎母牛数的百分率，用于反映保胎工作的水平。

$$分娩率 = \frac{实际产犊母牛数}{受胎母牛数} \times 100\%$$

5. 犊牛成活率

犊牛成活率是指断乳时成活的犊牛数占初生时活犊牛数的百分率，用于反映犊牛培育的水平，而犊牛断乳的时间一般按6月龄计算。

$$犊牛成活率 = \frac{断乳时成活的犊牛数}{初生时活犊牛数} \times 100\%$$

6. 繁殖率

繁殖率是指本年度内出生的犊牛数（不足月的死胎、流产不计算在内）占本年度初适繁母牛数的百分率，用于反映牛群的增殖效率，一般在下一年初统计。

$$繁殖率 = \frac{本年度内出生的犊牛数}{本年度初适繁母牛数} \times 100\%$$

7. 产犊指数

产犊指数又称产犊间隔，即母牛连续两次产犊的时间间隔，以平均天数表示，是牛群繁殖力的综合指标，用于反映繁殖母牛的连产性。

$$产犊指数 = \frac{所有母牛连续两次产犊的间隔天数总和（天或月）}{所统计产犊母牛数}$$

◉ 考证提示

家庭农场畜禽养殖 1+X 技能证书、执业兽医资格考试大纲相关的知识点如下。

序号	考点	知识点
1	牛的发情鉴定	（1）外部观察法； （2）试情法； （3）阴道检查法； （4）直肠检查法； （5）宫颈黏液结晶法
2	人工授精技术	（1）采精； （2）精液品质评定； （3）精液稀释及保存； （4）冻精解冻； （5）输精
3	早期妊娠诊断	（1）阴道检查法； （2）直肠检查法； （3）雌激素诊断法； （4）巩膜血管诊断法； （5）7%碘酒法； （6）B 型超声波诊断仪诊断法
4	分娩接产	（1）临床症状； （2）分娩过程； （3）助产技术； （4）产后护理

模块二

现代奶牛生产

项目五　奶牛生产

◉ 项目导学

学时	28
要点	参照《奶牛标准化规模养殖生产技术规范（试行）》，本项目介绍了乳用犊牛培育技术、乳用犊牛早期断乳方案的制订、育成牛和泌乳牛规范生产技术、挤乳技术、干乳牛生产技术、高产奶牛和初产奶牛的饲养管理技术、奶牛生产性能测定体系分析等，为科学合理开展奶牛生产工作奠定基础
目标	❖ 素质目标 　1. 热爱养牛生产事业，热爱"三农"工作，吃苦耐劳、敬业爱岗。 　2. 培养学生自主探究、团结协作、勇于创新、恪尽职守的工匠精神。 　3. 引导学生体验学习的成就感，激发其对畜禽生产技术专业的学习兴趣。 ❖ 知识目标 　1. 了解乳用犊牛早期断乳方案的制订程序。 　2. 理解育成牛规范生产的意义。 　3. 掌握泌乳牛和干乳牛生产技术，以及高产奶牛和初产奶牛饲养管理技术要点。 ❖ 能力目标 　1. 能够对乳用犊牛进行科学培育。 　2. 会制订乳用犊牛早期断乳方案。 　3. 能够对育成牛进行规范生产。 　4. 能够对泌乳牛进行规范生产。 　5. 会进行挤乳操作。 　6. 能够对干乳牛进行科学生产。 　7. 能够对高产奶牛和初产奶牛进行饲养管理
资源	1.《畜牧场规划设计》《畜牧场规划与设计》等教材。 　2.《中华人民共和国环境保护法》《中华人民共和国水污染防治法》等法律法规。 　3. 畜场规划设计网站——京鹏畜牧
策略	1. 教师可运用任务驱动法、讨论法、演示法、实习实训等教学方法开展教学，强化学生对理论、技能的学习。 　2. 学生能根据项目所要完成的任务，通过自主探究、协作交流、观看演示、实习实训等方式完成任务的学习。 　3. 通过项目训练，培养学生的信息收集和处理能力、分析和解决问题能力、自主学习能力以及动手操作能力

评价	1. 乳用犊牛培育饲养管理要点。 2. 犊牛早期断乳方案的制订。 3. 育成牛和泌乳牛规范生产技术。 4. 挤乳技术。 5. 干乳牛生产技术。 6. 高产奶牛和初产奶牛的饲养管理技术。 7. 奶牛生产性能测定体系分析

学习情境 1　乳用犊牛培育

学习情境

乳用犊牛培育是发展奶牛养殖业的基础，乳用犊牛培育的好坏直接关系到奶牛养殖业能否健康有序地发展。因此，应参照《奶牛标准化规模养殖生产技术规范（试行）》，科学开展乳用犊牛培育，提高培育质量，从而提升整个牛群的质量。

学习目标

1. 了解乳用犊牛的常规饲养方式。
2. 掌握断乳期乳用犊牛的饲养管理要点。
3. 培养学生认真、细致的工作态度，以及爱护动物、爱岗敬业的职业精神。

任务书

分析、梳理乳用犊牛的饲养管理要点。

任务分组

班级		组号		指导教师	
组长		学号			
成员	姓名	学号		姓名	学号

任务分工：_____

获取资讯

一、乳用犊牛的常规饲养方式

（一）哺喂初乳

1. 尽早哺喂初乳

乳用犊牛出生后应在 1 h 内哺喂初乳。喂初乳过迟、初乳喂量不足或完全不喂初乳，都会导致乳用犊牛因免疫力不足而发生疾病，使其增重缓慢，死亡率升高。乳用犊牛哺喂初乳见图 5-1、图 5-2。

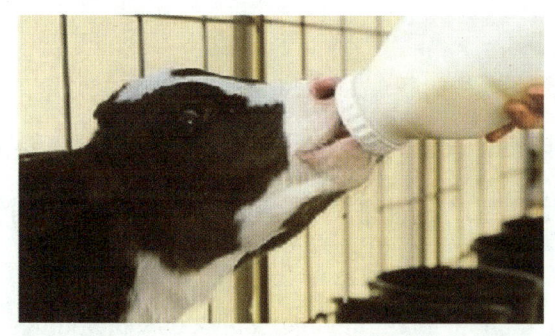

图 5-1 人工奶桶哺喂初乳

图 5-2 哺喂初乳

2. 喂量

第 1 次喂初乳时要让乳用犊牛吃足初乳，喂量是 1.5~2 kg。第 2 次喂初乳的时间一般在出生后 6~9 h，之后随着乳用犊牛食欲的增加，初乳喂量可逐渐增加。具体可以每天按体重的 1/10~1/8 计算初乳的喂量，每日喂初乳 3~4 次，每次即挤即喂，保证乳温。如果初乳挤下时间长，温度下降，则应将其水浴加热至 38 ℃ 再喂，但加温也不可过高，如温度超过 40 ℃，初乳会凝固，不易消化。

对于乳用犊牛，应尽可能喂其亲生母亲的初乳，如母乳不足或其亲生母亲因病不能利用时，可喂产犊日期相近的其他母牛的初乳。如无同期初乳，可配制人工初乳，配法如下：将 3~5 mL 鱼肝油或 4 000~5 000 IU 维生素 A、2~3 个鸡蛋、40~45 mg 土霉素，加入 1 kg 鲜乳中，充分搅拌，加热喂给乳用犊牛。最初 1~2 天，每天每头乳用犊牛还应被喂给 30~50 mL 液状石蜡或蓖麻油，这需要在第 1 次喂乳后灌服，以促进胎粪排出，胎粪排净后停喂。第 5 天起土霉素用量减半，2 周后停用土霉素。

在初乳期内要用哺乳壶喂乳。当乳用犊牛用力吸吮人工乳头时，由于刺激到其分布于口腔的感受器，故可使其食管沟反射完全并闭合成管状，乳汁就会流入皱胃。因此，人工乳头的质量要好，为此，应在其顶端用小刀割一个十字形裂口，使乳用犊牛吃乳时必须用力吸吮才能吸到乳汁。否则，若人工乳头顶端裂口过大，乳用犊牛不能产生吸吮反射，其食管沟往往会闭合不全，乳汁就会漏入瘤胃，引起异常发酵，导致消化不良、下痢等病症，严重时可能导致乳用犊牛死亡。每次喂完乳用犊牛后，要及时将哺乳壶清洗、消毒。

乳用犊牛每次哺乳之后 1~2 h，应饮温开水（温度为 35~38 ℃）1 次。

如有较多的初乳剩余，可按以下方法进行贮存。

①冷冻法：将新鲜的初乳冷冻到 0 ℃以下保存，一般可存放 6 个月。冷冻初乳解冻后可喂新生乳用犊牛。

②发酵法：将干净的初乳放于塑料桶或木桶内，有条件的情况下可加盖密封，待一定时间后（10~15 ℃室温需 5~7 天，15~20 ℃时需 3~4 天，20~25 ℃时需 2 天）可自然发酵成熟。如需快速发酵，可将发酵好的初乳作为发酵剂，按 5%~6% 的比例加入待发酵的初乳中，10 ℃时需 2 天、20 ℃以上需 1 天，即可成熟。发酵的初乳在贮存期间，最好每天搅拌 2 次，以免产生泡沫和大量的凝块。

（二）哺喂常乳

乳用犊牛经哺喂 1 周初乳后，即可转喂常乳。目前国内大部分奶牛场乳用犊牛喂量为 300~400 kg，哺乳期为 2~3 个月。而少数体大或高产的牛群喂量为 600~800 kg，哺乳期为 3~4 个月。

1. 具体喂量

在以常乳为主要营养来源的 1 月龄阶段，每日喂量约为乳用犊牛体重的 1/10。2~3 月龄阶段，随着草料的采食量增加，常乳喂量逐周减少，由喂乳逐渐转为全部喂植物性饲料。

2. 哺乳次数

1 月龄内，每天的哺乳次数为 3 次，然后减至 2 次，3 月龄时每天喂 1 次，直到停乳。

为保证乳用犊牛的正常消化机能，喂乳要坚持定时、定量、定温。每天按时、按量喂乳，乳温要保持在 37~38 ℃。

（三）早期饲喂植物性饲料

为促进乳用犊牛的生长发育，特别是瘤胃的发育，应提早训练乳用犊牛采食植物性饲料。

1. 干草

从乳用犊牛出生后 1 周开始训练其采食干草。在乳用犊牛栏内投给优质干草，任其练习采食，自由咀嚼，这样既可促进瘤胃发育，又可防止舔食脏物、污草。

2. 精饲料

从乳用犊牛出生后 10 天开始训练其吃精饲料。开始时，可将玉米、小麦麸、大麦等混合粉碎，加入少量食盐煮成稀粥并加入少量牛乳，将粥料涂抹在乳用犊牛的鼻镜、嘴唇上，或直接放在乳桶底部任其自由舔食；3~5 天后，饲料由稀粥逐渐改成湿拌料，直至干粉料。将精饲料放入乳用犊牛栏旁的料盘任其采食，开始每天精饲料喂量为 10~20 g，之后逐渐加量。1 月龄时每天喂量为 250~300 g，2 月龄时每天喂量为 500 g 左右。

3. 多汁饲料

从乳用犊牛出生后 20 天开始，可在混合精饲料中加入切碎的胡萝卜或甜菜，最初每天加入切碎的胡萝卜或甜菜为 20~25 g，之后逐渐增加，到其 2 月龄时，日喂量可达 1~1.5 kg。

4. 青贮饲料

从乳用犊牛 2 月龄后开始喂给青贮饲料，最初每天喂量为 100~150 g，3 月龄时喂量为 1.5~2 kg，4~6 月龄时喂量增至 4~5 kg。

在补料过程中，要细心观察乳用犊牛的健康状况，以便及时调整喂量。每天早晨要注意乳用犊牛的精神状态、行动和食欲，如发现异常，要及时采取措施进行处理，以保证乳用犊牛的健康。

为了预防乳用犊牛腹泻，在其出生后 30 日龄内，每天需要喂给 10 000 IU 金霉素，特别是在饲养管理条件较差的情况下。

（四）饮水

虽然牛乳中含有大量水分，但牛乳中的含水量并不能满足乳用犊牛正常的代谢需要。因此，要及早训练乳用犊牛饮水。乳用犊牛出生后 1 周，可在饮水中加入适量牛乳或让其单独饮水，水温应在 36~37 ℃，10~15 天后改常温水，1 月龄后可在运动场上设置饮水槽，任其自由饮用，但水温不宜低于 15 ℃。饮用水应符合《无公害食品畜禽饮用水水质》（NY 5027—2008）的要求。

二、断乳期乳用犊牛的饲养

断乳期是指乳用犊牛从断乳至 6 月龄之间的时期。

断乳时乳用犊牛瘤胃尚未完全发育，补充氨基酸（如赖氨酸、色氨酸和异亮氨酸等必需氨基酸）、过瘤胃保护的纤维素酶和半纤维素复合酶、无公害饲用微生物（乳酸杆菌、双歧杆菌、活性酵母）等，将有助于犊牛的生长，而低聚糖作为新型的绿色饲料添加剂，近年来在国内外也被广泛应用于饲料工业。此外，可接种瘤胃微生物，即当大牛反刍时，从其口中掏取少量食糜塞于乳用犊牛口中，使瘤胃微生物尽早进入乳用犊牛瘤胃，促进乳用犊牛瘤胃等器官的发育，使其提前具有较完善的消化粗饲料的能力。

随着乳用犊牛月龄的增长，可逐渐增加精饲料的喂量，在 3~4 月龄时每天喂量应达 1.5~2.0 kg，粗饲料以优质的禾本科及豆科牧草为主。精、粗饲料比一般为 1：1~1：1.5，4 月龄后调整精、粗饲料比为 1：1.5~1：2。4 月龄后，改喂育成牛精饲料。

断乳期乳用犊牛精饲料配制的要求：营养浓度高、营养平衡、易消化、适口性好。

三、乳用犊牛的管理要点

1. 哺乳卫生

乳用犊牛进行人工喂养时，要注意哺乳用具的卫生，必须及时清洗喂乳、盛乳用具，并定期消毒。每次喂乳后，用干净毛巾将乳用犊牛口、鼻周围残留的乳汁擦净，然后用颈架挟住 10 min 左右，防止互相乱舔而形成"舔癖"。"舔癖"危害很大，常使被舔的乳用犊牛形成脐炎、乳头炎、睾丸炎（公犊），以致其降低生产性能或丧失种用价值；同时乳用犊牛相互舔吮时吞下的被毛会在其胃内形成毛球，毛球往往会堵塞食道、贲门或幽门而致乳用犊牛消瘦、死亡。

2. 犊栏卫生

乳用犊牛出生后，要及时放进犊牛栏内。栏的大小为 1~1.2 m²，应做到每犊一栏、隔离管理。一般在犊牛栏饲养 7~10 天后可转移到中栏饲养，每栏 4~5 头，用带有颈架的牛槽饲喂。2 月龄以上时放入大栏饲养，每栏 8~10 头。

犊牛栏及牛床要勤打扫，保持清洁干燥，还要常换垫草、定期消毒。舍内应阳光充足、通风良好、空气新鲜、冬暖夏凉。

3. 保健护理

犊牛时期，要加强防疫卫生和保健护理工作，定期进行检疫。乳用犊牛发病率高的时期是出生后的几周，发生的病症主要是肺炎和下痢。发生肺炎的直接原因是环境温度骤变，而下痢则是多种疾病的临床症状之一。平时要注意观察（特别是早晨）乳用犊牛的精神状态、食欲情况和行为表现有无异常、体温有无变化、粪便是否正常。肺炎对幼龄乳用犊牛的健康威胁很大，平时应加强饲养管理，增强乳用犊牛体质，减少感冒。有下痢症状的乳用犊牛的尾巴及肛门周围多粘着粪便，如发现乳用犊牛有轻微下痢，应减少喂乳量，乳中加水量为之前的 1~2 倍；下痢严重时，应暂停喂乳 1~2 次，可饮米汤或温开水，并加入少许 0.01% 浓度的高锰酸钾溶液。

4. 加强运动

乳用犊牛幼龄期活泼好动，应保证其充分的运动时间。在运动中，应使乳用犊牛接触阳光，进行日光浴，这对其正常生长发育具有十分重要的意义。从出生 8~10 天起，乳用犊牛可开始在运动场做适当运动。天气晴好条件下，7~10 日龄的乳用犊牛每日应在户外自由运动 0.5 h；1 月龄的乳用犊牛每日户外自由运动不少于 1 h，之后逐渐延长其运动时间，每天应不少于 4 h。在放牧条件下，乳用犊牛有足够的运动量，但要防止其因过量运动而导致体力消耗过大。遇恶劣天气如雨雪、大风等，要减少舍外运动时间。在炎热的夏天，中午要防止日光直接暴晒，运动场内要设置凉棚防止乳用犊牛中暑；冬季遇风雪，要让乳用犊牛进入舍内防止其感冒。

5. 刷拭

刷拭可保持牛体清洁，同时可促进牛体表血液循环，使牛体健康。刷拭还具有调教作用，可使乳用犊牛养成愿意接近人和接受护理操作的习惯。刷拭时，应以软毛刷为主，必要时辅以篦子，手法宜轻，以令其舒适。如粪结成块，不易刷去，则可用水浸软后再除去。尽量避免用刷子乱挠乳用犊牛的额部和角间，否则易养成其顶撞的坏习惯，顶撞的恶癖一旦养成，是很难矫正的。

6. 编号

编号方法有烙号法、耳标法、剪耳法等多种。目前常用液氮冻号的方法，此方法简便且冻号清楚、耐久。采用液氮冻号时，字号用导热性能良好的紫铜或铝合金制作，用铁筋做柄与字号相连，另一端装木制手柄。液氮冻号的具体做法：先将牛在保定架内保定，清除欲冻号部位的泥土和污物（一般在尻部或左侧大腿上），然后剪毛，用酒精涂湿剪毛部位，将所需字号放入液氮内 2~3 s 后取出，放在牛体冻号处 15~20 s。冷冻后，该处皮肤变硬，形成冻伤，14~20 天后成痂皮，后痂皮脱落，便形成清楚、耐久的字号。

7. 去角

一般在乳用犊牛出生 1 周内进行去角，最迟不能超过 2 个月。幼龄时去角，乳用犊牛流血少、痛苦小、不易受到细菌感染。去角的牛比较安静，易于管理，可避免成年后因相互打斗而受伤，尤其是乳房部位不至于被跟随的牛顶伤。去角后所需的牛床及阴棚的面积较小，尤其是对于散放饲养和成群饲喂的牛，去角更为重要。通常使用电烙铁去角法或涂抹氢氧化钠（钾）去角法给乳用犊牛去角。

（1）电烙铁去角法

去角所用的电烙铁是特制的，其顶端呈杯状，大小与乳用犊牛角的底部一致。通电加热后，电烙铁各部分的温度应一致，没有过热和过冷的现象。使用时将电烙铁顶部放在乳用犊牛角基部烙 15~20 s，待呈白色时，涂以青霉素软膏或硼酸粉，以防发炎。用电烙铁去角时奶牛不出血，在全年任何季节都可进行，但此法只适用于 35 日龄以内的乳用犊牛。

（2）涂抹氢氧化钠（钾）去角法

将生角部位的毛剪除，把凡士林涂抹在角基部四周，以防涂抹的氢氧化钠（钾）流入眼内，伤及皮肤及眼；然后用棒状氢氧化钠（钾）稍湿水涂擦，擦至角基皮肤有微量血液渗出时为止。如有液体渗出，应用脱脂棉将渗出液体吸去，以免伤及皮肤及眼。操作时，术者要戴橡皮手套，防止被烧伤。

去角后的乳用犊牛要隔离饲养，防止互舔。夏、秋季注意是否发炎和化脓，如化脓，初期可用双氧水冲洗，再涂以碘酒；如出现由耳根到面颊肿胀，须进一步进行消炎处理。

8. 预防免疫

应严格按《无公害食品奶牛饲养兽医防疫准则》（NY 5047—2001）的要求开展疫病预

防和免疫工作。

📋 工作计划

根据所收集的资讯和决策的制定过程，制订知识梳理方案，并分析乳用犊牛常规饲养和管理，完成表 5-1、表 5-2。

表 5-1　乳用犊牛常规饲养

饲养要点	工作内容	负责人

表 5-2　乳用犊牛管理

管理要点	工作内容	负责人

🔆 工作实施

📋 引导问题 1：乳用犊牛的常规饲养以及断乳期饲养要点有哪些？

📋 引导问题 2：乳用犊牛的管理要点有哪些？

✛ 评价反馈

项目	内容	分值	赋分		
			自评	组评	师评
职业素养	爱护动物、爱岗敬业	20			
	合作精神、认真细致	20			
	态度端正、按时完成	20			
职业技能	能够正确叙述乳用犊牛的饲养和管理要点	20			
	会制订乳用犊牛培育方案	20			
总分		100			
总评	自评×30%+组评×30%+师评×40% =			教师签字：	

拓展思考题

1. 如何护理初生乳用犊牛？
2. 初乳对乳用犊牛有哪些特殊作用？
3. 如何为乳用犊牛哺喂初乳及常乳？
4. 为何要提早饲喂植物性饲料？如何饲喂？
5. 简述乳用犊牛的管理措施。

相关知识点

牛的生物学特性

一、环境适应性

牛适宜的环境温度为 10～21 ℃（犊牛为 10～24 ℃），最适宜的环境温度为 10～15 ℃（犊牛为 17 ℃），耐受范围为 –15～26 ℃。牛对寒冷的耐受性强，对高温的耐受性差，当温度超过 27 ℃时，会影响牛的食欲和增重；即使环境温度在 0 ℃以下，在保证饲料供应的情况下，也不会对牛产生大的影响。

二、一般行为习性

1. 争斗行为

公牛争斗性较强，母牛一般比较温顺。但在某些情况下，在牛群中有的母牛也好斗，特别是在采食、饮水和进出牛舍时会以强欺弱。对于这样的牛，应将其角尖锯平，对于特别好斗、比较凶猛的牛，则最好将其从牛群中挑出去。

2. 合群行为

若干母牛在一起组成一个牛群时，刚开始会有相互顶撞现象，但一周后就能合群。母牛在运动场上往往三五头在一起结帮合队，但又不是紧靠在一起，而是保持一定距离。

3. 好静行为

奶牛比较好静，不喜欢嘈杂的环境，强烈的噪声会使奶牛产生应激反应，导致产乳量下降或产生低酸度的酒精阳性乳；轻柔的音乐有利于泌乳性能的发挥。

4. 好奇行为

牛会表现出好奇行为，年龄越小的牛好奇性越强。当有人经过牛舍饲槽前，它会立即抬头观望，甚至伸头与人接近，好像表示欢迎。当人员站在运动场边，发出吆喝声或敲打铁栏杆发出声响时，运动场内的母牛往往会迅速跑过来围观。

5. 护子行为

与其他家畜一样，母牛也有护子行为。母牛有时在运动场产犊后，会驱赶欲靠近犊牛的其他母牛；当饲养员抬走犊牛时，母牛往往会追赶，但不会攻击人。

三、生理行为习性

1. 采食行为

牛采食时往往不加选择，以舌卷草，不经仔细咀嚼即匆匆吞下，待休息时进行反刍再咀嚼。因此，饲喂块根饲料时要注意不要过大、过圆，最好切成片状或铡碎后饲喂，否则，容易导致牛的食道阻塞。饲喂草料时要注意清除铁钉、铁丝等尖锐金属异物，否则容易导致创伤性网胃炎及创伤性心包炎。放牧时要选择牧草高度在 8 cm 以上的草场，否则牛不易采食、难吃饱。

2. 反刍行为

牛的反刍行为是指将进食的食物逆吐，经再咀嚼，然后再吞下的连续动作。牛一般采食后 30~60 min 开始反刍，每次反刍持续时间 15~50 min，一昼夜反刍 9~18 次，反刍时间 5~9 h。在牛采食后应给予其充分的休息时间和安静舒适的环境，以保证其能正常反刍。正常反刍是奶牛健康的标志之一，反刍停止或次数减少以及时间缩短，都表明牛已患病。

3. 饮水行为

牛夏天饮水量较大，放牧牛比舍饲牛饮水量多 1 倍。牛采食后 2 h 内需要饮水，最好让其自由饮水，水温以 10~25 ℃ 为宜，冬天宜饮温水，夏天宜饮凉水。

4. 爱洁行为

牛喜欢吃新鲜饲料，不爱吃剩余饲料，因此，饲喂时应少给勤添。牛爱喝新鲜、清洁的饮水，因此水槽应定期刷洗。牛喜欢清洁、干燥的环境，牛舍地面在每次下槽后应清扫、冲洗干净，运动场内的粪便要及时清理，保持地面平整、干燥、清洁，防止积水，夏季要注意排水。

5. 排粪尿行为

牛是随意排粪尿的动物，并且常躺卧在被粪尿污染的地方。一头成年母牛一昼夜排粪量约 30 kg，占日粮采食量的 70% 左右，一昼夜排尿量约 20 kg，占饮水量的 30% 左右。因为牛排粪、排尿量大，所以在饲养牛的过程中应防止对环境造成污染。

6. 发情行为

牛是常年发情的家畜，发育正常的后备母牛在 18 月龄时就可进行初配。母牛发情周期为 21 天左右，妊娠期为 280 天。种公牛一般从 1.5 岁开始利用。牛发情时，首先表现兴奋，不时哞叫，接受其他母牛的亲近、嗅闻，最后被其他母牛爬跨时站立不动。发情持续时间平均 18 h（6~30 h），发情开始的时间 70% 是发生在晚上 7 时至早上 7 时。

> **初生犊牛的生理特性与初乳特性**
>
> 肉牛的体温为 38.5~39.5 ℃；呼吸频率为 18~28 次/min（犊牛为 20~40 次/min）；脉搏为 60~80 次/min（青年牛为 70~90 次/min，犊牛为 90~110 次/min）。
>
> 正常牛每日排粪 10~15 次，排尿 8~10 次。健康牛的粪便有适当硬度，牛粪为环节状，但肥育牛粪稍软，排泄次数一般也稍多；尿一般透明，略带黄色。

技能训练八　乳用犊牛培育方案制订

【目的要求】

通过本次训练，使学生学会制订适合当地条件的乳用犊牛培育方案。

【训练条件】

制订好的规模奶牛场生产现状、产犊计划、开食料配方、饲草料计划。

【方法步骤】

①了解乳用犊牛的日龄和体况。

②确定乳用犊牛的断乳日龄。精饲料条件好的地方，哺乳期一般为 2~3 个月；精饲料条件较差的地方，哺乳期为 3~4 个月。

③制订常乳的哺喂计划。乳用犊牛出生后第二周开始喂常乳，15 天内最好喂母乳，以后哺喂混合常乳，哺乳量为 300~500 kg。

④制订开食料的饲喂计划。

⑤制订青绿饲料的饲喂计划。

【考核要求】

各小组完成任务后，由教师随机抽取 1~2 名成员，考核其犊牛培育方案的制订过程，考核成绩计入本组所有成员的平时成绩。

【实训报告】

将乳用犊牛培育方案填入表 5-3。

表 5-3　乳用犊牛培育方案　　　　　　　　　　　　单位：kg

日龄	10 天以内	11~30 天	31~45 天	46~60 天	61~75 天	76~90 天	合计
初乳							
常乳							
开食料							
干草							
青绿多汁饲料							

学习情境2 制订早期断乳方案

学习情境

虽然给乳用犊牛提供过多的哺乳量和过长的哺乳期可以使其取得较高的日增重及断奶重，但不利于乳用犊牛消化器官的生长发育和机能锻炼，而且还会影响乳用犊牛的健康、体型和以后的生产性能。参照《奶牛标准化规模养殖生产技术规范（试行）》，应用早期断乳技术可节约大量牛乳、节省劳动力、降低培育成本、提高牛群质量和生产水平。要想确定乳用犊牛的断乳时间，应考虑其初生重和牛的饲料状况等。

学习目标

1. 能够制订乳用犊牛的早期断乳方案。
2. 能够掌握早期断乳的注意事项。
3. 强化学生恪尽职守、细心认真的工匠精神，以及爱护动物、爱岗敬业的职业精神。

任务书

制订科学合理的乳用犊牛早期断乳方案。

任务分组

班级		组号		指导教师	
组长		学号			
成员		姓名	学号	姓名	学号

任务分工：

🔴 获取资讯

一、早期断乳方案的制订

早期断乳犊牛的喂乳期一般为 30~45 天。上半年出生的乳用犊牛的喂乳期可采用 30 天；下半年出生的乳用犊牛由于受到高温和低温两种环境的不利影响，喂乳期可延长到 50 天。在生产实践中，断乳的时间可根据乳用犊牛的日增重和进食量来确定，当乳用犊牛日增重达到 500~600 g，犊牛料日进食量高于 1 kg 时即可断乳。早期断乳犊牛的饲养方案见表 5-4。

表 5-4 早期断乳犊牛的饲养方案

日龄	日喂乳/（kg·头⁻¹·天⁻¹）	犊牛料/（kg·头⁻¹·天⁻¹）	粗饲料/（kg·头⁻¹·天⁻¹）
1~10	4	5~8 日开食	训练吃干草
11~20	3	0.2	0.2
21~30	2	0.5	0.5
31~40	2	0.8	1
41~50	2	1.5	1.5
51~60	—	1.8	1.8
61~180	—	2	2

犊牛料配方组成（%）：玉米 50、麸皮 12、豆饼 30、饲用酵母粉 5、石粉 1、食盐 1、磷酸氢钙 1。哺乳期为 30 天的乳用犊牛，30~60 日龄犊牛的 1 kg 犊牛料中应添加维生素 A 8 000 IU、维生素 D 600 IU、维生素 E 60 IU、烟酸 2.6 mg、泛酸 13 mg、维生素 B_2 6.5 mg、维生素 B_6 6.5 mg、叶酸 0.5 mg、生物素 0.1 mg、维生素 B_{12} 0.07 mg、维生素 K_3 3mg、胆碱 2 600 mg。60 日龄以上犊牛的犊牛料中可不添加 B 族维生素，只加维生素 A、维生素 D、维生素 E 即可。

犊牛料可按 1∶1 的比例加水拌匀后再加等量干草或 5 倍的青贮饲料搅拌均匀后喂给牛犊。

二、乳用犊牛早期断乳的关键措施

目前，多数畜牧业发达的国家采用哺乳期为 3~5 周龄的早期断乳法。

为保证乳用犊牛早期断乳的成功，除提早补喂干草外，最主要的是必须配制与利用好人工乳、犊牛代乳料并制订科学合理的早期断乳方案。

1. 人工乳的配制及利用

人工乳是一种为节约鲜乳、降低培育成本、代替全乳而配制的人工乳粉或代乳粉，具有较高的营养价值和较低的纤维素含量，富含蛋白质和维生素，能保证乳用犊牛的营养需要。人工乳应冲调成流体状，有较好的悬浮性及适口性。几种商品人工乳的配方见表 5-5。

乳用犊牛出生后前 3 天喂初乳,从第 4 天开始喂人工乳,需要以一定量的代乳粉溶于 2 L 水中,水温应为 40~45 ℃,饲喂时温度不低于 38 ℃。代乳粉每日喂 2 次,间隔时间约 12 h。前 3 周,应选用高质量的代乳粉。代乳粉质量的优劣主要取决于蛋白质和脂肪的含量和类型,乳蛋白优于植物蛋白,动物脂肪优于植物脂肪。

当缺乏代乳粉或代乳粉质量不佳时,前几天可选择代乳粉和常乳混合饲喂。第 4 天选择 2 kg 母乳加 0.5 kg 人工乳饲喂;第 5~第 6 天选择 2 kg 母乳加 1 kg 人工乳饲喂;第 7 天选择 1 kg 母乳加 3 kg 人工乳饲喂;第 8 天即可完全喂人工乳。

表 5-5　几种商品人工乳的配方　　　　　　　　单位:%

组成	1	2	3	4	5	6	7
脱脂乳粉	78.5	72.5	78.37	79.6	75.4	71.5	72.6
动物性脂肪	20.0	13.0	19.98	12.5	10.4	20.0	19.4
植物油	—	2.2	0.02	6.5	5.5	—	—
大豆卵磷脂	1.0	1.8	1.0	1.0	0.3	1.0	1.0
葡萄糖	—	—	—	—	2.5	1.5	4.84
乳糖	—	9.0	—	—	—	—	—
粮食制品	—	—	0.23	—	5.4	5.86	2.0
维生素、矿物质	0.3	1.5	0.4	0.4	0.5	0.14	0.16

2. 犊牛代乳料的配制及喂法

犊牛代乳料是根据乳用犊牛的营养需要用精饲料配制而成的,是乳用犊牛从以哺乳为主转向完全采食植物性饲料的过渡饲料。犊牛代乳料具有营养全面、适口性好、易消化的特点,形态为粉状或颗粒状,从乳用犊牛出生后第 2 周开始使用,任其自由采食。若乳用犊牛长时间拒绝采食代乳料,可进行人工诱食。乳用犊牛有舔舐人手的习惯,可手抓少许料,在其舔舐人手时将其送入口中或涂抹于鼻镜处,或将代乳料放到乳中饲喂。在低乳饲喂条件下,乳用犊牛采食代乳料的数量增加很快。如果乳用犊牛连续 3 天每天可采食 1 kg 以上代乳料,就可断乳。这时可限制代乳料的供给量,逐渐向普通饲料过渡。

犊牛代乳料的配方很多,其原料为植物性饲料和乳副产品,蛋白质含量在 20% 以上。犊牛代乳料配方见表 5-6。

表 5-6　犊牛代乳料配方

名称	黄玉米/%	高粱/%	糠麸类/%	饼粕类/%	饲用酵母/%	磷酸氢钙或碳酸钙/%	食盐/%	维生素 A/(万 IU·kg⁻¹)
1	30	10	20	35	3	1	1	0.5

名称	黄玉米/%	高粱/%	糠麸类/%	饼粕类/%	饲用酵母/%	磷酸氢钙或碳酸钙/%	食盐/%	维生素 A/（万 IU·kg⁻¹）
2	23	20	20	35	—	1	1	0.5
3	43	—	15	40	—	1	1	0.5

知识拓展

某奶牛场断乳犊牛饲养规程

早期断乳犊牛的哺乳期控制在 45~60 天，一般为 30~45 天。一般当乳用犊牛日增重达 500~600 g，饲料的日进食量高于 1 000 g 时就可以断乳，早期断乳犊牛饲养方案见表 5-7。

①乳用犊牛出生后 3 天（或 7 日龄）内喂亲生母牛的初乳，4 日龄（或 8 日龄）后改喂全乳、混合乳或人工乳。

②犊牛料采食量连续 3 天达到 0.7~1 kg 水平后可以断乳。

③预定断乳前 3 天，减少喂乳量或次数，刺激犊牛料的采食。

④选择温度适宜的天气断乳，并称重。

⑤断乳后，乳用犊牛继续留在犊牛栏饲喂 1~2 周，减少环境变化应激。

⑥断乳后，继续饲喂同样犊牛料和优质干草，减少饲料变化应激。

⑦防疫注射应当在断乳前一周完成。

⑧断乳后，犊牛料采食量应在一周内加倍，每头每天最高不要超过 2 kg。

⑨断乳转群后，应当小群饲养（7~10 头），给予其换料过渡期。

⑩保证充足饮水。

表 5-7 早期断乳犊牛饲养方案

日龄	喂乳量/（kg·头⁻¹·天⁻¹）	小计/kg	犊牛料/（kg·头⁻¹·天⁻¹）	小计/kg	粗饲料量/（kg·头⁻¹·天⁻¹）	小计/kg
1~10	4	40	5~8 日龄开食	—	训练吃干草	—
11~20	3	30	0.2	2	0.2	2
21~30	2	20	0.5	5	0.5	5
31~40	—	—	0.8	8	1	10
41~50	—	—	1.5	15	1.5	15
51~60	—	—	1.8	18	1.8	18
61~180	—	—	2	240	2	240
总计	—	90	—	288	—	290

工作计划

根据所收集的资讯和决策的制定过程，制订知识梳理方案，并分析、制订乳用犊牛早期断乳方案和关键措施等，完成表5-8、表5-9。

表5-8　乳用犊牛早期断乳方案

项目	方案要点	负责人

表5-9　乳用犊牛早期断乳关键措施

措施	工作内容	负责人

工作实施

引导问题1：如何进行早期断乳？

引导问题2：早期断乳时应该注意哪些方面？

评价反馈

项目	内容	分值	赋分		
			自评	组评	师评
职业素养	爱护动物、爱岗敬业	20			
	恪尽职守、细心认真	20			
	态度端正、按时完成	20			

项目	内容	分值	赋分		
			自评	组评	师评
职业技能	顺利拟订乳用犊牛早期断乳方案	20			
	能够熟练配制人工乳和代乳料	20			
	总分	100			
总评	自评×30%+组评×30%+师评×40% =		教师签字：		

拓展思考题

1. 乳用犊牛早期断乳有哪些优点？
2. 如何对乳用犊牛实施早期断乳？

相关知识点

早期断乳时间的确定

研究表明，及时补饲草料可以使乳用犊牛 4 周龄时瘤胃容积占全胃容积的 52%，6~8 周龄时前两胃的净重约占全胃净重的 60%，接近成年牛相应指标的 70%。此外，6~8 周龄乳用犊牛与成年牛瘤胃发酵粗、精饲料产生的挥发性脂肪酸的组成和比例相似，这说明此时的乳用犊牛对固体饲料已具备了较高的消化能力，因此 4~8 周内断乳是乳用犊牛断乳的适当时期。一般日采食犊牛料达 1 kg 以上方可断乳，上半年出生的犊牛约 45 天可断乳，下半年出生的犊牛约 60 天可断乳。

学习情境 3　育成牛规范生产

学习情境

育成牛管理的好坏直接影响母牛的繁殖和未来的生产，但有些养牛场和专业户往往认为育成牛既不产犊，又不产乳，因此在饲养管理上会对其产生忽视，从而影响了育成牛的生长发育和未来生产性能的发挥。参照《奶牛标准化规模养殖生产技术规范（试行）》，能否做好育成牛的饲养管理工作，是养殖场养好牛的关键。

学习目标

1. 能够掌握育成牛的饲养。

2. 能够掌握育成牛的管理。

3. 培养学生吃苦耐劳、精益求精、爱岗敬业的工匠精神。

📁 任务书

科学合理地进行育成牛的饲养和管理。

👥 任务分组

班级		组号		指导教师	
组长		学号			
成员		姓名	学号	姓名	学号

任务分工：_____

📡 获取资讯

一、育成牛的饲养

6 月龄断乳至初产阶段的母牛，称为育成牛。在育成牛的饲养上，既要保证牛体充分生长发育，又不宜使其营养水平太高，要使其在 16~18 月龄配种时的活重不低于 340~380 kg，但最高不超过 450 kg。

育成牛的日粮应以青粗饲料为主，适量补喂精饲料，这对于个体的生长发育、生产性能及适时配种都是有利的。在有条件的地方，育成牛应以放牧为主。冬春季舍饲时应喂给育成牛大量优质干草及青贮饲料。

7~12 月龄：此时期是育成牛生长发育最快时期，育成牛性器官和第二性征发育很快，体躯的高度和长度也急剧增加，同时前胃已相当发达，容积扩大 1 倍左右。因此，饲养上要求供给足够的营养物质，且日粮要有一定的容积以刺激前胃的继续发育。除给予育成牛优质的牧草、干草和多汁饲料外，还需给予其一定的精饲料。按 100 kg 活重的育成牛计算，每天应给其青干草 1.5~2 kg、青贮饲料 5~6 kg、秸秆 1~2 kg、精饲料 1~1.5 kg、石粉和食盐各 25 g。日粮粗蛋白质含量为 14%。12 月龄育成牛的日粮中，可添加适量尿素。

12~18 月龄：为了刺激消化器官的进一步发育，此时期日粮应以粗饲料和多汁饲料为主，少量补给精饲料，要保证在配种前育成牛体重能达到成年牛的 70% 以上。按干物质计算，日粮中粗饲料占 75%，精饲料占 25%，并在运动场放置干草、秸秆等。日粮粗蛋白质含量为 12%。

18~24 月龄：此时期的育成牛已配种受胎，个体生长速度渐慢，体躯显著向宽、深发展。日粮应以品质优良的干草、青草、青贮饲料和块根块茎类为主，精饲料可以少喂或不喂。但到妊娠后期，由于胎儿生长迅速，必须另外补加精饲料，每日 2~3 kg。按干物质计算，日粮中粗饲料占 70%~75%，精饲料占 25%~30%。

如有放牧条件，育成牛应以放牧为主，在优良草地放牧，可减少精饲料用量 30%~50%。但如果草地质量不佳，则精饲料不能减少。放牧回舍后，如未吃饱，应补喂一些干草和多汁料。

总之，培育育成牛，应用大量粗饲料和多汁饲料、少量精饲料，以促进其成年后高产性能的发挥。但对育成公牛，则要适当增加日粮中精饲料的给量，减少粗饲料量，以免形成草腹，影响种用价值。

二、育成牛的管理

1. 分群饲养

育成牛应按月龄、体重分群饲养，一个群体最好月龄差异不超过 1.5~2 个月，活重差异不超过 30 kg。

2. 定期称重

育成牛应定期称取体重、测量体尺，以检查生长发育状况。根据体重和发育情况适时配种。

3. 加强运动

没有放牧条件的舍饲育成牛每天要保证有 2 h 以上的运动，以增强体质、锻炼四肢，促进乳房、心血管及消化、呼吸器官的发育。

4. 按摩乳房

育成牛从 12 月龄后开始需要按摩乳房，每天一次，每次 5~10 min；18 月龄后的妊娠母牛每天需按摩两次，每次按摩时要用热毛巾敷擦乳房，产前 1~2 个月停止按摩。在此期间，切忌擦拭乳头，以免擦去乳头周围的保护物，引起乳头龟裂，或因病原菌从乳头孔侵入而导致乳房炎的发生。

5. 调教、刷拭

育成牛要训练栓系、定槽认位，以便今后的挤乳管理。为了保持牛体清洁，促进皮肤代谢和养成温驯的习性，每天应刷拭 1~2 次，每次 5~8 min。

6. 初配

育成牛的初配时间，应根据月龄和发育状况而定，一般为 16~18 月龄，体重必须达到

350~370 kg，体斜长不少于 150 cm，胸围不少于 165 cm。目前行业内有提前配种的趋势，最常见的是 15~16.5 月龄初配。

7. 防流保胎

对妊娠的青年母牛要单独组群、防滑倒、防顶架、防拥挤、不急赶、不走陡坡、不饮冰渣水，禁喂发霉变质的饲料，并且应精心管理。

工作计划

根据所收集的资讯和决策的制定过程，制订知识梳理方案，并分析育成牛的饲养和管理，完成表5-10、表 5-11。

表 5-10　育成牛的饲养

月龄	饲养要点	负责人

表 5-11　育成牛的管理

管理要点	具体实施	负责人

工作实施

引导问题 1：育成牛不同月龄的饲养要点是什么？

引导问题 2：育成牛的管理要点是什么？

评价反馈

项目	内容	分值	赋分		
			自评	组评	师评
职业素养	吃苦耐劳、爱岗敬业	20			
	认真负责、精益求精	20			
	态度端正、按时完成	20			

项目	内容	分值	赋分		
			自评	组评	师评
职业技能	能够熟练开展育成牛的饲养工作	20			
	会对育成牛进行管理	20			
	总分	100			
总评	自评×30%+组评×30%+师评×40% =		教师签字：		

拓展思考题

1. 育成牛有何特性？怎样正确饲养育成牛？
2. 简述育成牛的管理措施。

相关知识点

育成牛的特性

育成牛生长发育迅速，较少发病。这一时期的培育，不仅要使其获得较高的增重，而且要保证其心血管系统、消化呼吸系统、乳房及四肢的正常发育，提高身体素质，使其将来能充分发挥遗传潜力，高产、长寿。

育成牛阶段正值体型成熟的时期，生殖器官发育明显，消化器官急剧增大，骨骼、肌肉生长迅速，乳腺快速发育。第一次产犊前的乳腺发育与终生泌乳量有关。随着日龄的增加，育成牛胃肠容积和对粗饲料的消化能力逐步提高，犊牛阶段的发育不足，会在此阶段得到补偿。与此同时，育成牛对日粮营养水平的要求逐渐降低，但对钙、磷的需要量大增，所以饲养管理可以稍粗放些，但也不要太粗放，否则体重不达标，将影响初配。

学习情境4 泌乳牛规范生产

学习情境

泌乳是奶牛生产中的重要环节，产乳量和牛乳品质是奶牛场盈利的重要指标。参照《奶牛标准化规模养殖生产技术规范（试行）》，能否掌握奶牛在泌乳时期的生理变化，科学合理地进行泌乳牛饲养管理，将直接影响奶牛场的经济效益。

学习目标

1. 掌握不同泌乳时期的饲养管理要点。

2. 培养学生的合作意识、责任意识，以及吃苦耐劳、精益求精的工匠精神。

📁 任务书

梳理不同泌乳时期的饲养管理要点。

👥 任务分组

班级		组号		指导教师	
组长		学号			

成员	姓名	学号	姓名	学号

任务分工：＿＿＿＿＿＿＿＿＿＿＿＿＿＿＿＿＿＿＿＿＿＿＿＿＿＿＿＿＿＿＿

📡 获取资讯

根据奶牛生理特点及生产规律，母牛泌乳周期分为泌乳初期、泌乳盛期、泌乳中期、泌乳后期 4 个阶段。

一、泌乳初期的饲养管理

母牛产犊后的 10~20 天称为泌乳初期，又称恢复期。此期母牛刚分娩不久，气血亏损，消化机能弱、抵抗力差，生殖器官处于恢复阶段，乳腺机能旺盛，泌乳量逐日上升。因此，必须加强饲养管理，否则易出现乳房水肿、恶露不尽，严重时会造成产后麻痹症等疾病。

为防止消化不良、减轻乳房水肿，母牛在产后 3 天内，可自由采食优质干草及少量麸皮（0.5 kg）；4~5 天后，日粮中加进少量青草、青贮饲料及块根饲料，以 4~5 kg 为宜，之后根据乳房和消化情况逐渐增加喂量。3 天后，日粮中加入混合精饲料 1~1.5 kg，之后每隔 2~3 天增加混合精饲料 0.5~1 kg。增量不可过急，特别是饼类饲料，不宜突然大量增加，否则易造成母牛消化机能紊乱，导致腹泻。在增料过程中，还应注意经常检查乳房的硬度、温度是否正常，如发现乳房红肿、热痛时应及时治疗。

有的奶牛产后乳房没有水肿，身体健康、食欲旺盛，可立即喂给其适量精饲料和多汁饲料，6~7 天后便可达标准喂量，挤乳次数和方法也可照常。对个别体弱的奶牛，在精饲料内可加些健胃药剂等。

一般奶牛产后 15~20 天体质便可恢复，乳房水肿也基本消失，乳房变软，这时日粮可增加到产乳量所需要的标准喂量。

在管理上，母牛产后头几天，可根据乳房情况，适当增加挤乳次数，每天最好挤乳 4 次以上。高产奶牛产犊后，因其乳腺的分泌活动迅速增强，乳房水肿严重，在最初几天挤乳时不要将乳汁全部挤净，要留有部分乳汁，以增加乳房内压，减少水肿的形成。产后第 1 天，每次只挤乳 2 kg 左右，够犊牛饮用即可；第 2 天挤出全天产乳量的 1/3；第 3 天挤出全天产乳量的 1/2；第 4 天挤出全天产乳量的 3/4 或者完全挤干。每次挤乳时都要充分按摩与热敷乳房 10~20 min，使乳房水肿迅速消失。对低产和乳房没有水肿的母牛，可一开始就将乳挤干净。对体弱或三胎以上的高产奶牛，产后 3 h 内静注 20% 葡萄糖酸钙 500~1 500 mL，可有效预防产后瘫痪。

母牛产后一周内，每天都必须有专人值班，如发现母牛有疾病应及时治疗。如胎衣不下，夏季 24 h、冬季 48 h 后应手术剥离。牛舍内要严防穿堂风，牛床上必须铺清洁干燥且充足的褥草，防止牛体受风湿及乳头损伤。

二、泌乳盛期的饲养管理

母牛产犊后的 21~100 天称为泌乳盛期。此时期奶牛体况恢复，乳房水肿消退、泌乳机能增强，处于泌乳高峰期，但因采食量尚未达到高峰，奶牛摄入的养分不能满足泌乳的需要，因而不得不动用体内储备来支撑泌乳。因此，泌乳盛期开始后，奶牛体重会下降。如果体脂肪动用过多，在葡萄糖不足和糖代谢障碍时，会造成脂肪氧化不全，导致奶牛暴发酮病，尤其是高产奶牛。

1. 提高日粮能量水平

奶牛泌乳盛期的主要饲养任务是提高产乳量与减少体重消耗。此时期奶牛大量泌乳，采食量尚未达到高峰，牛体迅速消瘦。饲养上，应增加精饲料的饲喂量，提高日粮的能量水平和蛋白质含量，可在日粮中添加植物性油脂或脂肪酸钙、棕榈酸酯等。

2. 提高过瘤胃蛋白质的比例

牛泌乳盛期常会出现蛋白质供应不足的问题，饲料中的蛋白质由于瘤胃微生物的降解，到达真胃的菌体蛋白质和一部分过瘤胃蛋白质很难满足奶牛对蛋白质的需要量，因此需要补充降解率低的饲料蛋白质，还可添加蛋白质保护剂以降低其在瘤胃的降解率；也可在日粮中添加经包被的必需氨基酸（如蛋氨酸），从而满足高产期奶牛对蛋白质的需求。

3. 采用引导饲养法

引导饲养法是为了大幅度提高产乳量，从干乳期的最后 15 天开始，直到泌乳达到最高峰时，喂给奶牛高能量、高蛋白质日粮的一种饲养方法。

具体做法：从母牛预期产犊前 2 周开始，在日喂 1.8 kg 精饲料的基础上，逐日增加 0.45 kg 的精饲料，到分娩时精饲料供给量可达到体重的 0.5%~1%。待母牛分娩后，若体质正常，则可在分娩前加料的基础上，继续逐日增加 0.45 kg 的精饲料，直到每 100 kg 体重采食 1~1.5 kg 的精饲料，或精饲料达到自由采食为止。待泌乳盛期过后，再调整精饲料的饲喂量。

整个引导期要保证提供优质饲草任奶牛自由采食，以减少母牛消化系统疾病的发生。

引导饲养法的优点：①可使母牛瘤胃微生物得到及时调整，以逐渐适应产后，高精饲料日粮；②可促进干乳母牛对精饲料的食欲和适应性，防止酮病发生；③可使多数母牛出现新的产乳高峰，增产趋势可持续整个泌乳期。

引导饲养法对高产奶牛效果显著，但会导致中低产奶牛过肥，对产乳不利。引导无效的奶牛，应淘汰出高产牛群。

4. 补充矿物质和维生素

在奶牛的整个泌乳盛期，必须满足其对矿物质和维生素的需求。应提高日粮中钙、磷的含量，同时添加含有锌、锰、镁、硒、铜、碘、钴及维生素 A、维生素 D、维生素 E 等的复合添加剂。

5. 添加缓冲物质，调节瘤胃 pH 值

为了防止精饲料饲喂过多造成瘤胃 pH 值下降，可在日粮中每天添加氧化镁 30 g 或碳酸氢钠 100~150 g，以调节瘤胃正常的 pH 值。

管理上，要注意奶牛乳房的保护和环境卫生。随着产乳量上升，乳房体积膨大，内压增高，乳头孔内充满乳汁，很容易因感染病菌而引起乳房炎。所以要加强乳房的热敷和按摩，每次挤乳后都需对乳头进行药浴；牛床上应铺有柔软、清洁的垫草，奶牛活动区要经常消毒，保持清洁卫生；挤乳用具要定期消毒，对酒精阳性乳、隐性乳房炎及临床乳房炎患牛必须及时治疗；做好恢复子宫机能的工作，发情后适时配种，以缩短产犊间隔；保证充足、清洁的饮水。

三、泌乳中期的饲养管理

泌乳中期是指奶牛产后 101~200 天的这一段时间。这一时期特点是产乳量缓慢下降，每月下降幅度为 5%~7%，体重、膘情逐渐恢复。多数奶牛处于妊娠早、中期。

泌乳中期的饲养任务是减缓泌乳量的下降速度，因此时仍是稳定高产的良好时机。饲养上，日粮营养应逐渐调整到与母牛体重和产乳量相适应的水平，即适当减少精饲料量，增加青粗饲料的比例，力求使产乳量下降幅度减到最低程度；管理上，加强母牛运动，正确挤乳及进行乳房按摩，保证充足的饮水，以维持产乳量的稳定和减少下降幅度，同时做好保胎和高产牛的配种受孕工作。

四、泌乳后期的饲养管理

泌乳后期是指母牛产犊后 201 天至停乳前的时期。这一时期的特点是母牛已到妊娠后期，胎儿生长发育很快，母牛需要大量营养供应体内快速生长发育的胎儿。但此时产乳量急

剧下降，也是母牛体重恢复的阶段，所以既要考虑使母牛恢复体膘，也应防止母牛过肥。

泌乳后期的饲养管理上，日粮中应含有较多的优质粗饲料，并适当增加一些精饲料，以满足母牛恢复体重、胎儿生长的需要，以及为下胎持续高产打下基础；对体况消瘦的母牛，要增加营养，尽快恢复其失去的体重，保持其良好的体况，但也要防止母牛过肥；要加强对乳房炎的治疗，以防止干乳不能正常进行，或者不能彻底治愈，扰乱乳房的正常功能；要加强肢蹄病的治疗；要注意保胎防流。

工作计划

根据所收集的资讯和决策的制定过程，制订知识梳理方案，并分析泌乳牛不同时期的饲养管理要点，完成表5-12。

表5-12 泌乳牛不同时期的饲养管理要点

泌乳时期	饲养管理要点	负责人

工作实施

引导问题1：奶牛泌乳各时期的生理特点是什么？

引导问题2：泌乳各时期饲养管理的技术措施有哪些？

评价反馈

项目	内容	分值	赋分		
			自评	组评	师评
职业素养	吃苦耐劳、责任意识	20			
	合作意识、精益求精	20			
	态度端正、按时完成	20			
职业技能	正确梳理泌乳牛的饲养管理要点	20			
	顺利制订泌乳牛饲养管理方案	20			
总分		100			
总评	自评×30%+组评×30%+师评×40%=			教师签字：	

拓展思考题

1. 简述高产奶牛引导饲养法的技术要点。
2. 母牛体重的恢复宜安排在哪个阶段，为什么？
3. 简述奶牛泌乳各阶段的生理特点。
4. 泌乳各阶段饲养管理的技术措施有哪些？

学习情境 5　奶牛挤乳规程制定

学习情境

挤乳技术是发挥奶牛产乳性能的关键之一，同时，挤乳技术还与牛乳卫生以及奶牛乳腺炎的发病率直接相关。正确而熟练的挤乳技术可显著提高泌乳量，并大幅度减少乳腺炎的发生。

学习目标

1. 了解挤乳前的准备工作。
2. 能够正确进行挤乳。
3. 培养学生一丝不苟的责任意识，以及爱护动物、爱岗敬业的工匠精神。

任务书

梳理奶牛挤乳的流程及要点。

任务分组

班级		组号		指导教师	
组长		学号			
成员	姓名	学号		姓名	学号

任务分工：＿＿＿＿＿＿＿＿＿＿＿＿＿＿＿＿＿＿＿＿＿＿＿＿＿

🔊 获取资讯

挤乳操作是奶牛饲养管理的重要环节，正确的挤乳对维持奶牛健康、提高牛乳产量和质量具有重要作用。

挤乳的方法有机器挤乳和手工挤乳两种。机器挤乳是实现奶牛业现代化不可缺少的生产环节，可大大减轻劳动强度、提高劳动效率，使牛乳受污染的机会减少，还可使产乳量提高10%左右。但从当前实际情况来看，奶牛场中有些奶牛个体因前乳房指数小、乳头小等原因尚不适应机器挤乳，仍需手工挤乳。

一、挤乳前的准备工作

1. 挤乳员保持个人卫生

挤乳员要勤剪指甲，挤乳前要用肥皂水洗手，保持手臂清洁。

2. 消毒用具，清洁牛体

挤乳前首先要将所有用具和设备洗净、消毒，然后清除牛体上的污物，清扫牛床。准备好40~45 ℃温水，挤乳桶，过滤用的纱布、毛巾、小凳等。

3. 擦洗乳房

挤乳前可用温热水擦洗清洁乳房，刺激乳腺神经，加快乳汁的分泌与排出，提高产乳量。擦洗乳房的方法：先用湿毛巾擦洗乳头孔、乳头、乳房中沟及整个乳房，再用干毛巾自下而上擦干整个乳房。毛巾和水桶要做到每牛专用。擦洗后立即进行乳房按摩。

4. 按摩乳房

挤乳前可通过按摩乳房使乳房膨胀，加速乳汁的分泌和排出。按摩乳房时，用双手抱住右侧乳房，两手拇指放在乳房外侧，其余手指放在乳房中沟，自上而下、由外向内反复按摩，然后拇指在乳沟，其余手指在外侧，同样方法按摩左侧乳房。当乳房膨胀时，药浴乳头后开始挤乳。大部分乳汁挤完时，再次按摩乳房1~2 min，再挤乳，直到挤净。

5. 药浴乳头

挤乳前可用消毒液浸泡各乳头20~30 s，用纸巾擦干后即可挤乳。

二、挤乳方法

1. 手工挤乳

手工挤乳时，挤乳员和挤乳方法不宜经常更换。具体程序如下。

挤乳员坐小凳于牛右侧后1/3~1/2处，与牛体纵轴呈50°~60°的夹角，乳桶夹于两大腿之间，左膝在牛右侧飞节前附近，两脚向侧方张开呈八字形。手工挤乳通常采用压榨法（见图5-3）：用拇指和食指扣成环状压紧乳头基部，切断乳汁向乳池回流的去路，再用中指、无名指和小指依次压榨乳头，使乳汁由乳头流出，然后拇指和食指松开，其余各指也依次舒展，通过左右两手有节奏地压榨与舒展交替连续进行。此法用力均匀，不易污染牛乳，且乳头不损坏不变形。挤乳速度要快，一般要求压榨 80~120 次/min，握力一般是 15~20 kg，整个挤乳时间在 6~8 min。

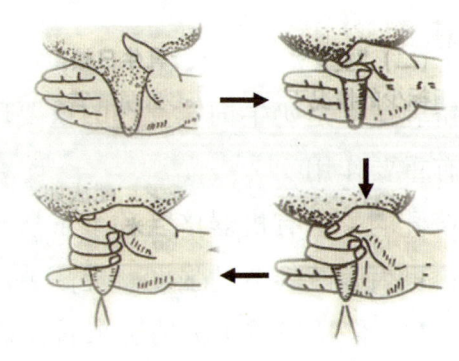

图 5-3　压榨法挤乳示意

手工挤乳的另一种方法是滑挤法：用拇指和食指捏住乳头基部，向下滑动，将乳挤出。此法容易使乳头变形或损伤，所以除少数初产牛（乳头特别短小者）以外，一般不采用此法。

开始挤出的第 1、第 2 把乳因为含有大量细菌，应收集在专用的器具内，不挤入乳桶内，也不应挤在牛床上，以防污染垫草而传播疾病。挤完乳后应立即用消毒药液浸泡乳头，防止病原微生物的侵入。冬春季节挤乳后，乳头可涂抹硼酸软膏，以防乳头皮肤皲裂。挤完乳后，应及时将用具清洗、消毒，置于清洁干燥处备用。

2. 机器挤乳

机器挤乳是牛、机器和挤乳员相互配合的挤乳工作（见图 5-4）。牛乳是最易受污染的食品，所以机器挤乳前，除机器、牛和人、保持清洁卫生，挤乳厅、储乳间也必须保持清洁卫生。

（1）检验头把乳

套杯挤乳前用手挤出 1~2 把乳，检查有无异常。如果无异常则立即药浴，等待 30 s 后擦干；如果患乳房炎则应改为手挤，挤下的乳另作处理。

（2）套杯、开动气阀套

使用挤乳杯时不要吸入空气。在挤乳过程中，挤乳员要密切注意，及时发现问题，及时处理，同时还要避免过度挤乳。过度挤乳不仅会延长挤乳时间，而且还会造成乳房疲劳，影响以后的排乳速度，甚至导致乳房疾病的发生。所以，在使用挤乳杯不能自动脱落的挤乳机时，当挤乳快要完成时，应用手向下按摩乳区，帮助挤干乳，然后关闭挤乳器，使其真空 2~3 s，再卸下挤乳杯。

（3）乳头消毒

挤乳完毕立即用专用消毒液（40 000 mg/L 剂量的次氯酸盐或 5 000 mg/L 剂量的氯化已啶）或 1.5% 碘溶液浸洗乳头，以防细菌侵入。

（4）清洗机具

每次挤完乳后，都要清洗与乳接触的器具和部件。应先用温水预洗，然后浸泡在专用洗涤剂中进行刷洗，再用热水清洗，晾干（见图 5-5）。真空装置和挤乳器具应定期检修、保养、清洗、疏通。

图 5-4　机器挤乳

图 5-5　清洗机具

工作计划

根据所收集的资讯和决策的制定过程，制订知识梳理方案，并分析挤乳前准备工作、挤乳方法等，完成表 5-13、表 5-14。

表 5-13　挤乳前准备工作

步骤	工作内容	负责人

表 5-14　挤乳方法

方法分类	具体步骤	负责人

工作实施

引导问题 1：挤乳前的准备工作有哪些？

引导问题 2：手工挤乳的正确操作手法是什么？

引导问题 3：机器挤乳的具体步骤是什么？

评价反馈

项目	内容	分值	赋分		
			自评	组评	师评
职业素养	一丝不苟、责任意识	20			
	爱护动物、爱岗敬业	20			
	态度端正、按时完成	20			
职业技能	能够熟练开展挤乳前准备工作	20			
	会进行手工挤乳和机器挤乳	20			
总分		100			
总评	自评×30%+组评×30%+师评×40% =		教师签字：		

拓展思考题

1. 挤乳前要做哪些准备工作？
2. 简述挤乳技术要领。

相关知识点

一、泌乳规律

母牛从产犊后开始泌乳到停止泌乳的这段时间称为泌乳期。奶牛在一个泌乳期中产乳量呈规律性变化：分娩后前几天产乳量较低；随后产乳量不断增加，在 20~60 天日产乳量达到该泌乳期的最高峰（低产母牛在产后 20~30 天，高产母牛在产后 40~60 天）；高峰期维持 1~2 个月（高产奶牛高峰期可达 2 个月左右），然后产乳量逐渐下降。全泌乳期日产乳量随泌乳时间的变化形成一个动态曲线，称为泌乳曲线（见图 5-6）。该曲线反映了奶牛泌乳的一般规律，在生产实践中，可按这一规律来掌握生产周期，进行科学饲养管理。

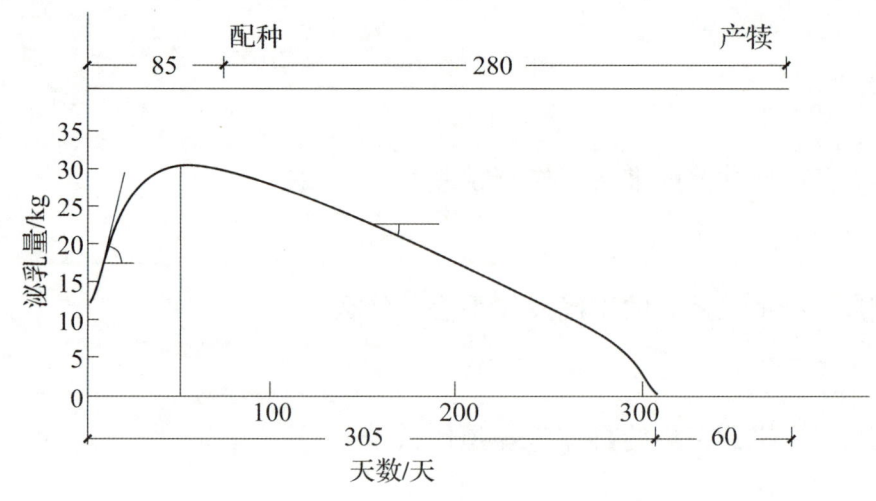

图 5-6　泌乳曲线

二、管道式机器挤乳操作规范

（一）挤乳前准备

①挤乳前进行准备工作。

a. 挤乳员身着工作服、戴工作帽，洗净双手。

b. 经常修剪奶牛乳房上过长的毛。

c. 温和地将躺卧的牛赶起，待牛站起后，立即清除牛床后 1/3 处的垫草和粪便。

d. 经常刷拭牛的后躯，避免黏附在牛身上的泥垢、草屑等杂物落入乳中。

e. 准备好清洁的集乳桶、盛有温消毒液的乳房和乳头擦洗桶、毛巾或一次性纸巾。

f. 用专用消毒湿毛巾擦拭乳头和乳房。每次擦拭后应用消毒液消毒毛巾（每头牛使用一条毛巾），且应拧干后再用。

g. 用双手按摩乳房表面，再轻按乳房各部，使乳房膨胀，皮肤表面血管怒张，呈淡红色，皮温升高，这是乳房放乳的象征，要立即挤乳。

h. 挤乳前乳汁检查：将头 3 把乳挤在乳汁检查杯中，观察乳汁有无异常。如有异常，应收集在专门容器内，不可挤入奶桶内，也不可随便挤在牛床上。

②在牛乳过滤器内装入一次性牛乳过滤袋。

③关闭奶水分离器上的喷水阀及自动排水阀（严格按产品说明书操作）。

④关闭浪涌放大器处的吸水真空扣夹（中置式）。

⑤打开挤乳台入口牛门，关闭出口牛门。

⑥准备干净的毛巾（每头牛使用一条）。

⑦准备好乳头消毒液。

⑧检查真空泵油位是否正常。

⑨将转换器转换到奶罐方向。

（二）挤乳操作

①待挤乳奶牛进入挤乳台。

②站好后，关闭入口牛门。

③将前 3 把乳挤在乳汁检查杯中，观察乳汁有无异常。

④用乳头消毒液对乳头进行消毒，过 30 s 后用干净毛巾或纸巾擦去消毒液。

⑤用消过毒的毛巾清洁奶牛乳头，准备好乳杯后，尽快将乳杯紧紧地安装在每个乳头上，套杯采用 S 形套杯法。

⑥套好后调整好乳杯的位置，挤乳开始。挤完乳后，根据不同情况对乳杯进行手动或自动脱杯，防止过度挤乳。

（三）挤乳后乳头消毒

使用乳头专用药浴液，须保证消毒液的浓度，并做好相关记录。将药液浸没乳头根部，并停留 30 s。

①挤乳后，立即用清水漂洗所有器皿，除去表面残留乳汁。

②拆开挤乳机，将乳杯、内衬、提桶盖、连接管等浸泡于专用洗涤剂（按照产品说明配制）中 3~5 min。

③用热水（70~80 ℃）加专用洗涤剂清洗，并用毛刷刷洗表面，以确保有效清洗。

④再用清水冲洗，将洗涤剂冲洗干净（用水不低于《生活饮用水卫生标准》（GB 5749—2022）中的要求）。

⑤将洗净的奶桶、奶罐等器皿倒置于专用支架上，通风干燥。

⑥每周一次清洗真空管路，以防污染、堵塞，方法是用软管吸入清洗剂，从隔离罐底部流出，避免水吸入真空泵。

（四）管道式挤乳机的清洗

1. 清洗前准备

①将所有的奶杯组装在清洗托上。

②将奶水分离器上的清洗开关及自动排水开关打开（严格按产品说明书操作）。

③打开浪涌放大器上的进水阀。

④将清洗转换器转到清洗位置。

2. 清洗操作

①预清洗：先用清水冲去挤乳桶及管道中的残乳；再使用 35~40 ℃ 的温水反复清洗，直接排出，直至水清为止。

②循环清洗：每次挤乳后，用 70~80 ℃ 的热水加碱液（pH 试纸检测值应达到 12）及消毒剂循环流动 8~10 min，每周使用 70~80 ℃ 的热水加酸液（pH 试纸检测值应达到 3.5）清洗一次；排出的清洗液温度不得低于 40 ℃。

③后冲洗：用清水冲洗，冲掉洗涤剂和消毒剂，直到排出的水清洁为止，pH 试纸检测值应符合《生活饮用水卫生标准》（GB 5749—2022）中的有关规定。

（五）挤乳设备的维护和保养

①每周检查挤乳机所有胶垫，必要时更换胶垫。

②按设备使用说明书定期对挤乳设备进行维护和保养。

技能训练九　挤乳的操作（手工挤乳、机器挤乳）

【目的要求】

掌握挤乳用具的清洗消毒、擦洗与按摩乳房、乳头药浴、手工挤乳及机器挤乳的操作方法。

【训练条件】

泌乳牛、挤乳桶、推车式移动挤乳机、水桶、温水、肥皂、毛巾、纸巾、消毒药液（常用的有碘甘油、2%~3%次氯酸钠或 0.3%新洁尔灭等）、消毒杯。

【方法步骤】

1. 手工挤乳：见本项目"挤乳技术"部分。

2. 机器挤乳：见本项目"挤乳技术"部分。

【考核要求】

各小组完成任务后，由教师随机抽取 1~2 名成员，考核其对挤乳操作方法的掌握情况，考核成绩计入本组所有成员的平时成绩。

【实训报告】

写出手工挤乳及机器挤乳的过程及体会。

学习情境 6 干乳牛生产技术

学习情境

干乳是母牛饲养管理过程中的一个重要环节。干乳方法是否恰当、干乳期饲养管理是否合理、干乳期的长短等对胎儿的生长发育、母牛的健康及下一胎泌乳性能的高低都有很大的影响。参照《奶牛标准化规模养殖生产技术规范（试行）》，正确选择干乳技术，对干乳牛饲养管理尤为重要。

学习目标

1. 了解干乳的两种方法。

2. 掌握干乳牛的饲养管理要点。

3. 培养学生团队合作、吃苦耐劳的职业素养，激发其知农爱农的职业情怀。

任务书

梳理干乳牛的饲养管理要点。

任务分组

班级		组号		指导教师	
组长		学号			
成员	姓名	学号	姓名	学号	

任务分工：_____

_____

📶 获取资讯

一、干乳的方法

干乳是通过改变泌乳活动的环境条件来抑制乳汁分泌的过程。根据母牛产乳量和生理特性，干乳方法可分为两种，即逐渐干乳法和快速干乳法。

1. 逐渐干乳法

逐渐干乳法是在预计干乳前 1~2 周，通过变更饲料，逐渐减少青草、青贮饲料、多汁饲料及精饲料的饲喂量，同时限制饮水、延长运动时间、停止乳房的按摩、减少挤乳次数（3 次减为 2 次，再减为 1 次）、改变挤乳时间等办法，抑制乳腺的分泌活动，当产乳量降到 4~5 kg 时，挤净最后一次即可停止挤乳。这种方法安全，但比较麻烦，需要的时间长，适用于高产母牛。

2. 快速干乳法

快速干乳法是在预计干乳日突然停止挤乳，以乳房内乳汁充盈的高压力来抑制乳汁的分泌活动，从而达到停乳。

具体做法：在预计干乳的当天，用 50 ℃温水洗擦并充分按摩乳房，将乳彻底挤净后即停止挤乳。挤完后用 5% 的碘酊浸一浸乳头，并在每个乳头孔内注入长效抑菌药物，然后用火棉胶封闭乳头。乳房中存留的乳汁，经 3~5 天后逐渐被吸收。这种方法因饲养管理方式没有改变，快速果断，干乳时间短，省时、省力，所以不会影响母牛的健康和胎儿的生长发育。但对曾患过乳房炎或正在患乳房炎的母牛不适合。

无论采用哪种方法，为预防乳腺炎的发生，最后一次挤乳必须完全挤净，并向每个乳头内注入抗生素制剂的油膏封闭乳头。在停止挤乳后 3~4 天内，要随时观察乳房的变化，如果乳房肿胀不消，局部增温，有硬块、疼痛等症状出现，母牛有不安表现，则应重新把乳房中的乳汁挤净，再继续采取干乳措施。患乳房炎的母牛应治愈后再进行干乳。还应注意，干乳前必须检查妊娠情况，确定妊娠后再干乳，但操作应谨慎，以防流产。

二、干乳牛的饲养管理

干乳牛的饲养管理可分干乳前期和干乳后期两个阶段。

1. 干乳前期的饲养

从干乳开始到产犊前 2~3 周为干乳前期。此时期对营养状况不良的母牛，要给予较丰富的营养，使其在产前有中上等膘情，体重比泌乳末期增加 50~80 kg。一般可按每天产乳 10~15 kg 时所需的饲养标准进行饲养，日给 8~10 kg 优质干草、15~20 kg 多汁饲料与 3~4 kg 混合精饲料。但粗饲料与多汁饲料不宜喂得过多，以免压迫胎儿引起早产。对营养良好的母牛，一般只给优质的粗饲料即可，食盐和矿物质可任其自由舔食。

2. 干乳后期的饲养

产犊前 2 周至分娩为干乳后期。此期应提高母牛日粮中精饲料的水平，以储备产犊后泌乳的营养，尤其是高产母牛的精饲料水平应更高些。母牛产前 4~7 天，如乳房过度膨胀或水肿严重，可适当减少或停喂精饲料及多汁饲料；如果乳房不硬，则可照常饲喂各种饲料。产前 2~3 天，日粮中可加入麸皮等具有轻泻性的饲料，以防便秘。严禁饲喂酒糟、马铃薯、棉籽饼等，以免引起流产、难产或胎衣不下等疾病。

3. 干乳期的管理要点

①做好保胎工作，保持饮水的清洁卫生，冬季饮水温度应在 10~15 ℃，不喂发霉变质和霜冻结冰的饲料。当妊娠牛腹围不随妊娠月龄增大时，应及时进行检查，防止因出现妊娠中断而引起产犊间隔延长的现象。当母牛腹围过大、乳房水肿时，应减少其站立时间，提前将母牛放出棚外，令其自由活动。母牛在其产前 14 天进入产房，进产房前应由工作人员对产房彻底消毒，铺垫干净柔软的干草，并设专人值班。有条件的养牛场可设干乳牛牛舍，将产前 3 个月的头胎牛和干乳牛进行集中饲养。

②坚持适当运动，但必须与其他牛群分开，以免互相挤撞造成流产。干乳牛若缺少运动，则容易过肥，会导致难产。

③坚持按摩乳房，促进乳腺发育。一般干乳 10 天后开始按摩乳房，每天一次。但产前若出现乳房水肿（经产牛产前 15 天，头胎牛 30~40 天）则应停止按摩。

④增加皮肤刷拭，保持皮肤清洁。

🍎 工作计划

根据所收集的资讯和决策的制定过程，制订知识梳理方案，并分析干乳方法、干乳牛的饲养管理要点等，完成表 5-15、表 5-16。

表 5-15　干乳方法

方法	具体工作	负责人

表 5-16　干乳牛的饲养管理要点

管理要点	具体工作	负责人

工作实施

引导问题 1：干乳的方法有几种？

引导问题 2：干乳牛的饲养分为几个阶段？各阶段应如何饲养？

引导问题 3：干乳牛的饲养管理要点有哪些？

评价反馈

项目	内容	分值	赋分		
			自评	组评	师评
职业素养	爱岗敬业、知农爱农	20			
	团队合作、吃苦耐劳	20			
	态度端正、按时完成	20			
职业技能	正确开展干乳操作	20			
	熟练开展干乳牛的饲养管理工作	20			
总分		100			
总评	自评×30%+组评×30%+师评×40% =		教师签字：		

拓展思考题

1. 怎样选择干乳方法？
2. 如何饲养干乳牛？管理的重点有哪些？

学习情境 7　高产奶牛生产技术

学习情境

在奶牛的生产中，奶牛的遗传因素对产乳量的影响只有 30%，其余 70% 与饲养管理有关，因此良好的饲养管理是奶牛高产、稳产的重要保证。参照《奶牛标准化规模养殖生产技术规范（试行）》，要充分利用奶牛饲养管理技术，有效地降低饲养成本，提高奶牛的产乳量，增加奶牛养殖场的经济收益。

学习目标

1. 掌握高产奶牛的饲养要点。
2. 掌握高产奶牛的管理要点。
3. 培养学生一丝不苟的责任意识，以及精益求精、爱岗敬业的工匠精神。

任务书

梳理高产奶牛的饲养和管理要点。

任务分组

班级		组号		指导教师	
组长		学号			
成员	姓名	学号		姓名	学号

任务分工：_____

获取资讯

我国《高产奶牛饲养管理规范》（NY/T 14—2021）规定，305 天产乳量为 6 000 kg 以上（初产奶牛达 5 000 kg，成母牛达 7 000 kg 以上）、含脂率为 3.4% 的奶牛为高产奶牛。高产奶牛一般日产乳量在 30 kg 以上，每天需要采食 80~100 kg 饲料，折合干物质 20~25 kg，其消化系统及整个有机体的代谢强度都很大。高产奶牛的特点是代谢机能强、采食饲料多、饲料转化率高，对饲料和外界环境敏感。因此，必须对高产奶牛进行特殊照顾。

一、高产奶牛的饲养

1. 加强干乳期的饲养

为了补偿前一个泌乳期的营养消耗，并储备一定营养以满足产后产乳量迅速增加的需要，同时使瘤胃微生物区系在产犊前得以调整以适应高精饲料日粮，干乳后期要增加精饲料的喂量，实施引导饲养，防止泌乳高峰期内过多地分解体脂肪，以及因发生代谢疾病而影响产乳和牛体健康。日粮以粗饲料为主，精饲料一般不超过 5 kg。在产犊前 2~3 周提高精饲料水平，精饲料的增加要逐渐进行，每天增加 0.45 kg 以内，直至精饲料的喂量达到体重的 1%~1.2%。

2. 提高日粮干物质的营养浓度

高产奶牛饲养的关键时期是从泌乳初期到泌乳盛期。高产奶牛分娩后，产乳量迅速上升，对营养物质的需要量也相应增加。此时期，受采食量、营养浓度及消化率等方面的限制，奶牛不得不动用体内的营养物质来满足产乳需要。一般高产奶牛在泌乳盛期过后，体重要降低 35~45 kg。体重降低过多或持续时间较长，容易出现酮病或一系列机能障碍。因此，在供给优质干草、青贮饲料、多汁饲料的同时，必须增加精饲料比例，提高干物质的营养浓度（见表 5-17）。

表 5-17 高产奶牛的精、粗饲料干物质之比和日粮粗纤维含量

阶段	干乳期	围产后期	泌乳前期	泌乳中期	泌乳后期
精、粗饲料干物质之比	25：75	40：60	60：40	40：60	30：70
日粮粗纤维含量/%	≥20	≥23	≥15	≥17	≥20

3. 日粮中能量和蛋白质比例须适宜

高产奶牛产乳量高，在保证蛋白质供应的同时，要注意能量与蛋白质的比例。奶牛产乳需要很多能量，若日粮中作为能源的碳水化合物不足，蛋白质就会脱氨氧化供能，其含氮部分则由尿排出，这样蛋白质就没能发挥其自身的营养功能，既造成蛋白质资源的浪费，也增加了机体代谢的负担。因此，在升乳期要避免单独使用高蛋白质饲料"催乳"。

4. 补充维生素

高产奶牛的子宫复原缓慢、不能及时发情或发情不明显、受胎率低等现象与营养不足有直接关系。尤其是维生素 A、维生素 D、维生素 E 及常量和微量矿物质元素，日粮中添加这些维生素和矿物质，可以有效地改善母牛的繁殖机能。每日每头日粮中的添加量分别为：维生素 A 50 000 IU、维生素 D_3 6 000 IU、维生素 E 1 000 IU、β-胡萝卜素 300 mg，另外还需要补足矿物质。

5. 注意日粮的适口性

日粮要求营养丰富、易消化、易发酵、适口性好。日粮组成上既要考虑营养需要，还要满足瘤胃微生物的需要，以促进饲料更快地消化和发酵，产生尽可能多的挥发性脂肪酸，满足高产奶牛对能量的需要。牛乳中 40%~60% 的能量来自挥发性脂肪酸。

6. 增强奶牛食欲

高产奶牛采食量高峰期比泌乳高峰期晚 6~8 周。因此，要注意保持高产奶牛旺盛的食欲，提高其消化能力，让其自由采食粗饲料，每日分 3 次喂给精饲料。产犊后，精饲料增加不宜过快，否则容易影响食欲，每天增量以 0.5~1 kg 为宜，日饲喂总量一般不要超过 10 kg。在精饲料中加入占总量 1.5% 的小苏打有利于增加高产奶牛的食欲和产乳量，对预防酮病和瘤胃酸中毒等代谢疾病也有明显作用。

7. 增加饲料中过瘤胃蛋白质和瘤胃保护性氨基酸的供给量

由于高产奶牛泌乳量高，瘤胃供给的菌体蛋白质和到达皱胃、小肠的过瘤胃蛋白质已不能满足机体对蛋白质的需要，所以要添加额外的过瘤胃蛋白质和瘤胃保护性氨基酸，这是提高日粮蛋白质营养的有效措施。

8. 添加一定的异位酸和胆碱

异位酸能促进瘤胃内纤维素分解菌的生长繁殖，增加瘤胃内的菌体蛋白质，所以在日粮中添加异位酸能提高产乳量。胆碱能促进牛体的新陈代谢，有利于体脂的转化，减少酮病的发生。

9. 使用阴离子盐

在产犊前 3 周内喂给高产奶牛硫酸盐、氯化铵、氯化钙等阴离子盐，可减少产犊过程中酸中毒、产后瘫痪和皱胃变位的发病率。另外，在产犊前注射维生素 D_3、产前使用低钙日粮、产犊后恢复高钙日粮，能有效防止产后瘫痪和胎衣不下情况的发生。

10. 应用 TMR 饲养技术

对机械化程度较高的大中型奶牛场应大力推行 TMR 饲养技术。

二、高产奶牛的管理

对高产奶牛的管理，除坚持一般的管理措施外，还应注意以下几点。

1. 注意牛体牛舍的卫生

必须在高产奶牛牛床上铺上柔软垫料，坚持刷拭，保护高产奶牛的肢蹄，保持牛体和环境的清洁卫生。

2. 坚持运动

必须保证高产奶牛每天运动 3~4 h，以增强其体质，维持组织器官的正常功能。对乳房体积大、行动不便的个体，可做牵遛运动。

3. 科学干乳

高产奶牛干乳期不应少于 60 天。干乳后要加强对乳房的观察和护理。

4. 做好防暑降温和防寒保暖措施

炎热对奶牛极为不利，尤其是对高产奶牛影响更大。要采取有效措施，减少热应激对高产奶牛的影响。冬季牛舍要防寒、保暖、防贼风。

5. 正确挤乳

挤乳操作和挤乳机性能必须符合相关标准的要求，减少机器挤乳对高产奶牛的负面作用。

🖼 工作计划

根据所收集的资讯和决策的制定过程，制订知识梳理方案，并分析高产奶牛的饲养要点和管理要点，完成表 5-18、表 5-19。

表 5-18　高产奶牛的饲养要点

饲养要点	具体实施	负责人

表 5-19　高产奶牛的管理要点

管理要点	具体实施	负责人

🖼 工作实施

🖼 引导问题 1：高产奶牛的饲养要点有哪些？

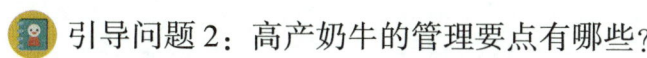 引导问题2：高产奶牛的管理要点有哪些？

评价反馈

项目	内容	分值	赋分		
			自评	组评	师评
职业素养	爱岗敬业、责任意识	20			
	一丝不苟、精专慎独	20			
	态度端正、按时完成	20			
职业技能	熟练开展高产奶牛的饲养工作	20			
	熟练开展高产奶牛的管理工作	20			
总分		100			
总评	自评×30%+组评×30%+师评×40%=		教师签字：		

拓展思考题

1. 何谓高产奶牛？
2. 在高产奶牛的饲养和管理方面要特别注意哪些问题？

学习情境8　初产奶牛生产技术

学习情境

初产奶牛作为特殊的群体，对其进行的饲养管理受其生长发育情况和第一胎产乳量的影响很大。为了更好地发挥其生产潜能，参照《奶牛标准化规模养殖生产技术规范（试行）》，要根据其生理特点，合理开展饲养管理：初产奶牛产前按干乳牛的要求，产后按泌乳初期母牛的要求来安排饲养工作。

学习目标

1. 掌握初产奶牛的饲养要点。
2. 掌握初产奶牛的管理要点。
3. 培养学生一丝不苟、恪尽职守、爱岗敬业的工匠精神。

任务书

梳理初产奶牛的饲养和管理要点。

任务分组

班级		组号		指导教师	
组长		学号			
成员	姓名	学号		姓名	学号

任务分工：_____

获取资讯

初产奶牛是指第一次妊娠产犊的母牛。初产奶牛本身仍在继续生长发育，同时还要负担胎儿的生长发育。因此，初产奶牛在分娩前须获取足够的营养，才能保证自身和胎儿生长发育的营养需要，使第一个泌乳期及其终生具有较高的产乳量。

一、初产奶牛的饲养

15~17 月龄正常发育的初产奶牛已配种妊娠；18~20 月龄时，处于妊娠前期，胎儿增长较慢，所需营养不多，不必进行特殊饲养。产犊前 2~3 个月时，由于胎儿生长发育加快，子宫的重量和体积增加较多，乳腺细胞也开始迅速发育，所以要适当提高饲养水平，以满足自身生长、胎儿发育和储备营养的需要。此时，日粮应仍以青粗饲料为主，适当搭配精饲料，使初产奶牛体况达到中、上等水平。如营养过剩，则牛体过肥，影响产乳量；如营养不足，则影响自身和犊牛的正常发育。临产前 1~2 周，当乳房已经明显膨胀时，应适当减少多汁饲料和精饲料的喂量，以防加重乳房的肿胀，并任其自由采食优质干草。

二、初产奶牛的管理

1. 加强保胎，防止流产

分群管理，不要驱赶过快，防止牛之间互相挤撞；不可喂给冰冻或霉变的饲料，防止机械性流产或早产。

2. 进行乳房按摩，调教挤乳

一般在产犊前 4~5 个月开始进行乳房按摩，每天按摩两次，每次 3~5 min。开始时手法要轻一点；约经 10 天训练后，即可按经产奶牛一样按摩；产前 2~3 周停止按摩。按摩时，应注意不要擦拭乳头，因为乳头表面有一层蜡状保护物，擦去后易引起乳头龟裂，同时须注意：擦拭乳头时易擦掉乳头塞，使病原菌从乳头孔侵入乳房而发生乳房炎。

初产奶牛应由有经验的挤乳员进行管理。初产奶牛常表现胆怯，乳头较小，挤乳比较困难。所以挤乳前应该安抚奶牛，使其消除紧张情绪，以便于挤乳操作。如粗暴对待奶牛，不仅会增加挤乳难度，使产乳量下降，还会使其养成踢人的恶癖。

3. 做好产前、产后的准备和护理工作

初产奶牛比经产奶牛容易发生难产，产前工作要准备充分，产后要精心护理。

📋 工作计划

根据所收集的资讯和决策的制定过程，制订知识梳理方案，并分析初产奶牛的饲养和管理要点，完成表5-20。

表5-20 初产奶牛的饲养和管理要点

工作项目	工作要点	负责人

📡 工作实施

🤖 引导问题1：初产奶牛的饲养要点有哪些？

_____

🤖 引导问题2：初产奶牛的管理要点有哪些？

_____

✛ 评价反馈

项目	内容	分值	赋分		
			自评	组评	师评
职业素养	安全意识、恪尽职守	20			
	一丝不苟、爱岗敬业	20			
	态度端正、按时完成	20			
职业技能	能够熟练开展初产奶牛的管理工作	20			
	能够熟练开展初产奶牛的饲养工作	20			
总分		100			
总评	自评×30%+组评×30%+师评×40%＝		教师签字：		

 拓展思考题

初产奶牛与经产奶牛相比，在饲养和管理方面各有何特点？

学习情境9　奶牛生产性能测定

学习情境

DHI 是目前世界上最为科学、最为有效的奶牛生产管理工具，也是奶牛群体遗传改良的一项最重要的基础性工作，更是奶业领域大数据应用的关键和核心。而奶牛品种登记工作又是奶牛群体遗传改良工作的重要环节，因此做好奶牛品种登记才可以更好地完成 DHI，才能更好地做好奶牛群体的遗传改良。

学习目标

1. 掌握 DHI 体系的分析方法。
2. 能够准确评定奶牛生产性能。
3. 培养学生专心致志、恪尽职守的工匠精神，激发其知农爱农的"三农"情怀。

任务书

梳理 DHI 体系的分析方法。

任务分组

班级		组号		指导教师	
组长		学号			
成员	姓名	学号	姓名	学号

任务分工： _____

获取资讯

一、DHI 体系分析

DHI 作为奶牛场饲养管理的有效工具，在国外奶牛业已应用了 50 多年。世界上奶牛业发达的国家，如加拿大、美国、荷兰、日本、瑞典等，都有类似的专门组织负责 DHI 测定，为乳户提供服务。DHI 也已经成为世界奶牛业发展的方向。我国 DHI 系统创立于 1994 年，由中国—加拿大奶牛综合育种项目与我国有关组织在上海、西安、杭州等地建立了牛乳监测中心实验室。经 DHI 分析后可以形成一系列反映牛群配种、繁殖、饲养、疾病、生产性能等方面的信息，可将牛场的被动管理转变为主动管理。

1. 组织形式

DHI 可根据不同的实际情况组织进行。具体操作就是购置乳成分测定仪、体细胞测定仪、计算机等仪器设备，建立一个中心实验室，按规范的采样办法对在每月固定时间采来的乳样进行测试分析，测试后形成书面的产乳记录报告。报告内容达 20 多项，主要包括产量记录、乳成分含量、每毫升体细胞数量等内容。中国乳制品工业协会已经成立了全国 DHI 协作委员会，制定了 DHI 技术认可标准、实验室验收标准及采样标准等。

2. 测试对象和间隔

DHI 测试对象为具有一定规模（20 头以上成年母牛）并愿意应用这一先进科技来管理牛群、提高效益的牧场，国内所有奶牛场均可参加。采样对象是所有泌乳牛（不含 15 天之内的新产牛，但包括手工挤乳的患乳房炎牛），测试间隔为一月一次，参加测试后则不应间断，否则会影响数据的准确性。

二、工作程序

1. 取样方法

对参加 DHI 的每头奶牛每月采集乳样一次，每次采样总量为 40 mL。每天 3 次挤乳的奶牛早、中、晚采样比例为 4∶3∶3，两次挤乳的比例为 6∶4。

2. 注意事项

①确保每头奶牛编号的唯一性，奶牛编号与样品号须对应一致；②采样前先加入防腐剂（进口颗粒或重铬酸钾饱和液），备好其他必需用具；③所取乳样应具有代表性，即充分混合乳样；④每次取样后，把样品箱放在阴凉干燥处，在样品箱外贴上标签，标明场名、采样时间、采样人和送达地；⑤必须在采样前对采样员进行培训，按要求进行采样，保证数据的准确可靠；⑥一般情况下，加防腐剂的乳样在常温下可保存 5~7 天。

3. 收集资料

新加入 DHI 系统的奶牛场，应事先填报所需资料（见表 5-21）给测试中心。文后，奶牛场每月只需把繁殖报表、产乳量报表交付测试中心即可。产乳量单号、奶牛编号顺序与样品箱中的样品顺序应保持一致。

表 5-21　进入 DHI 系统的奶牛所需资料

牛号	生日	父号	母号
本胎产犊日	胎次	乳量	乳脂率
母犊号	母犊父号	体细胞数	高峰日

4. 测定产乳量

按要求定期测定产乳量，所有测试工具都应定期进行校正。

5. 乳样分析

乳样分析测试内容有乳成分，如乳蛋白率、乳脂率、乳糖率、干物质及体细胞数。

6. 数据处理及形成报告

计算机室将奶牛场的基础资料输入计算机，建立牛群档案，并与测试结果一起经过牛群管理软件和其他有关软件进行数据加工处理后形成 DHI 报告。另外，还可根据奶牛场的需要提供 305 天产乳量排名报告、不同牛群生产性能比较报告、体细胞超过设定数的单列报告、典型牛只产乳曲线报告、DHI 报告分析与咨询。

【资讯】

一、产乳量的测定与统计

（一）个体产乳量的测定与统计

1. 测定方法

个体产乳量的记录是产乳量统计的基础，其最准确的记录方法是将每头牛每日每次所挤乳量直接称重，并且每日、每月、每年进行统计，但该方法过于烦琐。因此，许多牛场每月只测 3 天的产乳量，各次测定间隔 8~11 天，然后用下式估算全月的产乳量：

$$全月产乳量（kg）= M_1D_1 + M_2D_2 + M_3D_3$$

式中，M_1，M_2，M_3 为测定日全天产乳量；D_1，D_2，D_3 为两次测定日的间隔天数。

2. 个体产乳量的统计指标

（1）305 天产乳量

305 天产乳量是指从产犊第 1 天开始到第 305 天为止的总产乳量。实际产乳不足 305 天时，记录实际产乳量并记录天数；超过 305 天时，超出部分不计算在内。目前，中国奶业协会以 305 天产乳量作为统计一个泌乳期个体产乳量的标准。

（2）305 天校正产乳量

305 天校正产乳量是根据实际产乳量并经系数校正以后的产乳量。此项指标有利于对种公牛尽早进行后裔测定，也便于个体间产乳量的比较。各乳用品种可依据本品种母牛泌乳的一般规律拟订出校正系数表作为换算的统一标准。表 5-22 是中国奶业协会拟订的中国荷斯坦牛 305 天校正产乳量的校正系数表。

表 5-22　中国奶业协会拟订的中国荷斯坦牛 305 天校正产乳量的校正系数表

实际产乳天数	1 胎	2~5 胎	6 胎以上	实际产乳天数	1 胎	2~5 胎	6 胎以上
240	1.182	1.165	1.055	305	1.000	1.000	1.000
250	1.148	1.133	1.123	310	0.987	0.988	0.988
260	1.116	1.103	1.094	320	0.965	0.970	0.970
270	1.086	1.077	1.070	330	0.947	0.952	0.956
280	1.055	1.052	1.047	340	0.924	0.936	0.939
290	1.031	1.031	1.025	350	0.911	0.925	0.928
300	1.011	1.011	1.009	360	0.895	0.911	0.916
305	1.000	1.000	1.000	370	0.881	0.904	0.913

注：使用系数时，如产乳 265 天则用 260 天系数校正，如产乳 266 天则用 270 天系数校正，即"五舍六入法"

（3）全泌乳期实际产乳量

全泌乳期实际产乳量是指产犊后第一天开始到干乳为止的累计产乳量。

（4）终生产乳量

终生产乳量是将母牛各个胎次的产乳量相加所得。各个胎次产乳量应以全泌乳期实际产乳量为准进行计算。

（二）群体产乳量的统计指标

群体产乳量的统计有成年母牛（应产乳母牛）全年平均产乳量和泌乳母牛（实际产乳母牛）全年平均产乳量两种。

成年母牛全年平均产乳量(kg) = 全群全年总产乳量/全年平均每天饲养成年母牛头数

泌乳母牛全年平均产乳量(kg) = 全群全年总产乳量/全年平均每天饲养泌乳母牛头数

式中，全群全年总产乳量是指每年 1 月 1 日至 12 月 31 日的全群牛产乳总量；全年平均每天饲养成年母牛头数是指全年每天饲养的成年母牛数（包括泌乳牛、干乳牛、不孕牛、转入或转出以及死亡前的成年母牛）的总和除以 365；全年平均每天饲养泌乳母牛头数是指全年每天饲养泌乳母牛头数的总和除以 365。

二、乳脂率的测定与计算

1. 乳脂率的测定方法

为了检测牛乳的质量，需测定乳中的乳脂率。常规的乳脂率测定方法有巴氏法和盖氏法，目前还有罗兹-哥特里氏蒸馏法，可大大提高效率，但所用仪器价格昂贵，应用还不普遍。

2. 平均乳脂率的计算

在全泌乳期的 10 个月内，每月测定一次乳脂率，将测得的数值分别乘以该月的实际产乳量，然后将所得乘积相加，再除以总产乳量即得平均乳脂率。计算公式为：

$$平均乳脂率 = \frac{\sum (F \cdot M)}{\sum M} \times 100\%$$

式中，$\sum$ 为累计的总和；F 为每次测得的乳脂率；M 为该次取样期内的实际产乳量。

乳脂率测定工作量大，为简化手续，中国奶业协会提出在全泌乳期的第 2，5，8 泌乳月内各测定一次，然后用以上公式计算出平均乳脂率。

3. 4%标准乳的换算

不同个体牛所产的乳，其乳脂率并不相同，为便于比较不同个体间的产乳性能，以 4% 乳脂率的牛乳作为标准乳，将不同乳脂率的牛乳校正为 4%标准乳，然后再进行比较。校正公式为：

$$4\%标准乳（FCM）= M（0.4+15F）$$

式中，M 为乳脂率为 F 的产乳量；F 为实际乳脂率。

三、排乳性能的测定

1. 排乳速度

排乳速度是近 30 年评定奶牛生产性能的重要指标之一。最高流速是排乳速度中最有价值的因素，因最高流速与全期产乳量之间呈高度的正相关，但最高流速测定困难，而最初 2 min 乳量占该次挤乳量的百分率这一性状的遗传力较强，且与最高流速的遗传相关性也很大。因此，可以测定最初 2 min 乳量占该次挤乳量的百分率这一性状。测定时间为产后 15～45 天、135～165 天、255～285 天各测定一次，以中午挤乳时测定为准，连续两天取其平均数。挤乳机挤乳可直接读数，手工挤乳可用弹簧秤悬挂在三脚架上直接称取，以 0.5 min 或 1 min 排出的乳量为准。排乳快的奶牛有利于集中挤乳。

2. 前乳房指数

前乳房指数表示乳房对称的程度，4 个乳区的匀称发育是适应机器挤乳的必要条件。前后乳区的均匀程度不仅影响产乳量的高低，而且影响乳房健康状况。理想的前乳房指数应为

45%以上。测定方法是用有 4 个乳罐的挤乳机进行测定，4 个乳区的乳分别流入 4 个玻璃罐内，由自动记录的秤或罐上的容量刻度，可测得每个乳区的乳量，计算 2 个前乳区的产乳量占全部产乳量的百分比，即为前乳房指数。

$$前乳房指数 = (2 个前乳区的产乳量 / 全部产乳量) \times 100\%$$

四、产乳指数

产乳指数（MPI）指成年母牛（5 岁以上）一年（一个泌乳期）的平均产乳量与其平均活重之比，这是判断产乳能力高低的一个有价值的指标。奶牛产乳指数一般大于 7.9。

五、饲料转化率的计算

饲料转化率是鉴定奶牛品质好坏的重要指标之一，其计算方法有两种。

1. 每千克饲料干物质生产牛乳的千克数

每千克饲料干物质生产牛乳的千克数是将每年全泌乳期总产乳量除以全泌乳期实际饲喂的各种饲料干物质总量。

$$饲料转化率 = (全泌乳期总产乳量(kg) / 全泌乳期实际饲喂各种饲料干物质总量(kg)) \times 100\%$$

2. 每生产 1 kg 牛乳需要消耗饲料干物质千克数

每生产 1 kg 牛乳需要消耗饲料干物质千克数是将全泌乳期实际饲喂各种饲料的干物质总量（kg）除以同期的总产乳量。

$$饲料转化率 = (全泌乳期实际饲喂各种饲料干物质总量(kg) / 全泌乳期总产乳量(kg)) \times 100\%$$

工作计划

根据所收集的资讯和决策的制定过程，制订知识梳理方案，并完成表 5-23、表 5-24。

表 5-23　DHI 工作程序

程序	具体实施	负责人

表 5-24　奶牛相关指标测定

指标名称	测定方法	负责人

工作实施

引导问题 1：奶牛生产性能测定体系的工作程序有哪些？

引导问题 2：奶牛的相关测定指标有哪些？

评价反馈

项目	内容	分值	赋分		
			自评	组评	师评
职业素养	恪尽职守、责任意识	20			
	一丝不苟、专心致志	20			
	态度端正、按时完成	20			
职业技能	能够熟练按照 DHI 工作程序进行测定和计算	20			
	会准确计算奶牛相关测定指标	20			
总分		100			
总评	自评×30%+组评×30%+师评×40% =		教师签字：		

拓展思考题

1. 简述奶牛生产性能测定的工作程序。
2. 如何换算标准乳？
3. 简述前乳房指数的意义。

相关知识点

开展 DHI 的好处

1. 提高奶牛场（小区）的技术、管理水平和效益

奶牛场管理者从每份 DHI 测定报告中均可获得奶牛群体与个体两个层面的信息，用以指导牛场的生产。如某牧场参测奶牛 2012 年与 2008 年相比，奶牛平均群体 305 天产乳量达到 7 240 kg，提高了 38.6%；体细胞数 51 万/mmL，下降了 42%；每头奶牛年新增纯收益达到 2 586.8 元。

2. 指导奶牛群的选种选配

可以依据牛只生产性能的高低，乳脂、乳蛋白水平等，对个体牛和牛群的遗传性能进行综合评定，确定牛群改良方向。采用该项技术，通过对江、浙、沪地区头胎牛体型外貌线性鉴定数据的对比，可以发现奶牛育种改良取得了很显著的效果，蹄踵深度同比增长 44.7%，减少了因蹄病发生的淘汰率；前乳房附着性状得分增长 14.8%，提高了前乳房的泌乳量和健康指数。

3. 改进日粮结构

通过分析 DHI 报告，能够及时对牛群进行合理分群，调控奶牛营养水平，更加精确地调整日粮的结构，使奶牛的阶段饲养日粮结构调整更趋合理。

4. 提高原料乳质量

某牧业公司依据 DHI 报告正确和及时的指导，不断调整技术实施方案，使乳脂率、蛋白率、体细胞数分别平均保持在 3.6%，3.05%，25 万~30 万个/mL，且乳价高于县内平均乳价 20% 以上，实现了优质优价。

5. 保障奶牛健康

通过 DHI 测定，可以了解乳成分和体细胞的变化，并能及早地了解、判断乳牛是否患有乳房炎、慢性酸中毒、酮病等，还可以及时采取措施改善奶牛繁殖状况、瘤胃状况等，从而降低牛群的一些普通病的发生概率。例如，在乳腺炎防治中，可以持续跟踪乳中体细胞数高于 50 万个/mL 的奶牛，有效预防临床乳腺炎的发生。

考证提示

家庭农场畜禽养殖 1+X 技能证书、执业兽医资格考试大纲相关的知识点如下。

序号	考点	知识点
1	犊牛早期断奶	（1）早期断奶方案的制订。 （2）早期断奶的注意事项

序号	考点	知识点
2	奶牛生产	（1）育成母牛饲养管理。 （2）高产奶牛饲养管理。 （3）初产奶牛饲养管理
3	奶牛挤乳规程	（1）挤乳方法：手工挤乳和机器挤乳。 （2）泌乳规律
4	奶牛生产性能测定	（1）DHI 分析。 （2）奶牛产奶相关测定指标

现代肉牛生产

项目六　肉牛生产

项目导学

学时	12
要点	参照《肉牛标准化规模养殖生产技术规范（试行）》，本项目介绍了肉用犊牛、青年牛、成年牛和架子牛的育肥技术，繁殖母牛的饲养管理，高档牛肉生产技术，牛胴体的质量评定及胴体分割等内容，为肉牛养殖奠定良好的基础
目标	❖素质目标 1. 激发学生热爱"三农"、服务"三农"的意识。 2. 强化学生爱岗敬业、恪尽职守、吃苦耐劳的岗位责任感。 3. 培养学生团结合作、精益求精、一丝不苟的工匠精神。 ❖知识目标 1. 掌握肉用犊牛、青年牛、成年牛和架子牛的育肥技术。 2. 理解高档牛肉生产技术。 3. 了解牛胴体的质量评定及胴体分割。 ❖能力目标 1. 会对肉用犊牛进行培育。 2. 能够对青年牛进行育肥。 3. 能够对繁殖母牛进行饲养管理。 4. 会组织架子牛育肥。 5. 能够组织高档牛肉的生产。 6. 会对牛的胴体质量进行评定和分割
资源	1.《牛的生产与经营》《养牛生产》等教材。 2. 中国牛业网。 3. 中国肉牛网
策略	1. 教师可运用任务驱动法、讨论法、演示法、实习实训等教学方法开展教学，强化学生对理论、技能的掌握。 2. 学生能根据项目所要完成的任务要求，通过自主探究、协作交流、观看演示、实习实训等方式完成任务的学习。 3. 通过项目训练，培养学生的信息收集和处理能力、分析和解决问题能力、自主学习能力以及动手操作能力

评价	1. 肉用犊牛饲养管理要点。 2. 青年牛、成年牛和架子牛的育肥技术。 3. 繁殖母牛的饲养管理要点。 4. 高档牛肉生产技术。 5. 牛胴体的质量评定及胴体分割

学习情境 1　肉用犊牛的培育

💬 学习情境

当前肉用犊牛牛源不足已经成为制约我国肉牛发展的关键问题，参照《肉牛标准化规模养殖生产技术规范（试行）》，加强对肉用犊牛的饲养管理，有助于提高其成活率和健犊率，进而为提高肉牛质量打下基础。

📱 学习目标

1. 了解肉用犊牛的饲养。
2. 掌握肉用犊牛的饲养和管理要点。
3. 培养学生耐心细致、严谨认真的工作态度和爱岗敬业的工匠精神。

📁 任务书

分析肉用犊牛的饲养和管理要点。

👥 任务分组

班级		组号		指导教师	
组长		学号			
成员		姓名	学号	姓名	学号

任务分工：_____

获取资讯

一、肉用犊牛的饲养

（一）哺乳方法

1. 尽早吃足初乳

肉用犊牛初生期的饲养关键是喂足初乳。肉用犊牛出生后应在 1 h 内让其吃到初乳。健康肉用犊牛能够自行站立时，让其接近母牛后躯，吮吸母乳，见图6-1。体弱者可人工辅助，挤几滴母乳于干净手指上，让其吸吮手指，而后引导到乳头助其吮乳。吃不到亲生母牛初乳的肉用犊牛，最好为其找保姆牛，先把保姆牛的乳汁或尿液抹在肉用犊牛头部和后躯，以混淆保姆牛的嗅觉，直到母牛认犊。

图6-1　肉用犊牛吃初乳

2. 饲喂常乳

肉用犊牛随母哺乳时，每昼夜7~9次，每次12~15 min。应注意观察肉用犊牛哺乳时的表现，如肉用犊牛哺乳时频繁地顶撞母牛乳房，而吞咽次数不多，则说明母牛产乳量低，不够吃；如肉用犊牛吸吮一段时间后，口角出现白色泡沫，则说明已吃饱，应将其拉开，否则易造成哺乳过量，从而引起消化不良。一般而言，大型肉用犊牛平均日增重应为700~800 g，小型肉用犊牛平均日增重应为600~700 g，若增重达不到要求，应加强母牛的饲养水平或直接补饲。

对母牛死亡或找不到保姆牛的肉用犊牛可采用人工哺喂（见图6-2），将牛乳隔水加热至38~40 ℃，2周龄内喂4次/天，3~5周龄喂3次/天，6周龄以上喂2次/天。喂乳量可参考表6-1。哺乳期一般为5~6

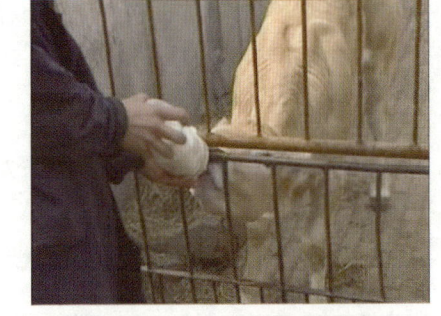

图6-2　人工哺乳肉用犊牛

个月，不留作后备牛的肉用犊牛，可实行4月龄断乳或早期断乳，但必须加强营养。

表6-1　肉用犊牛的喂乳量　　　　　　　　单位：kg/天

周龄	1~2周龄	3~4周龄	5~6周龄	7~9周龄	10~13周龄	≥14周龄	全期用量/kg
小型牛	3.7~5.1	4.2~6.0	4.4	3.6	2.6	1.5	400
大型牛	4.5~6.5	5.7~8.1	6.0	4.8	3.5	2.1	500

要经常观察肉用犊牛的精神状态及粪便。健康的肉用犊牛，体型舒展、行为活泼、被毛顺而有光泽；若被毛乱而蓬松、垂头弓腰、行走蹒跚、咳嗽、流涎、叫声凄厉，则是有病的

表现；若粪便变白、变稀，这是最常见的消化不良的表现，此时只需减少20%~40%的喂乳量，并在乳中加入30%的温开水饲喂，即可很快痊愈，不必用药。

3. 肉用犊牛饲养方案

肉用犊牛饲养具体方案见表6-2。

表6-2 肉用犊牛饲养具体方案

日龄	喂乳量			喂料量		备注
	日量/kg	次数	总量/kg	日量/kg	总量/kg	
1~7	4~6	3	28~42	0	0	混合料比例：豆饼20%~25%、玉米面35%~40%、杂粮20%、麸皮20%~10%、钙粉3%、盐2%；青贮、块根、干草自由采食不限量
8~15	5~6	3	40~48	0.2~0.3	1.42~2.1	
16~30	6~5	3	90~75	0.4~0.5	3.2~4.0	
31~45	5~4	2	75~60	0.6~0.8	9~12	
45~60	4~2	1	60~30	0.9~1	13.5~15	
合计	24~23	12	293~255	2.1~2.6	27.1~33.1	

（二）补饲

母牛产后2个月产乳量就开始下降，为使肉用犊牛能够正常生长发育，并锻炼消化器官的功能，必须尽早开食补饲。一般肉用犊牛出生后7~10日龄即可训练其采食干草，应在犊牛栏草架上放置优质干草，供其采食咀嚼；15~20日龄训练其采食精饲料，开始时在喂完奶后将料涂抹在肉用犊牛嘴唇上诱其舔食，经2~3天后可在犊牛栏内放置料盘，任其自由采食，见图6-3、图6-4。最初每头每天喂精饲料20~30 g，数日后每头每天喂量可增到80~100 g，并随日龄增加而逐渐加大喂量。

图6-3 肉用犊牛补干草料

图6-4 肉用犊牛补精饲料

补饲的精饲料的含量要求为粗蛋白质18%~20%、粗脂肪6%~7%、粗纤维小于5%、钙0.60%、磷0.42%，另添加维生素和微量元素添加剂。根据这个原则，可结合本地条件，确定配方和喂量。

补饲的精饲料参考配方

玉米 30%，燕麦 20%，小麦麸 10%，豆饼 20%，亚麻籽饼 10%，酵母粉 7%，维生素、矿物质 3%；或玉米 50%，小麦麸 15%，豆饼 15%，棉粕 13%，酵母粉 3%，磷酸氢钙 2%，食盐 1%，微量元素、维生素、氨基酸复合添加剂 1%。

必须让肉用犊牛尽早饮水，出生后 1 周可在饮水中加入适量牛乳，借以引导。开始时饮 36~37 ℃的温开水，20 日龄后可改饮常温水，5 周龄后在运动场内备足清水，任其自由饮用，但水温不宜低于 15 ℃。

二、肉用犊牛的管理要点

1. 哺乳卫生

肉用犊牛进行人工喂养时，要注意哺乳用具的卫生，必须及时清洗喂乳、盛乳用具，并定期消毒。每次喂乳后，用干净毛巾将肉用犊牛口、鼻周围残留的乳汁擦净，然后用颈架挟住 10 min 左右，防止互相乱舔而形成"舔癖"。

2. 犊栏卫生

肉用犊牛出生后，要及时放进犊牛栏内。栏的大小为 1~1.2 m²，应每犊一栏，隔离管理。一般饲养到 7~10 天，然后转移到中栏饲养，每栏 4~5 头，用带有颈架的牛槽饲喂。2 月龄以上放入大栏饲养，每栏 8~10 头。

犊牛栏及牛床要勤打扫，保持清洁干燥，常换垫草、定期消毒。牛舍内应阳光充足、通风良好、空气新鲜、冬暖夏凉。

3. 保健护理

犊牛时期，要加强防疫卫生和保健护理工作，定期进行检疫。肉用犊牛发病率高的时期是出生后的前几周，发生的疾病主要是肺炎和下痢。发生肺炎的直接原因是环境温度骤变，而下痢则是多种疾病的临床症状之一。

4. 加强运动

肉用犊牛幼龄期活泼好动，应保证其充分的运动时间，在运动中使肉用犊牛接触阳光，进行日光浴。从肉用犊牛出生 8~10 天起即可开始在运动场做适当运动；天气晴朗的条件下，7~10 日龄每日应户外自由运动 0.5 h，1 月龄不少于 1 h；以后逐渐延长运动时间，每天应不少于 4 h。

5. 刷拭

刷拭可保持牛体清洁，同时可促进牛体表的血液循环，增进牛体健康；还具有调教作用，可增强人牛之间的亲和，以便于管理，见图 6-5、图 6-6。

不同部位使用毛刷的比率

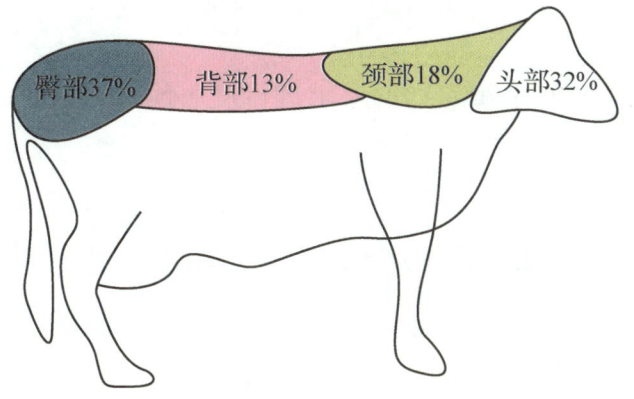

臀部37% 背部13% 颈部18% 头部32%

图 6-5　不同部位刷拭比例

图 6-6　刷拭

6. 编号

常用的编号方法有耳标法等，见图 6-7、图 6-8。

图 6-7　耳标枪

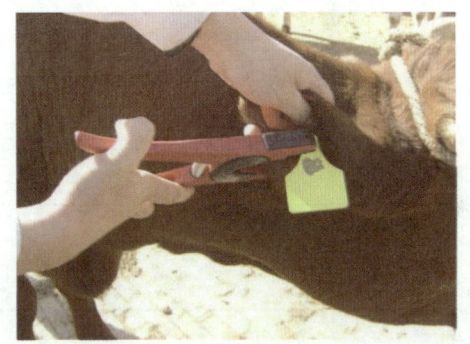

图 6-8　打耳标

7. 去角

一般在肉用犊牛出生一周内进行去角，常采用涂抹氢氧化钠（钾）去角法。将生角部位的毛剪除，用凡士林涂抹在角基部四周（以防涂抹的氢氧化钠（钾）流入眼内，伤及皮肤及眼），然后用棒状氢氧化钠（钾）蘸水涂擦，擦至角基皮肤有微量血液渗出，见图 6-9、图 6-10。如有液体渗出，则应用脱脂棉吸去渗出的液体，以免伤及皮肤及眼。操作时，术者要戴橡皮手套，防止烧伤。

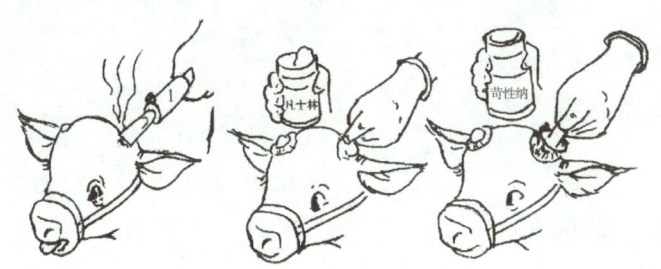

图 6-9　涂抹氢氧化钠去角法

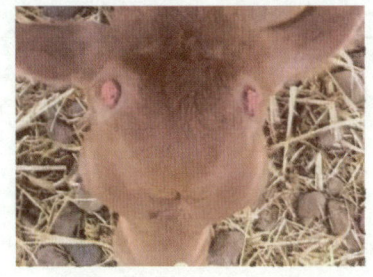

图 6-10　犊牛去角后

去角后的肉用犊牛要隔离饲养，防止互舔。夏、秋季注意是否发炎和化脓，如化脓，初期可用双氧水冲洗，再涂以碘酒；如出现由耳根到面颊肿胀，则须进一步采取消炎处理。

8. 预防免疫

严格按《肉牛饲养兽医防疫准则》（NY 5126—2002）的要求进行疫病预防和免疫。

工作计划

根据所收集的资讯和决策的制定过程，制订知识梳理方案，并分析肉用犊牛的饲养要点和管理要点，完成表6-3、表6-4。

表6-3　肉用犊牛饲养要点

饲养要点	工作内容	负责人

表6-4　肉用犊牛管理要点

管理要点	工作内容	负责人

工作实施

引导问题1：肉用犊牛的饲养要点有哪些？

引导问题2：肉用犊牛的管理要点有哪些？

✛ 评价反馈

项目	内容	分值	赋分		
			自评	组评	师评
职业素养	爱护动物、爱岗敬业	20			
	严谨认真、耐心细致	20			
	态度端正、按时完成	20			
职业技能	能够正确叙述肉用犊牛的饲养和管理要点	20			
	会制订肉用犊牛的培育方案	20			
	总分	100			
总评	自评×30%+组评×30%+师评×40% =		教师签字：		

📖 拓展思考题

1. 简述肉用犊牛的饲养要点。
2. 简述肉用犊牛的管理要点。

学习情境2　青年牛育肥技术

💬 学习情境

青年牛（也称"肉用生长牛"）育肥技术主要是利用幼龄牛生长快的特点，在犊牛断乳后直接转入育肥阶段，给予其高水平营养，进行直线持续强度育肥，13~24月龄前出栏，出栏体重可达360~550 kg以上。这类牛肉鲜嫩多汁、脂肪少、适口性好，是高档牛肉。

📕 学习目标

1. 了解育肥前的工作。
2. 掌握肉用生长牛的育肥特点和饲养管理。
3. 强化学生的团队合作及责任意识，激发其学农爱农的情怀。

📋 任务书

梳理肉用生长牛的饲养管理要点。

任务分组

班级		组号		指导教师	
组长		学号			

成员	姓名	学号	姓名	学号

任务分工：

获取资讯

一、育肥前的准备工作

1. 健康检查

育肥前要对育肥牛进行逐头检查，将患消化道疾病、传染病、无齿或其他无育肥价值的牛只剔除，以保证育肥安全和育肥效果。

2. 驱虫及防疫

所有育肥牛在育肥前要进行彻底驱虫，清除体内、外的寄生虫。驱虫时根据牛的体重计算出用药量，逐头进行，一周后再驱虫一次。药物可选用阿维菌素或依维菌素（每 1 kg 体重0.2 mg，皮下注射）、左旋咪唑（每 1 kg 体重 7.5 mg，肌内注射）、丙硫苯咪唑（每 1 kg 体重 10 mg，口服）等，并根据当地疫情进行防疫注射，以免发病影响育肥效果。

3. 分组编号

按品种、性别、年龄、体重及营养状况分群育肥，以便正确确定营养标准，合理配制日粮，促进育肥效果，见图 6-11。分组的同时应给牛只编号，以便于管理和测定育肥成绩。

4. 去势

为了利用公牛生长快、瘦肉率高的特性，一般 2 岁前屠宰的牛育肥时可不去势；如果生产高档牛肉则应在 1 岁前去势，成年公牛育肥须在育肥前 20 天去势，以提高肉的品质，去势操作见图 6-12。

图6-11　分组编号

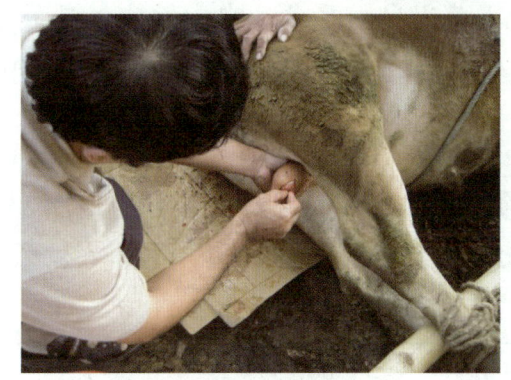

图6-12　去势操作

5. 称重

为了计算日增重和饲料转化率，确定育肥日粮营养及用量，育肥前应对牛只称重。连续2天称取早晨空腹重，取其平均值作为育肥始重，见图6-13。

6. 牛舍及草料准备

育肥前要因地制宜地准备好牛舍。育肥牛牛舍比较简单，只需做到夏季防暑、冬季保温、干燥、通风良好即可。育肥设备应实用、廉价和安全，要定期消毒。

图6-13　称重

二、肉用生长牛的育肥特点

肉用犊牛出生后饲养至7~8月龄或12月龄以前，以乳（或代用乳）为主、辅以少量精饲料培育所产的肉，称为小牛肉。小牛肉富含水分、鲜嫩多汁，含蛋白质多而脂肪少，肉质呈淡粉红色，胴体表面均匀覆盖一层白色脂肪，风味独特、营养丰富。小牛肉分大胴体和小胴体，肉用犊牛育肥至6~8月龄，体重达到250~300 kg，屠宰率达到58%~62%，其中胴体重达到130~150 kg的小牛肉称为小胴体；如果育肥至8~12月龄，屠宰活重达到350 kg以上的小牛肉则称为大胴体。

三、肉用生长牛的饲养管理

1. 肉用生长牛的选择

生长牛应尽量选择早期生长快的品种，如肉用公犊、肉用淘汰母犊、乳用公犊、奶牛或肉牛与黄牛的高代杂种公犊，初生重一般要求在35 kg以上，健康无病，无缺损。

2. 育肥方法

肉用生长牛的育肥方法：喂3~5天初乳后人工哺喂常乳，1月龄内按体重的10%~12%确定喂乳量；7~10天开始喂混合精饲料，并逐渐增加到0.5~0.6 kg，青草或青干草自由采食；1月龄后日喂乳量基本保持不变，3月龄后喂乳量逐渐减少，喂料量则要逐渐增加，青草或青干草仍自由采食，自由饮水；喂乳（或代用乳）直到 6 月龄，可在此时出售，也可继续育肥至 7~8 月龄或 12 月龄出栏。肉用生长牛生产方案见表 6-5。

表 6-5　肉用生长牛生产方案

周龄	始重/kg	日增重/kg	日喂乳量/kg	配合饲料日喂量/kg	青干草/kg
0~4	40~59	0.6~0.8	5.0~7.0	自由采食	自由采食
5~7	60~79	0.9~1.0	7.0~7.9	0.1	自由采食
8~10	80~99	0.9~1.1	8.0	0.4	自由采食
11~13	100~124	1.0~1.2	9.0	0.6	自由采食
14~16	125~149	1.1~1.3	10.0	0.9	自由采食
17~21	150~199	1.2~1.4	10.0	1.3	自由采食
22~27	200~250	1.1~1.3	9.0	2.0	自由采食
合计	—	—	1 918	188.3	150

为节省喂乳量、提高增重效果并减少疾病发生，所用育肥精饲料要具有能量高、易消化的特点，并可加入少量抑菌制剂。

育肥精饲料参考配方

玉米 60%、豆饼 12%、大麦 13%、蛋粉 3%、油脂 10%、磷酸氢钙 1.5%、食盐 0.5%，每千克饲料中加入 100 万~200 万 IU 维生素 A。

1~3 月龄内再加入 2 200 mg 土霉素。

肉用生长牛 5 月龄后应拴系饲养，减少运动，但每天应晒太阳 3~4 h。牛舍内要求温度为 18~20 ℃，相对湿度为 80% 以下。

【案例】

❖ 方案 1

6 月龄断乳生长牛，体重为 150 kg，育肥期采用高营养饲喂法，使牛的日增重保持在 1~2 kg，周岁左右结束育肥，活重达 400~500 kg。

体重为 150~250 kg 阶段：氨化秸秆自由采食，每头每天补苜蓿干草 0.5 kg。其中体重为 150~200 kg 时日喂精饲料 3.2 kg；体重为 200~250 kg 时日喂精饲料 3.8 kg。精饲料配方（每 100 kg 含千克数）：玉米 55、棉籽饼 26、麸皮 16、骨粉 1.5、食盐 1、小苏打 0.5。

体重为 250~400 kg 阶段：氨化秸秆自由采食，每头每天补苜蓿干草 0.8 kg。其中体重为 250~300 kg 阶段日喂精饲料 4.2 kg；体重为 300~350 kg 阶段日喂精饲料 4.7 kg；体重为 350~400 kg 阶段日喂精饲料 5.1 kg。精饲料配方（每 100 kg 含千克数）：玉米 61、棉籽饼

18、麸皮 18、骨粉 1.5、食盐 1、小苏打 0.5。

❖ **方案 2**

生长牛育肥方案见表 6-6。

表 6-6　生长牛育肥方案

月龄		7	8	9	10	11	12	合计
体重/kg	肉牛	175~211	212~247	248~285	286~319	320~355	356~400	—
	乳用公牛	200~242	243~284	285~326	327~368	369~410	411~453	—
日增重/kg	肉牛	1.2	1.2	1.2	1.2	1.2	1.2	225
	乳用公牛	1.4	1.4	1.4	1.4	1.4	1.4	262
夏、秋季各种青草不限量时，精饲料日喂量/kg	肉牛	3.4	3.6	3.8	3.9	4.0	4.1	695
	乳用公牛	4.3	4.7	5.0	5.5	5.8	6.2	995
冬春季 各种干草、玉米秸秆、谷草、氨化秸秆、碱化秸秆不限量	精饲料 日喂量/kg 肉牛	4.0	4.4	4.8	5.0	5.3	5.5	914
	乳用公牛	5.0	5.5	5.9	6.4	6.9	7.4	1 172
	胡萝卜 日喂量/kg 肉牛	1.0	1.0	1.0	1.5	1.5	2.0	256
	乳用公牛	1.0	1.0	1.5	1.5	2.0	2.0	286
	精饲料 日喂量/kg 肉牛	2.6	2.6	2.6	2.5	2.5	2.5	479
	乳用公牛	2.8	2.8	2.8	2.9	2.9	2.9	536
	酒糟 日喂量/kg 肉牛	5.6	6.5	7.5	8.5	9.5	11.0	1 543
	乳用公牛	6.0	7.5	8.5	10.0	11.0	12.5	1 765
	玉米青贮 日喂量/kg 肉牛	2.3	3.0	3.4	4.0	4.6	5.3	720
	乳用公牛	2.5	2.5	2.5	3.0	3.0	3.0	519
	胡萝卜 日喂量/kg 肉牛	1.0	1.0	1.0	1.5	1.5	2.0	256
	乳用公牛	1.0	1.0	1.5	1.5	2.0	2.0	286

精饲料的配方（每 100 kg 含千克数）：玉米 58、糠麸 25、高粱 15、骨粉 1、食盐 1。另外，每 100 kg 饲料中加入维生素 A 100×10^4 IU。

❖ **方案 3**

犊牛双月龄断乳，体重为 70 kg，16 月龄出栏，体重为 472 kg。

3~6 月龄（体重为 70~166 kg）：每天每头采食 1.5 kg 青干草、1.8 kg 青贮饲料，日喂 2 kg 精饲料。

7~12 月龄（体重为 167~328 kg）：每天每头采食 4 kg 青干草、8 kg 青贮饲料，日喂 4 kg 精饲料。

精饲料配方（每 100 kg 含千克数）：玉米 40、棉籽饼 30、麸皮 20、鱼粉 4、骨粉 2、食盐 0.6、微量元素维生素复合添加剂 0.4、沸石 3。6 月龄后按每 1 kg 精饲料添加 15 g 的量添加尿素。

⬛ 工作计划

根据所收集的资讯和决策的制定过程，制订知识梳理方案，并分析育肥前的准备工作、肉用生长牛的育肥特点与饲养管理要点等，完成表 6-7、表 6-8。

表 6-7　育肥前的准备工作

任务	工作内容	负责人

表 6-8　肉用生长牛的育肥特点与饲养管理要点

任务	具体内容	负责人

⬛ 工作实施

📟 引导问题 1：育肥前的准备工作有哪些？

📟 引导问题 2：肉用生长牛的育肥特点是什么？如何选择肉用生长牛？

📟 引导问题 3：肉用生长牛的饲养管理要点有哪些？

⬛ 评价反馈

项目	内容	分值	赋分		
			自评	组评	师评
职业素养	安全意识、责任意识	10			
	团队合作、创新精神	10			
	态度端正、按时完成	20			

项目	内容	分值	赋分		
			自评	组评	师评
职业技能	能够开展育肥前的准备工作	20			
	能够正确选择合适的肉用生长牛	20			
	能够熟练开展肉用生长牛的饲养管理工作	20			
	总分	100			
总评	自评×30%+组评×30%+师评×40%＝		教师签字：		

拓展思考题

1. 什么是小牛肉？它有何特点？

2. 肉用生长牛的育肥方式有哪些？

3. 如何开展肉用生长牛的饲养管理？

相关知识点

一、育成母牛的饲养管理规程

（一）饲养

肉用品种较乳用品种牛代谢强度低，放牧是首选的饲养方式。在有放牧条件的地区，肉用育成母牛应以放牧为主，并视草地牧草情况，适当补饲精饲料。

育成母牛在不同年龄阶段，其生理变化与营养需求不同。断乳至周岁的育成母牛，性器官与第二性征发育很快，躯体的高度急剧增加，达到生理上的最高生长速度，因此在饲养上要求供给足够的营养物质。除给予优质的牧草、干草和多汁饲料，还必须给予一定的精饲料，同时日粮要有一定的容积以刺激前胃的继续发育。组织日粮时，粗饲料可占日粮总营养的50%~60%，混合精饲料占40%~50%；到周岁时粗饲料逐渐加到70%~80%，精饲料降至20%~30%。不同的粗饲料要求搭配的精饲料质量也不同，用豆科干草作粗饲料时，精饲料需含8%~10%的粗蛋白质；若用禾本科干草作粗饲料，精饲料粗蛋白质含量应为10%~12%；用青贮作粗饲料，则精饲料应含12%~14%的粗蛋白质。

在12~18月龄，育成母牛的消化器官增大更多，为了进一步刺激生长，日粮应以粗饲料和多汁饲料为主。按干物质计算，粗饲料应占75%，精饲料应占25%。日粮中可消化粗蛋白质的20%~25%可用尿素替代。

在18~24月龄，育成母牛的生长速度变缓，体躯显著向宽、深发展，并已进入配种繁殖期。丰富的饲养条件容易在体内沉积大量脂肪，因此在这一阶段的日粮营养不能过于丰富，应以品质优良的干草、青草、青贮饲料及氨化秸秆为主，精饲料可以少喂或不喂。但到妊娠后期，由于体内胎儿生长迅速，必须另外补加混合精饲料2~3 kg/天。

（二）管理

1. 分群

育成母牛在6月龄时与育成公牛分开，并以年龄阶段组群。应将年龄及体格大小相近的牛分在一起，最好其月龄差异不超过2个月，活重为25~30 kg。

2. 定槽

圈养拴系式管理的牛群，采用定槽是必不可少的，这可以使每头牛都有自己的牛床和食槽。牛床和食槽要定期消毒。

3. 加强运动

充足的运动是培育育成牛的关键之一。在舍饲条件下，每天要驱赶育成牛运动2 h以上。

4. 转群

育成母牛在不同生长发育阶段，生长速度不同，应根据年龄、发育情况按时转群。一般在12月龄、18月龄、受胎后或至少分娩前2个月共3次转群。与此同时，应称重并结合体尺测量，对发育不良牛只的进行淘汰。

5. 乳房按摩

为了刺激乳腺的发育和促进产后泌乳，对12~18月龄育成母牛每天进行1次乳房按摩，妊娠期母牛每天应按摩2次，每次按摩时都要用热毛巾敷擦乳房。产前1~2个月停止按摩。

6. 刷拭

为了保持牛体清洁，促进皮肤代谢，使其性情温驯，每天需要刷拭1~2次，每次5 min。

7. 初配

育成母牛满18月龄，体重达成年时的70%即可配种。育成牛不如成年牛发情明显和规律，所以在配种前一个月应注意其发情表现，以防漏配。

8. 其他

注意春秋驱虫，定期进行检疫和防疫注射。做好防暑防寒工作。

二、肉牛的育肥方式

1. 持续育肥

持续育肥是指犊牛断乳后直接转入育肥阶段，用高水平营养饲料育肥直到出栏为止。这一做法的特点是充分利用了牛饲料利用率最高的生长阶段，能保持牛较快地增重和肌肉组织生长，缩短生产周期、提高出栏率，故总的育肥效率高。其生产的牛肉肉质鲜嫩、脂肪少、品质好，能够满足市场对高档优质牛肉的需求，是一种值得推广的育肥方法。

2. 后期集中育肥

对 1.5~2 岁未经育肥或不够屠宰体况的牛，在较短时间内用较多的精饲料和槽渣类饲料饲喂，并让其增膘的方法称为后期集中育肥。这种育肥方式还包括淘汰的乳用、役用及肉用繁殖母牛的育肥。后期集中育肥对于改良牛肉品质、提高育肥牛经济效益有明显的作用。育肥方法有放牧加补饲以及秸秆加精饲料、青贮料加精饲料、槽渣加精饲料等日粮类型的舍饲育肥。

3. 放牧育肥

利用草原资源，采用放牧方式适当补饲精饲料，也能收到良好育肥效果，见图 6-14。放牧育肥的时间应选择每年的 7~10 月，此时处于牧草茂盛、牧草结穗期的时期。

放牧时宜采用早出晚归，中午天气炎热时在通风阴凉处休息，晚上到有食槽处补饲，每天行走距离不要超过 4~5 km。补料时 一头牛一个槽，避免抢料格斗。补料量应根据牛体重和草质而异，一般为体重的 1%~1.5%。

图 6-14 放牧育肥

学习情境 3　繁殖母牛的饲养管理

💬 学习情境

与育肥肉牛不同，对于肉牛场来说，繁殖母牛的"产品"是优质犊牛，而且要"及时"，所以繁殖母牛在饲养、管理、营养和预防程序上都有它不同于育肥肉牛的地方。参照《肉牛标准化规模养殖生产技术规范（试行）》，应科学制订繁殖母牛的饲养管理方案，培育优质母牛。

📕 学习目标

1. 掌握妊娠母牛的饲养管理。
2. 掌握哺乳母牛的饲养管理。
3. 培养学生吃苦耐劳的职业素养，强化精益求精的工匠精神。

📁 任务书

梳理妊娠母牛和哺乳母牛的饲养管理要点。

任务分组

班级		组号		指导教师	
组长		学号			

成员	姓名	学号	姓名	学号

任务分工：＿＿＿＿＿＿＿＿＿＿＿＿＿＿＿＿＿＿＿＿＿＿＿＿＿＿＿＿＿＿＿＿＿＿＿

获取资讯

一、妊娠母牛的饲养管理

对于妊娠母牛的饲养管理，其主要任务是保证母牛的营养需要和做好保胎工作。妊娠母牛的营养需要与胎儿生长有直接关系。妊娠母牛若营养不足，会导致犊牛初生重小、生长慢、成活率低。妊娠前 5 个月胎儿生长发育较慢，可以和空怀牛一样饲养，一般不增加营养，只保持中上等膘情即可。胎儿增重主要在妊娠的最后 3 个月，此期的增重占犊牛初生重的 70%～80%，因此需要从母体吸收大量营养。若胎儿期生长不良，出生后就会难以补偿，将使犊牛增重速度减慢、饲养成本增加。与此同时，妊娠母牛还需要在体内蓄积一定养分，以保证产后泌乳。到分娩前妊娠母牛至少需增重 45～70 kg，才足以保证产后的正常泌乳与发情。

1. 舍饲饲养

舍饲饲养的总原则是根据不同妊娠阶段按饲养标准供给营养，以混合干草为主，适当搭配精饲料。

妊娠前 5 个月，如处在青草季节，则对母牛可以完全喂青草而不喂精饲料；冬季日粮应以青贮、干草等粗饲料为主，缺乏豆科干草时可少量补充蛋白质精饲料和尿素，以降低饲养成本。

妊娠第 6～9 月，若以玉米秸秆或麦秸秆为主，则妊娠母牛很难维持其最低营养需要，必须搭配 1/3～1/2 的豆科牧草，外加 1 kg 左右的混合精饲料。精饲料应选择当地资源丰富的农副产品，如麦麸、饼类，再搭配少量玉米等谷物饲料，并注意补充矿物质和维生素 A，其配方可参考：玉米 27%、大麦 25%、饼类 20%、麦麸 25%、矿物质 1%～2%、食盐 1%～2.5%，每千克精饲料另加维生素 A 3 000～3 600 IU。

妊娠母牛要禁喂未脱毒的棉籽饼、菜籽饼、酒糟及冰冻、发霉变质饲料。饮水温度应不低于 10 ℃。

妊娠母牛每天饲喂 2～3 次，饮水 3 次，可采用先粗后精的饲喂顺序，即先喂粗饲料，待牛快吃饱时，在粗饲料中拌入部分精饲料和多汁饲料碎块，引诱牛多采食，最后将余下的精饲料全部投饲。

2. 放牧饲养

由舍饲转入放牧，要有过渡阶段，严防"抢青"腹泻，甚至流产。夏秋季节可尽量延长放牧时间，一般不补饲。冬春枯草季节要补饲，特别是对妊娠最后 2～3 个月的母牛，应进行重点补饲，并根据牧草质量和牛的营养需要确定补饲草料的种类和数量。精饲料补饲量为每头每天 0.8～1.1 kg。

精饲料补充料参考配方

　　玉米 50%、糠麸类 10%、饼类 30%、高粱或大麦 7%、石灰石粉 2%、食盐 1%；另外每千克精饲料加入维生素 A 2 800～3 200 IU。

3. 妊娠母牛的管理

肉牛难产率较高，尤其是初产母牛。运动是防止难产的有效途径，同时还可增强妊娠母牛体质，促进胎儿发育，所以必须加强运动，但要防止发生挤、碰、滑、跌及角斗。刷拭能增强妊娠母牛的体质，因此也是一项重要管理工作。特别是头胎母牛，除了刷拭，还要进行乳房按摩，以利于乳房发育和产后犊牛哺乳。产前 15 天，要将妊娠母牛移入产房，由专人饲养和看护，以发现临产征兆、估计分娩时间、准备接产工作。

二、哺乳母牛的饲养管理

母牛泌乳量的高低关系到犊牛的断乳重，也是犊牛全活全壮的基础。所以哺乳母牛饲养管理的主要任务是要保证其能有足够的泌乳量，并尽早发情配种。饲养的总原则是哺乳阶段不掉膘，也不过肥。

1. 舍饲饲养

哺乳母牛分娩后的最初几天，体力尚未恢复，消化机能很弱，必须给予容易消化的日粮。粗饲料应以优质干草为主，精饲料最好是麦麸，每日喂量为 0.5～1.0 kg，之后逐渐增加，3～4 天后就可转入正常日粮。哺乳母牛产后恶露排净之前，不可喂给过多精饲料，以免影响生殖器官的复原和产后发情。

当哺乳母牛消化正常、体力恢复后，为促进其泌乳，除喂给干草、青贮料，应加喂一些青草和多汁饲料，并搭配混合精饲料。特别是产后 70 天内，是哺乳母牛饲养的关键时期，这一时期的采食量及营养需要在母牛各生理阶段中为最高：热能需要量增加 50%，蛋白质需要量加倍，钙、磷需要量增加 3 倍，维生素需要量增加 50%。如果供应不足，就会使泌乳量下降，犊牛生长停滞，还会导致下痢、肺炎和佝偻病等。疾病的发生实际饲养中，除每天供给 5~7 kg 优质干草（或 30 kg 青草或 22 kg 青贮饲料），应另加 1.5~2.0 kg 精饲料。如粗饲料为秸秆类，则精饲料需增加 0.4~0.5 kg。

饲喂时要增加饲喂次数，并保证充足、卫生的饮水。

精饲料补充料参考配方

①玉米 50%、麦麸 20%、豆饼 10%、棉仁饼 5%、胡麻饼 5%、花生饼 3%、葵子饼 4%、磷酸氢钙 1.5%、碳酸氢钙 0.5%、食盐 0.9%、微量元素和维生素添加剂 0.1%。

②玉米 50%、豆饼 20%、玉米蛋白 10%、酵母饲料 5%、麦麸 12%、磷酸氢钙 1.6%、碳酸钙 0.4%、食盐 0.9%、微量元素和维生素添加剂 0.1%。

2. 放牧饲养

放牧时，对哺乳母牛应分配就近的良好牧场，以防止其因游走过多、体力消耗大而影响泌乳和犊牛生长。牧场牧草产量不足时，要进行补饲，特别是体弱、初产和产犊较早的哺乳母牛。应以补粗饲料为主，必要时补一定量的精饲料。一般是日放牧 12 h，补精饲料 1~2 kg，饮水 5~6 次。

繁殖母牛的妊娠、产犊、泌乳和发情配种是相互之间紧密联系的过程。饲养时既要满足其营养需要，达到提高繁殖率和犊牛增重的目的，又要降低饲养成本，提高经济效益。这就需要对放牧和舍饲、粗饲料和精饲料的搭配等做出合理安排，有计划地安排好全年饲养工作。

工作计划

根据所收集的资讯和决策的制定过程，制订知识梳理方案，并分析妊娠母牛和哺乳母牛的饲养管理要点，完成表 6-9、表 6-10。

表 6-9　妊娠母牛的饲养管理要点

要点	具体实施	负责人

表 6-10　哺乳母牛的饲养管理要点

要点	具体实施	负责人

要点	具体实施	负责人

工作实施

引导问题 1：妊娠母牛的饲养管理要点有哪些？

引导问题 2：哺乳母牛的饲养管理要点有哪些？

评价反馈

项目	内容	分值	赋分		
			自评	组评	师评
职业素养	吃苦耐劳、责任意识	20			
	合作意识、精益求精	20			
	态度端正、按时完成	20			
职业技能	熟练开展妊娠母牛的饲养管理	20			
	熟练开展哺乳母牛的饲养管理	20			
总分		100			
总评	自评×30%+组评×30%+师评×40% =		教师签字：		

拓展思考题

1. 简述妊娠母牛的饲养管理要点。
2. 简述哺乳母牛的饲养管理要点。

学习情境 4　成年牛育肥

学习情境

　　成年牛育肥通常是指役牛、奶牛和肉牛群中淘汰牛的育肥。此类牛一般年龄较大、体况较差、采食及消化能力弱，已基本丧失原有经济价值，不经育肥直接屠宰时产肉率低，肉质差、效益低，经短期集中育肥，不仅可以提高屠宰率、产肉量及经济效益，而且可以改善肉的品质和风味。

学习目标

1. 了解成年牛的选择方法。
2. 掌握成年牛的饲养管理要点。
3. 培养学生一丝不苟的责任意识及团队合作精神。

任务书

梳理成年牛的饲养管理。

任务分组

班级		组号		指导教师	
组长		学号			
成员	姓名	学号	姓名	学号	

任务分工：_____

获取资讯

一、成年牛的选择

由于成年牛早已停止生长发育，所以在育肥过程中，主要目的是增加脂肪、改善肉的嫩度和风味。因此，营养供应应以能量为主，蛋白质含量不宜过高，饲料组成应以碳水化合物含量高的原料为主，可用当地价格低廉的粗饲料及糟渣类饲料，适当搭配精饲料，以达到沉积脂肪、提高增重和屠宰率的目的。

成年牛最好选择体格较大、前躯开阔、后躯发达、腹部充盈、口唇发达丰满、皮薄的牛。育肥前应进行全面检查，将患消化道疾病、传染病及过老、无齿、采食困难的牛只剔除，这类牛达不到育肥效果。公牛应在育肥前 20 天去势，母牛可配种使其妊娠，以避免发情影响增重。

二、成年牛育肥技术

对于膘情很差的成年牛，可先复壮，如每日喂米汤 0.5~1.0 kg，连喂 15 天左右；或者将中药（黄精 60 g、薏米 60 g、沙参 50 g）研末掺入饲料中喂服，每日一剂，连服一周。

成年牛育肥初期可饲喂营养较低的饲料，以防发生消化紊乱，待短期适应后逐渐调整日粮配方，使其达到育肥用日粮的标准。日粮可选择易消化、适口性好的饲料原料，要注意饲料的加工调制，要有利于提高采食量和消化率。有放牧条件时可先放牧，利用青草使牛复膘，然后再用育肥日粮育肥。

成年牛育肥时间以 6~11 月为宜，在秋末膘情好时出栏，不仅可以多产肉，还可减轻牛只越冬压力。若冬季育肥，舍温应保持在 10 ℃以上。

成年牛育肥期一般为 90 天左右，也可分为三个阶段：第一阶段 20 天左右，要驱虫、健胃，并适应育肥用日粮和环境条件；第二阶段 40~50 天，牛食欲好、增重快，要增加饲喂次数，尽量设法提高采食量；第三阶段 20~30 天，牛食欲可能有所下降，要少给勤添，提高日粮营养浓度。

要保证成年牛在育肥期有充足的休息、反刍时间（每天 8 h 以上），要按程序饲养，做到水草均匀，牛舍要保持清洁、干燥、通风良好。

成年育肥牛以玉米青贮为主的日粮配方，可参考表 6-11。其中玉米青贮必须铡短并压碎结节。

表 6-11　成年育肥牛以玉米青贮为主的日粮配方　　　　　单位：kg

饲料	第一阶段	第二阶段	第三阶段
玉米青贮	40	45	40
干草	4	4	4
麦秸	4	4	4
混合精饲料	—	1.5	2
食盐	0.04	0.04	0.04
无机盐	0.05	0.05	0.05

另外，酒糟、甜菜渣等均是成年牛育肥的好饲料，适当搭配精饲料，补喂食盐，日增重均可达 1.0 kg 以上。

混合精饲料参考配方

玉米 72%、棉饼 15%、麦麸 8%、尿素 1%、磷酸氢钙 1%、食盐 1%、添加剂 2%。

工作计划

根据所收集的资讯和决策的制定过程，制订知识梳理方案，并分析成年牛的选择和育肥技术要点，完成表6-12。

表6-12　成年牛育肥技术要点

要点	具体实施	负责人

工作实施

引导问题1：成年牛应如何选择？

引导问题2：成年牛育肥应如何进行饲养管理？

评价反馈

项目	内容	分值	赋分		
			自评	组评	师评
职业素养	爱护动物、责任意识	20			
	一丝不苟、团队合作	20			
	态度端正、按时完成	20			
职业技能	正确选择合适的成年牛	20			
	熟练开展成年牛的育肥工作	20			
总分		100			
总评	自评×30%+组评×30%+师评×40%＝		教师签字：		

拓展思考题

1. 简述成年牛育肥的特点。
2. 如何组织成年牛育肥？

学习情境 5　架子牛育肥

💬 学习情境

架子牛正处在生长发育的旺盛阶段，增重快、饲料转化率高、育肥成本低。架子牛育肥较犊牛育肥，每头牛提供的肉量多；较成年牛育肥，所提供的肉的品质好，可生产仅次于"白肉"的优质牛肉。这种育肥方式成本低、精饲料用量少、经济效益较高，因此应用较广。

📚 学习目标

1. 了解架子牛的选择。
2. 掌握架子牛的育肥原则和方法。
3. 强化学生吃苦耐劳、恪尽职守、爱岗敬业的工匠精神。

📂 任务书

梳理架子牛的育肥技术要点。

👥 任务分组

班级		组号		指导教师	
组长		学号			
成员	姓名	学号		姓名	学号

任务分工：_____

📡 获取资讯

一、架子牛的选择与运输

架子牛是指断乳之后经过一定时期的生长，体重在 300 kg 左右，年龄 1~2 岁，未经育肥，虽有较大骨架但不够屠宰体况的牛，目前多指公牛。对这类牛进行屠宰前 3~5 个月的短期育肥称为架子牛育肥，其所需饲养期短、周转快，比较经济，是目前我国肉牛育肥的主要形式。育肥的具体方法多采用异地育肥。育肥原理是利用肉牛的补偿生长特点。

犊牛断乳后，到育肥前的 8~10 个月甚至更长时间的生长期，称为吊架子期。吊架子期的牛对粗饲料的利用率较高，以保证其骨骼正常发育；对牛的饲养以降低成本为主要目标，不追求高速生长，日增重维持在 0.5 kg 即可。

（一）架子牛的选择

架子牛育肥前的状况与育肥速度以及牛肉品质关系很大，是确保育肥效率的首要环节。架子牛在品种、年龄、体重、性别、体型外貌和健康方面均有较强的可选择性。

1. 品种选择

架子牛育肥应选择肉牛的杂种，如夏洛莱牛、利木赞牛、西门塔尔牛、海福特牛、皮埃蒙特牛、南德温牛等与本地牛的杂交后代（见图 6-15 西门塔尔杂交牛群），或者我国育成的肉用品种夏南牛、延黄牛及秦川牛、晋南牛、南阳牛、鲁西牛、延边牛等地方良种黄牛。这类牛增重快、瘦肉多、脂肪少、饲料转化率高。

2. 年龄和体重选择

架子牛育肥一般可选择 14~18 月龄的杂种牛或 18~24 月龄的良种黄牛，活重在 300 kg以上。这个阶段的牛会因补偿生长原理而迅速增重，生长能力比其他年龄和体重的牛高25%~50%。

3. 性别选择

架子牛育肥的性别选择要根据育肥目的和市场而定。公牛生长快，瘦肉率和饲料转化率高，但肉的品质不如去势公牛和母牛。所以，18 月龄前屠宰，宜选择公牛育肥；若生产一般优质牛肉，则可在 1 岁去势；若生产高档牛肉，则宜选择早去势的公牛。

图 6-15 西门塔尔杂交牛群

4. 体型外貌选择

架子牛育肥应选择体型大、较瘦、体躯长、胸部深宽、背腰宽平、臀部宽大、头长而宽、口方整齐、四肢强健有力、蹄大，十字部略高于体高，后肢飞节较高，皮肤柔软有弹性，被毛细软密实，角尖凉、角根温，鼻镜干净湿润、眼睛明亮有神，性情温驯的牛，见图6-16。这样的牛健康、采食量大、生长能力强、饲养期短、育肥效果好。

图6-16 架子牛育肥体型选择

❖ **小链接：美国架子牛的等级评定标准**

美国架子牛共分为3种架子10个等级，即大架子1级、大架子2级、大架子3级；中架子1级、中架子2级、中架子3级；小架子1级、小架子2级、小架子3级和等外。架子牛骨架大小和肉厚度的分级见图6-17和图6-18。

大架子：要求有稍大的架子，体高且长，健壮。

中架子：要求有稍大的架子，体较高且稍长，健壮。

小架子：骨架较小，健壮。

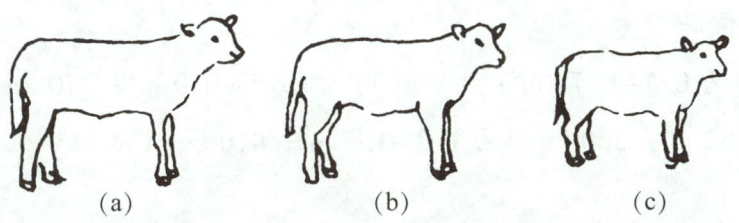

图6-17 架子牛骨架大小分级

(a) 大架子；(b) 中架子；(c) 小架子

1级：要求全身的肉厚，脊、背、腰、大腿和前腿厚且丰满，四肢位置端正，蹄方正，腿间宽，优质肉部位的比例高。

2级：整个身体较窄，胸、背、脊、腰、前后腿较窄，四肢靠近。

3级：全身及各部位肉的厚度均比二级要差，见图6-18。

等外：因饲养管理较差或发生疾病而造成的不健壮牛只属此类。

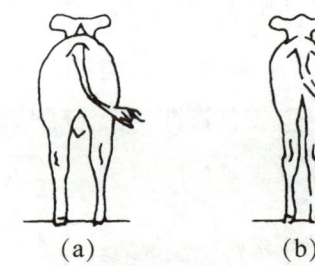

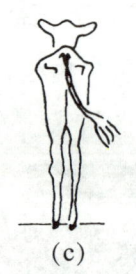

图 6-18　架子牛肉厚度分级

(a) 1级；(b) 2级；(c) 3级

(二) 架子牛的运输

1. 加强运输管理，减少应激

将分散饲养于农牧户的架子牛，按照育肥牛选择要求选购后，集中运输。运前 2~3 天每头牛每天肌内注射维生素 A 25 万~100 万 IU；运前 2 h 喂饮口服补液盐溶液 2 000~3 000 mL，配方为氯化钠 3.5 g、氯化钾 1.5 g、碳酸氢钠 2.5 g、葡萄糖 20 g，加凉开水至 1 000 mL。装车前还可按每千克体重注射其 0.2~0.3 mg 的标准肌内注射静松灵。运输途中不喂精饲料，只喂优质禾本科干草、食盐和适量饮水。冬天要注意保温，夏天要注意遮阳。

2. 要合理装载

利用汽车装载运输，应根据每头牛体重的大小保证其活动面积。

汽车运输肉牛装载面积参考

体重 300 kg 以下时为 0.7~0.8 m²；300~350 kg 时为 1.0~1.1 m²；400 kg 时为 1.2 m²；500 kg 时为 1.3~1.5 m²。

火车运输肉牛装载面积参考

体重 180 kg 时为 0.7~0.75 m²；230 kg 时为 0.85~0.9 m²；270 kg 时为 1.0~1.1 m²；320 kg 时为 1.1~1.2 m²；360 kg 时为 1.2~1.3 m²；410 kg 时为 1.3~1.4 m²；500 kg 时为 1.4~1.5 m²。

二、架子牛的育肥

(一) 营养需要特点

吊架子期肉牛的饲养管理任务主要是各器官的发育和骨架，不要求过高的增重，因此营养应以钙、磷等矿物质为主，配合适当的蛋白质含量，不要求过高的能量。

育肥阶段则是要充分利用肉牛补偿生长的特点，促进其肌肉和脂肪的沉积。在保证矿物质供给的前提下，提供高能量饲料和足够的蛋白质营养，且供应量要高于当时体重的维持需要和生长需要。此外，还要充分利用本地成本低廉、资源丰富、能长期稳定供应的饲料。育肥期 1~20 天日粮中精饲料的比例要达到 45%~55%，粗蛋白质含量保持在 12%；21~50 天日粮精饲料比例提高到65%～70%，粗蛋白质含量为11%；51～90天日粮中能量浓度要进一步提高，精饲料比例还可进一步加大，粗蛋白质含量降至10%。

（二）育肥原则

1. 分群

一般体重在50 kg以内的育肥架子牛应组成群体，见图6-19。

图6-19　架子牛分群育肥

2. 健胃

架子牛育肥前必须先进行健胃，一般在驱虫3天后用健胃散健胃，先用大黄苏打50～80片/次，2次/天，连用2～3天；然后用健胃散250 g/天，2～3次/天，连用2～3天。

3. 注意采食习性，尽量提高采食量

充分利用牛的争食习性，采用群饲方式喂牛。投料采用少给勤添的方式，一气喂饱。架子牛早晚采食旺盛，要注意多喂，少了容易因争食而引起顶撞斗架，减少采食量。为达到最大采食量，还要注意夜饲。

4. 坚持"四定""一保"

整个育肥期要坚持定时上下槽，分阶段确定精、粗饲料比例，定牛位，定时刷拭，保证充足饮水。

5. 限制运动

小围栏或拴系饲养架子牛，缰绳长度应为50～60 cm，以减少其活动量，降低维持损耗、提高育肥效果。

6. 及时出栏

经3～4个月育肥，体重为450 kg以上的架子牛，要及时出栏。若继续饲养，会造成增重速度减慢、效益降低。

（三）快速育肥方法

1. 新购架子牛的饲养

对于长途运输的新到架子牛，首先要更换缰绳，消毒牛体，然后提供清洁饮水（第一次限制为15～20 kg，切忌暴饮，第二次间隔3～4 h，水中可掺些麦麸，第三次可自由饮水），同时注射维生素A并口服补液盐溶液2 000～3 000 mL。休息2 h后分群，饲喂粗饲料，最好是禾本科长干草，其次为玉米或高粱青贮，不可饲喂苜蓿干草或苜蓿青贮，以防引起运输热。每天2次，每次采食1 h，逐渐增加喂量，4～5天后自由采食。混合精饲料应由少到多，

逐渐增加。

2. 分阶段育肥

架子牛育肥阶段可采用分段饲养的方法。根据生长发育特点及营养需要，快速育肥一般可分为三个阶段，育肥期3~4个月。

（1）适应过渡期（20~30天）

适应过渡期主要是让架子牛适应过渡，熟悉育肥饲料和环境，进行驱虫健胃，锻炼采食精饲料的能力，尽快使精、粗饲料比例达到40：60，日粮粗蛋白质含量达到12%。精饲料配方可参考：玉米45%、麸皮40%、饼类10%、石粉2%、尿素2%、食盐1%，每千克精饲料加2粒鱼肝油。日采食干物质7 kg，日增重一般可达0.8~1 kg。

（2）精饲料过渡期（50~60天）

精饲料过渡期的架子牛完全适应了各方面的条件，采食量增加，增重速度很快。日采食饲料干物质量为8~9 kg，精粗饲料比为60：40，日粮粗蛋白质含量为11%。精饲料配方可参考：玉米59%、饼类26%、麦麸10%、食盐1%、碳酸氢钠1.5%、石粉2.5%，每头每天100 g预混料。日增重1.3 kg左右。

（3）集中育肥期（20~30天）

集中育肥期要增加饲喂次数，使干物质采食量达到10 kg，精、粗饲料比为70：30，日粮粗蛋白质含量为10%。此期主要是增加脂肪沉积数量，改善肉的品质。精饲料组成中，可增加大麦喂量，配方可参考：玉米65%、大麦20%、饼类10%、麦麸5%，日喂30 g食盐，100 g预混料。日增重达1.5 kg左右。

【典型案例一　放牧+舍饲育肥】

在我国的牧区、山区可采用此法。

对6月龄未断乳的犊牛，在7~12月龄半放牧半舍饲，每天补饲玉米0.5 kg、生长素20 g、人工盐25 g、尿素25 g，补饲时间在晚上8点以后；在13~15月龄放牧；在16~18月龄经驱虫后，进行强度育肥，整天放牧，每天补喂精饲料1.5 kg、尿素50 g、生长素40 g、人工盐25 g，另外适当补饲青草。

一般青草期育肥牛的日粮，按干物质计算，料草比为1：3.5~1：4.0，饲料总量为体重的2.5%，青饲料种类应在2种以上，混合精饲料应含有能量、蛋白质饲料和钙、磷、食盐等。1 kg混合精饲料的养分含量为干物质894 g、增重净能1.089 MJ、粗蛋白质164 g、钙12 g、磷9 g。强度育肥前期，每头牛每天喂混合精饲料2 kg，后期喂3 kg，精饲料日喂2次，粗饲料补饲3次，可自由采食。我国北方省份11月份以后，进入枯草季节，继续放牧达不到育肥的目的，应转入舍内进行全舍饲育肥。

【典型案例二　氨化秸秆+精饲料育肥】

农区有大量作物秸秆，是廉价的饲料资源。秸秆经过化学、生物处理后可提高其营养价值、改善适口性及消化率。经氨化处理后的秸秆粗蛋白质含量可提高 1~2 倍，有机物质消化率可提高 20%~30%，采食量可提高 15%~20%，氨化秸秆+精饲料育肥配方见表 6-13。

表 6-13　氨化秸秆+精饲料育肥配方

天数	氨化秸秆/kg	干草/kg	玉米面/kg	豆饼/kg	食盐/g
1~10	4.0~5.0	4.0~5.0	2.0	0	40
11~80	5.0~6.0	4.0~5.0	2.0~2.5	0.5	40
81~100	5.0~6.0	4.0~5.0	4.0~4.5	0.5	40

【典型案例三　青贮饲料+精饲料育肥】

我国有可供青贮用的农作物副产品达 10 亿 t 以上，但实际用于青贮的只有很少部分，若能将使用比例提高到 20%，则每年可节省饲料粮 3 000 万 t。

方案 1：以青贮玉米秸秆为主要粗饲料进行肉牛后期集中育肥，架子牛选择夏黄杂一代公牛，年龄 2 岁，其日粮组成为青贮玉米秸秆 55.56%、酒糟 10.66%、精饲料 33.78%，日粮粗蛋白质含量 10.39%，精饲料中另加专用饲料添加剂，埋植增重剂，试验牛平均日增重 1.37 kg。

方案 2：以青贮玉米秸秆为主要粗饲料进行架子牛育肥，任牛自由采食青贮玉米秸秆，每头每天喂占体重 1.6% 的精饲料，精饲料的组成：玉米 43.9%、棉籽饼 25.7%、麸皮 29.2%、骨粉 1.2%，另加食盐。

方案 3：李玉仁等用青贮玉米秸秆育肥鲁西黄牛，选择 1.5~2 岁、体重 342.5 kg 的阉牛，每头每天均饲喂 5 kg 精饲料（组成为每 100 kg 含玉米 53.03 kg、棉籽饼 16.1 kg、麸皮 28.41 kg、骨粉 1.51 kg、食盐 0.95 kg），青贮玉米秸秆自由采食，试牛平均日增重 1.36 kg。

【典型案例四　糟渣饲料+精饲料育肥】

糟渣类饲料包括酿酒、制粉、制糖的副产品，其大多是提取了原料中的碳水化合物后剩下的多水分的残渣物质。这些糟渣类下脚料，除了水分含量较高（70%~90%）之外，粗纤维、粗蛋白质、粗脂肪等的含量都较高，而无氮浸出物含量低，其粗蛋白质占干物质的百分比为 20%~40%，属于蛋白质饲料范畴。虽然粗纤维含量较高（多在 10%~20%），但其各种物质的消化率与原料相似，故按干物质计算，其能量价值与糠麸类相似。

方案 1：随着啤酒生产量的增大，啤酒糟的生产量急剧增加，利用其育肥肉牛效果很好，蒋洪茂（1995）的试验配方见表6-14。

方案2：以白酒糟为主的育肥饲料配方见表6-15。

表6-14 啤酒糟育肥肉牛饲料配方（干物质） 单位：%

饲料	前期	中期	后期
玉米	13	30	47.5
大麦	10	10	15
麸皮	10	10	5
棉籽饼	10	8	6
啤酒糟	25	20	10
粗饲料	30	20	15
食盐	0.5	0.5	0.5
矿物质添加剂	1.5	1.5	1.0

表6-15 以白酒糟为主的育肥饲料配方 单位：%

项目	1~20 天	21~50 天	51~90 天
玉米	25	44	59.5
麦麸	4.5	8.5	7
棉籽饼	10	9	3.5
骨粉	0.3	0.3	
贝壳粉	0.2	0.2	
白酒糟	49	28	21
玉米秸粉	11	10	9

在肉牛饲料中添加莫能菌素 30 mg/kg，日粮中添加 0.5% 的碳酸氢钠，每天每头喂 2 万 IU 维生素 A 及 50 g 食盐。

整个育肥过程中，粗饲料可根据当地资源选用，如以玉米青贮为主，或者以酒糟为主，或者以其他氨化秸秆为主。精饲料也应因地制宜，日粮配方可按肉牛饲养标准配制。在喂高精饲料日粮时，为防止酸中毒、提高增重效果，每头每天可添加 3~5 g 商品瘤胃素（即莫能菌素，每克商品瘤胃素含纯品 60 mg）或精饲料量 1%~2% 的碳酸氢钠。

3. 饲喂方式

架子牛育肥的饲喂有限制采食和自由采食两种方式。限制采食是将按照育肥所需营养配制的日粮，每日限定饲喂时间、次数和给量，一般每天饲喂 2~3 次；自由采食是将日粮投入饲槽，昼夜不断，牛可以任意采食。

自由采食能满足牛生长发育的营养需要，因此牛长得快、屠宰率高、出肉多，架子牛能在较短时间内出栏，省劳力，但饲料浪费较多。限制采食时，牛不能根据自身需要采食饲料，限制了牛的生长发育速度，但饲料浪费少。表6-16和表6-17是对围栏自由采食和拴系限制采食架子牛肉用性能的测定结果。

表6-16　自由采食和限制采食架子牛增重比较

饲喂方式	头数	始重/kg	终重/kg	日增重/g	饲养日/天
自由采食	62	317.7±57.3	438.9±38.8	805±340	150.6±39.3
限制采食	58	374.1±65.5	433.1±59.2	509±292	123.1±50.5

表6-17　自由采食和限制采食架子牛屠宰成绩比较

饲喂方式	头数	宰前重/kg	胴体重/kg	屠宰率/%	净肉重/kg	净肉率/%	骨重/kg
自由采食	14	409.1±24.1	229.3±19.5	56.05±3.79	183.2±15.6	44.79±2.44	35.6±2.46
限制采食	14	402.1±30.0	209.2±17.9	52.04±1.89	167.4±15.4	41.63±1.72	30.7±1.98

资料来源：蒋洪茂. 肉牛无公害高效养殖［M］. 北京：金盾出版社，2005.

从表6-16可以看出，自由采食组的平均日增重较限制采食组高58%（296 g）。从表6-17可以看出，自由采食组较限制组的屠宰率高4.01%，净肉率高3.16%，差异非常显著。因此，有条件的育肥场应实行自由采食的饲喂方式。要做到自由采食，应采用围栏育肥饲养。

架子牛高效育肥参数：

　　高效——每头出栏牛盈利≥500元。

　　多产——①产犊率≥90%；②产犊间隔≤13个月；③产后首次发情≤60天。

　　快长——①日增重≥700 g；②断奶重≥30%成年体重；③18月龄重≥60%成年体重；④宰前重≥400 kg。

　　优胴——①屠宰率≥60%；②净肉率≥43%～45%；③胴体评分为4～5分；④脂肪评分为4～3分。

　　肉美——①肉色为鲜红，脂肪为白色；②品味为嫩、多汁、香；③成分为水分55%，脂肪≤30%。

　　低耗——①每增重1 kg耗精饲料≤4 kg，耗饲草（干）3～4 kg；②每天饲养成本≤5元。

【知识拓展】

育肥肉牛的饲养管理原则

1. 减少活动

育肥肉牛应减少活动。对于放牧育肥肉牛应尽量减少运动量，对于舍饲育肥肉牛，每次喂完后应每头单拴系于木桩或休息栏内，缰绳的长度以牛能卧下为宜，这样可以减少营养物质的消耗，提高育肥效果。

2. 坚持"五定""五看""五净"的原则

（1）"五定"

①定时：每天上午 7~9 时、下午 5~7 时各饲喂 1 次，间隔 8 h，不能忽早忽晚。上、中、下午定时饮水 3 次。

②定量：每天的喂量，特别是精饲料量按每 100 kg 体重喂精饲料 1~1.5 kg，不能随意增减。

③定人：每头牛的饲喂等日常管理要固定专人，以便及时了解每头牛的采食情况和健康情况，并可避免产生应激反应。

④定时刷拭：每天上、下午定时给牛体刷拭 1 次，以促进牛的血液循环，增进其食欲。

⑤定期称重：为了及时了解育肥效果，定期称重很有必要。牛进场时应先称重，按体重大小分群，便于饲养管理。育肥期也要定期称重，由于牛采食量大，为了避免称量误差，应在早晨空腹称重，最好连续称 2 天取平均数。

（2）"五看"

"五看"指看采食、看饮水、看粪尿、看反刍、看精神状态是否正常。

（3）"五净"

①草料净：饲草、饲料不含砂石、泥土、铁钉、铁丝、塑料布等异物，不发霉、不变质，没有有毒有害物质污染。

②槽净：牛下槽后及时清扫饲槽，防止草料残渣在槽内发霉、变质。

③饮水净：注意饮水卫生，避免有毒有害物质污染饮水。

④牛体净：经常刷拭牛体，保持体表卫生，防止体外寄生虫的发生。

⑤圈舍净：圈舍要勤打扫、勤除粪，牛床要干燥，保持舍内空气清洁、冬暖夏凉。

3. 坚持刷拭

刷拭可促进牛体血液循环、增加皮肤弹性，提高采食量和增重速度。育肥时应从头到尾每天刷拭 2 次，每次 10 min。

工作计划

根据所收集的资讯和决策的制定过程，制订知识梳理方案，并分析架子牛的选择、育肥原则、育肥技术等，完成表 6-18、表 6-19、表 6-20。

表 6-18　架子牛的选择

原则	选择标准	负责人

表 6-19　架子牛育肥原则

原则	具体实施	负责人

表 6-20　架子牛育肥技术

阶段	具体实施	负责人

工作实施

引导问题 1：架子牛如何选择？

引导问题 2：架子牛的育肥原则有哪些？

引导问题 3：架子牛的育肥分为哪几个阶段？

评价反馈

项目	内容	分值	赋分		
			自评	组评	师评
职业素养	爱护动物、爱岗敬业	20			
	吃苦耐劳、恪尽职守	20			
	态度端正、按时完成	20			
职业技能	能够准确选择架子牛	20			
	能够熟练开展架子牛的育肥工作	20			
总分		100			
总评	自评×30%+组评×30%+师评×40% ＝		教师签字：		

拓展思考题

1. 如何选购架子牛？
2. 如何组织架子牛育肥？

 **相关知识点**

舍饲育肥的饲料形态和饲喂方式

1. 饲料形态和调制

肉牛的各类粗饲料在饲喂前均需进行加工处理。秸秆类饲料可先用揉搓机揉搓成 0.5~1.0 cm 的丝状，或者先铡短再粉碎成 0.5~0.7 cm 长，然后进行氨化处理；干草有条件可制粒，无条件可粉碎；青贮原料应先切成 0.8~1.5 cm（最好不超过 1 cm）长后再青贮。饲喂前，将所用各类饲料，包括粗饲料、精饲料及添加剂等充分拌匀，至少来回翻动 3 次，以看不到各类饲料的层次为准。这样，牛不能挑食，上槽先后所食饲料一样，有利于育肥牛的整齐发育。

理想的育肥牛饲料，应当有青贮饲料或糟渣类饲料，因此可将其他饲料与这类饲料均匀拌成半干半湿状态（含水量 40%~50%）喂牛，效果最好。育肥牛不宜采食干粉状饲料，因为牛一边采食一边呼吸，极易把粉状料吹起，也影响牛本身的呼吸。

育肥牛在采食半干半湿混合料时要特别注意，须防止混合料发酵产热。发酵产热后的饲料适口性降低，影响牛的采食量。所以应采取多次拌料、每次少拌、用完再拌的方式；拌好的料应放在阴凉处，厚度以 10 cm 为宜。

2. 饲喂方式

（1）饲料喂法

舍饲育肥有限制采食和自由采食两种饲喂方法。限制采食是将按照育肥所需营养配合的日粮，每日限定饲喂时间、次数和给量，一般每天饲喂 2~3 次；自由采食是将配合日粮投入饲槽，昼夜不断，牛可任意采食。

自由采食能满足牛生长发育的营养需要，因此长得快、屠宰率高、出肉多，育肥牛能在较短时间内出栏，省劳力，但饲料浪费较多。限制采食时，牛不能根据自身需要采食饲料，因此限制了牛的生长发育速度，且需要劳力多，但饲料浪费少。牛有争食的习性，群饲时的采食量大于单槽饲养。因此，有条件的育肥场应采用群饲方式喂牛。

投料应采用少给勤添的方法，使牛总有不足之感，争食而不厌食或挑食。但少给勤添时要注意牛的采食习惯，一般的规律是早上采食量大，因此第一次添料要多些，太少了容易引起牛因争料而顶撞斗架；晚上最后一次添料也要多一些，以供牛夜间采食。

（2）饲料更换

随着牛体重的增加，各种饲料的比例会有调整。更换饲料应采取逐渐更换的办法，要有 3~5 天的过渡期，以逐渐让牛适应新更换的饲料；绝不可骤然改变，以免影响牛的消化。在饲料更换期间，饲养人员要勤观察，发现异常要及时采取措施，以减少饲料更换造成的损失。

（3）饮水

饮水不足会影响育肥牛的生长发育。一般育肥牛每采食 1 kg 饲料（干物质），需饮水 3~5 kg。饮水充足，牛精神饱满、被毛有光泽、食欲好、采食量大。饮水最好采用自由饮水装置，如因条件限制而采用定时饮水方式时，每天应至少 3 次。

学习情境 6　高档牛肉生产

💬 学习情境

高档牛肉是指能够作为高档食品的优质牛肉。高档牛肉的生产对肉牛的要求较高，无论是选牛还是育肥，甚至到后期的屠宰和分割都有着严格的要求。高档牛肉的典型代表有日本和牛肉、神户牛肉等。

📱 学习目标

1. 了解高档牛肉的基本要求。
2. 掌握高档肉牛的育肥要求。
3. 培养学生勇于创新、精益求精的工匠精神。

📁 任务书

梳理高档肉牛的育肥技术要点。

👥 任务分组

班级		组号		指导教师	
组长		学号			
成员		姓名	学号	姓名	学号

任务分工：＿＿＿＿＿＿＿＿＿＿＿＿＿＿＿＿＿＿＿＿＿＿＿＿＿＿＿＿＿＿＿＿＿＿＿＿

(( )) 获取资讯

一、高档牛肉的基本要求

高档牛肉是指对育肥达标的优质肉牛，经特定的屠宰和嫩化处理及部位分割加工后，生产出的特定优质部位牛肉，最高占胴体重的12%。在生产高档牛肉的同时，还可分割出优质切块，两者共占胴体比例为45%~50%。由于各国传统饮食习惯不同，高档牛肉的标准各异，但通常是指优质牛肉中的精选部分，见图6-20。综合国内外研究结果，高档牛肉至少应具备以下标准。

图6-20　高档牛肉

1. 活牛

健康无病的各类杂种牛或良种黄牛；30月龄以内，宰前活重为550~600 kg；满膘（看不到骨头突出点），尾根下平坦无沟、背平宽，手触摸肩部、胸垂部、背腰部、上腹部、臀部可以发现较厚的脂肪层。

2. 胴体

胴体外观完整，无损伤；胴体表面脂肪色泽洁白而有光泽，质地坚硬，覆盖率80%以上，12~13肋骨处脂肪厚度10~20 mm，净肉率52%以上。

3. 肉质

肌纤维细嫩，大理石花纹丰富，肌肉剪切值为3.62 kg以下，出现次数应在65%以上；易咀嚼，不留残渣，不塞牙；完全解冻的肉块，用手触摸时，手指易插进肉块深部，牛肉质地松软多汁。制作的食品不油腻、不干燥、鲜嫩可口。每条牛柳重2.0 kg以上，每条西冷重5.0 kg以上，每条眼肉重6.0 kg以上。

二、高档肉牛育肥的基本要求

由于是通过育肥架子牛来实现高档牛肉生产的，因此对架子牛的品种、类型、年龄、体重、性别的要求非常严格。只有这样，才能保证高档优质牛肉生产的成功。

1. 品种要求

品种的选择是高档牛肉生产的关键之一。大量试验研究证明，我国的夏南牛、延黄牛以及引入的国外专门化肉用品种安格斯牛、利木赞牛、夏洛莱牛、皮埃蒙特牛等与本地黄牛的杂交后代是生产高档牛肉最好的牛源。如果用我国地方良种作母本，则牛肉品质和经济效益更好。秦川牛、南阳牛、鲁西牛、晋南牛、延边牛也可作为生产高档牛肉的牛源。

2. 年龄与性别

生产高档牛肉最佳的开始育肥年龄为12~16月龄，30月龄以上不宜育肥生产高档牛肉。

性别以去势公牛最好，因为去势公牛的胴体等级高于公牛，而又比母牛生长快。

3. 体重

生产高档牛肉要求育肥体重在 300 kg 以上。其他方面的要求以达到一般肉牛育肥的最高标准即可。

三、育肥期和出栏体重

1. 育肥期

生产高档牛肉，育肥期不能过短，否则难以达到屠宰后的胴体要求。但育肥期过长，又会使肉质变粗，达不到高档牛肉肉质要求。一般 12 月龄牛育肥期为 8~9 个月，18 月龄牛育肥期为 6~8 个月，24 月龄牛育肥期为 5~6 个月。

2. 出栏体重

出栏体重应达 550~600 kg，否则胴体质量就达不到应有的级别，牛肉达不到优等或精选等级。故既要求适当的月龄，又要求一定的出栏体重，二者缺一不可。

四、强度育肥

高档牛肉生产对饲料营养和饲养管理的要求较高。对饲料要进行优化搭配，尽量多样化、全价化，并正确使用各种饲料添加剂。1 岁左右的架子牛可多用青贮、干草和切碎的秸秆，当体重 300 kg 以上时逐渐加大混合精饲料的比例。育肥期必须采用高营养平衡日粮，以粗饲料为主的日粮难以生产出高档牛肉。所用饲料必须优质，不能潮湿发霉，也不允许虫蛀鼠咬。籽实类精饲料不能粉碎过细，青干草、青贮饲料必须正确调制，秸秆类必须氨化、揉碎。

如选择 12 月龄，体重为 300 kg 的牛进行育肥，按日增重 1 kg 日粮饲喂，育肥到 18 月龄以后，应酌情增加喂料量 10% 左右。每天饲喂 2~3 次，饮水 3~4 次。最后 2 个月要调整日粮，不喂含各种能加重脂肪组织颜色的草料，如大豆饼粕、黄玉米、南瓜、红胡萝卜、青草等，多喂能使脂肪白而坚硬的饲料，如麦类、麦麸、麦糠、马铃薯和淀粉渣等；粗饲料最好用含叶绿素、叶黄素较少的饲草，如玉米秸、谷草、干草等，并提高营养水平，增加饲喂次数，使日增重达到 1.3 kg 以上。但高精饲料育肥时应防止酸中毒。

管理要精心，饲料、饮水要卫生，每天刷拭牛体、清洗食槽、水槽。严格落实防疫措施，注意牛体保健、防寒防暑，高档肉牛育肥舍见图 6-21。

图 6-21　高档肉牛育肥舍

五、小白牛肉生产技术

所谓小白牛肉，是指犊牛从出生到 100 日龄内，体重达到 100 kg 左右，完全由乳或代乳粉饲喂所产的牛肉。因饲料含铁量极少，故其肉为白色，肉质细嫩，味道为乳香味，十分鲜美。小白牛肉蛋白质含量比一般牛肉高 27.2%~63.8%，而脂肪却低 95% 左右，并且人体所必需的氨基酸和维生素齐全，是理想的高档牛肉，现已成为旅游业、贸易业、星级宾馆饭店的紧缺货，发展前景十分广阔。由于生产小白牛肉不喂其他任何饲料，甚至连垫草也不让采食，因此饲喂成本高，但售价也高，其价格是一般牛肉价格的 8~10 倍。

1. 犊牛选择

肉用公犊和淘汰母犊是生产小白牛肉的最好牛源，但我国在目前条件下，专门化肉用品种极少，所以可选择荷斯坦牛公犊，利用其前期生长速度快、育肥成本较低的优势生产小白牛肉。生产小白牛肉要求乳用犊牛初生重为 45 kg 以上，若选用良种黄牛或杂种牛犊牛，初生重要求为 35~38 kg，健康无病，头大嘴大，管围粗、身腰长、后躯方，无任何生理缺陷，见图 6-22。

图 6-22　生产小白牛肉的优质犊牛群

2. 育肥技术

犊牛出生后人工哺喂 3~4 天初乳，每日 3 次；喂完初乳后喂常乳或代乳粉，喂量随日龄增长而逐渐增加，要求平均日增重 800~1 000 g。由于用乳量大、成本高，所以近年来用与常乳营养相当的代乳粉饲喂，每增重 1 kg 需 1.3~1.5 kg 代乳粉。代乳粉配方可参考：乳清粉 38%、半浓缩乳清粉 25%、大豆改性蛋白 17.5%、脂肪（含脂肪 60%，蛋白质 7%）17.5%、微量元素和维生素添加剂 1.5%、赖氨酸 0.3%、蛋氨酸 0.2%。应严格限制代乳粉中的含铁量，强迫犊牛在缺铁条件下生长，这是小白牛肉生产的关键技术。代乳粉加水量前期为 1∶7~1∶8，后期为 1∶6~1∶6.5。

管理上采用圈养或犊牛栏饲养，每圈 10 头，每头占地 2.5~3.0 m²。犊牛栏全用木制，长为 140 cm，高为 180 cm，宽为 45 cm，底板离地高为 50 cm。舍内要求光照充足、通风良好，温度为 15~20 ℃，且保持干燥。小白牛肉全乳饲喂生产方案可参考表 6-21。

表 6-21　小白牛肉全乳饲喂生产方案

日 龄	期末增重/kg	日喂乳量/kg	日增重/kg	需乳总量/kg
1~30	40.0	6.40	0.80	192.0
31~45	56.1	8.30	1.07	133.0
46~100	103.0	9.50	0.84	513.0

六、小牛肉生产技术

犊牛出生后饲养至 7~8 月龄或 12 月龄以前，以乳（或代用乳）为主，辅以少量精饲料培育所产的肉，称为小牛肉。小牛肉富含水分、鲜嫩多汁，含蛋白质多而脂肪少，肉质呈淡粉红色，胴体表面均匀覆盖一层白色脂肪，风味独特、营养丰富。小牛肉分大胴体和小胴体，犊牛育肥至 6~8 月龄，体重达到 250~300 kg，屠宰率为 58%~62%，胴体重为 130~150 kg，称为小胴体；如果育肥至 8~12 月龄，屠宰活重达到 350 kg 以上，则称为大胴体。

1. 犊牛选择

尽量选择早期生长快的品种，如肉用公犊、肉用淘汰母犊、乳用公犊、奶牛或肉牛与黄牛的高代杂种公犊。犊牛初生重一般要求在 35 kg 以上，健康无病，无缺损，优质生长牛群见图 6-23。

图 6-23　优质生长牛群

2. 育肥方法

犊牛喂 3~5 天初乳后人工哺喂常乳，1 月龄内按体重的 10%~12%饲喂。7~10 天开始喂混合精饲料，并逐渐增加到 0.5~0.6 kg，可以自由采食青草或青干草。1 月龄后日喂乳量基本保持不变，3 月龄后日喂乳量逐渐减少，日喂料量则要逐渐增加，仍可以自由采食青草或青干草，自由饮水。喂乳（或代用乳）直到 6 月龄止，可在此时出售，也可继续育肥至 7~8 月龄或 12 月龄出栏。下面介绍一种小牛肉生产方案（见表 6-22），供参考。

表 6-22　小牛肉生产方案

周龄	始重/kg	日增重/kg	日喂乳量/kg	配合饲料日喂量/kg	青干草量/kg
0~4	40~59	0.6~0.8	5.0~7.0	自由采食	自由采食
5~7	60~79	0.9~1.0	7.0~7.9	0.1	自由采食
8~10	80~99	0.9~1.1	8.0	0.4	自由采食
11~13	100~124	1.0~1.2	9.0	0.6	自由采食
14~16	125~149	1.1~1.3	10.0	0.9	自由采食
17~21	150~199	1.2~1.4	10.0	1.3	自由采食
22~27	200~250	1.1~1.3	9.0	2.0	自由采食
合计	—	—	1918	188.3	150

为节省用乳量、提高增重效果并减少疾病发生，所用育肥精饲料要具有能量高、易消化的特点，并可加入少量抑菌制剂。

育肥精饲料参考配方

玉米 60%、豆饼 12%、大麦 13%、蛋粉 3%、油脂 10%、磷酸氢钙 1.5%、食盐 0.5%，每千克饲料中加入维生素 A 100 万~200 万 IU。1~3 月龄内再加入土霉素 2 200 mg。

犊牛 5 月龄后应拴系饲养，减少运动，但每天应晒太阳 3~4 h。牛舍内温度要求为 18~

20 ℃，相对湿度要求在80%以下。

工作计划

根据所收集的资讯和决策的制定过程，制订知识梳理方案，并分析高档牛肉的生产要点、小白牛肉的生产要点、小牛肉的生产要点等，完成表6-23、表6-24、表6-25。

表6-23　高档牛肉的生产要点

要点	具体实施	负责人

表6-24　小白牛肉的生产要点

要点	具体实施	负责人

表6-25　小牛肉的生产要点

要点	具体实施	负责人

工作实施

引导问题1：高档牛肉的基本要求是什么？高档肉牛的育肥要点分别是什么？

引导问题2：小白牛肉的生产要点有哪些？

引导问题3：小牛肉的生产要点有哪些？

⊕ 评价反馈

项目	内容	分值	赋分		
			自评	组评	师评
职业素养	精益求精、责任意识	20			
	创新精神、交流协作	20			
	态度端正、按时完成	20			
职业技能	能熟练开展高档牛肉生产工作	20			
	能熟练开展小白牛肉生产工作	20			
总分		100			
总评	自评×30%+组评×30%+师评×40%＝		教师签字：		

📖 拓展思考题

1. 高档牛肉生产的基本要求有哪些？
2. 如何进行小白牛肉生产？

📝 相关知识点

提高肉牛育肥效益的技术措施

一、选好品种

我国专用肉牛品种少，不能满足各地肉牛生产需要，所以肉牛育肥应主要选择国外优良肉用公牛如夏洛莱牛、利木赞牛、皮埃蒙特牛、西门塔尔牛、安格斯牛等与我国地方品种母牛的杂交后代，三元杂交后代效果更好；或者是我国优良的地方品种及相互杂交的后代，利用其杂种优势提高育肥的效果。

二、利用公牛育肥

研究表明，公牛的生长速度和饲料转化率明显高于去势公牛，并且胴体瘦肉率高、脂肪少。一般公牛的日增重比去势公牛高14.4%，饲料利用率高11.7%，因此2岁内出栏的肉牛以不去势为好。

三、注意牛的体形和年龄选择

选去势牛育肥，以3~6月龄早去势的牛为好，这样可减少应激、加速骨骼雌化，出栏时出肉率高、肉质好。若是架子牛育肥，应选1~2岁牛进行育肥，这类牛生长快、肉质好、效益高。

四、抓住育肥的有利季节

在四季分明的地区，春秋季育肥效果最好，此时气候温和，牛采食量大、生长快。夏季炎热，不利于牛增重，因此肉牛育肥最好错过夏季。在牧区肉牛出栏以秋末为最佳。牛生长发育的适宜温度是 $10\sim21\,℃$，低于 $5\,℃$ 或高于 $27\,℃$ 对牛的生长发育均有严重影响，所以，冬季育肥要注意防寒，夏季要防暑，为肉牛创造良好生活环境。

五、合理搭配饲料

按照肉牛生长发育的生理阶段，合理确定日粮中各营养成分的含量，肌肉生长快的阶段增加蛋白质供应，脂肪生长快的阶段多供应能量，使营养供应与体重和各组织的增长同步。日粮中精饲料和粗饲料均应多样化，这样不仅可提高适口性，也有利于营养互补、提高增重。

六、注意饲料形态和调制

要注意精、粗饲料的加工调制。秸秆类饲料喂前应铡短或用揉搓机揉搓成 $0.5\sim1\,cm$ 的丝状，然后氨化处理。青贮原料切成 $0.8\sim1.5\,cm$ 后青贮。精饲料要压扁或粉碎，饲喂前将所用各类饲料充分拌匀。理想的肉牛育肥饲料，应当有青贮饲料或糟渣类饲料，将这类饲料与其他饲料均匀拌成半干半湿状（含水量 $40\%\sim50\%$）效果最好。

七、精心饲喂和管理

育肥前要驱虫健胃，预防疾病。平时要勤检查、细观察，发现异常须及时处理。严禁饲喂发霉、变质草料，饮水要卫生。要勤刷拭、少运动，圈舍要勤换垫草、勤清粪便、勤消毒，保证育肥安全。饲喂最好采用围栏自由采食，换料时要有过渡。要保证饮水充足。

八、合理使用营养性增重剂

在肉牛育肥中，应用营养性埋植增重剂，效果明显。有试验报道，在牛耳背皮下埋植 $500\,mg$ 赖氨酸埋植剂，结果在 90 天内平均日增重 $1\,360\,g$，比不埋植增重剂的牛（日增重 $1\,180\,g$）高 $180\,g$，高出近 15%。

九、调控瘤胃发酵，提高采食量

①使用碳酸氢钠、氧化镁等缓冲物质，能缓冲氢离子而提高纤维分解菌活性，维持瘤胃的正常内环境，提高采食量。碳酸氢钠用量为精饲料量的 $1\%\sim2\%$。

②使用有机酸稳定瘤胃内环境，苹果酸等有机酸能刺激反刍动物新月状单胞菌活性，该菌群通过对乳酸的利用来调节瘤胃发酵。

③控制饲料养分在瘤胃的降解，通过使用糊化淀粉、过瘤胃蛋白质、过瘤胃脂肪等，降低营养物质在瘤胃的降解，可改善牛体葡萄糖营养状况，提高增重速度。

④利用离子载体改变瘤胃挥发性酸的比例和减少甲烷产生量，如莫能菌素、沙拉里霉素

和盐霉素等可使瘤胃乙酸、丁酸含量下降，丙酸含量提高，同时使甲烷产生量减少，从而提高了日增重和饲料转化率。莫能菌素钠预混剂每头每天使用 200~360 mg，休药期为 5 天。

影响牛肉用性能的因素

一、遗传因素

①品种类型专门化：肉牛比奶牛、兼用牛及役用牛生长快，并能获得较高的屠宰率和净肉率；脂肪沉积均匀，能较早地形成肌肉脂肪，使肉具有大理石状花纹。

②杂交：采用专门化肉牛与本地黄牛杂交，杂交后代生长速度和肉的品质都能得到很大提高。如夏洛莱与本地黄牛杂交，周岁体重可提高 50%，屠宰率可提高 5%，净肉率可提高 10%。

二、生理因素

1. 年龄

一般是 1 岁内增重最快，2 岁时的增重仅为 1 岁的 70%，3 岁时的增重只有 2 岁的 50%。从肉质看，幼牛肉质细嫩、水分含量高、脂肪少、肉色淡、可食部分多；年龄越大，肉质越差。所以选择 2 岁前的牛进行育肥效果最好。

2. 性别

同样饲养条件下，母牛生长育肥速度慢，但肉质肌纤维细、结缔组织少，肉味也好；小公牛生长快、饲料转化率高、瘦肉多、屠宰率和眼肌面积大、肉色鲜艳，风味醇厚；去势公牛生长速度介于公母牛之间、易育肥、肉色较淡、脂肪含量高。

三、环境因素

1. 营养水平

在全期使用高营养水平饲料，虽然前期日增重提高，但不利于全期育肥，后期日增重反而下降。粗饲料与精饲料比例：前期 55~65∶45~35；中期 45∶55；后期 15~25∶85~75，采取此种比例进行育肥最为经济。

2. 管理状况

10~21 ℃的环境条件最有利于肉牛的生长发育，环境温度低于 7 ℃，牛的维持需要增多，增重和饲料转化率低；环境温度高于 27 ℃，采食量下降，体重降低。此外，注意圈舍卫生、经常刷拭牛体、育肥前驱虫防疫，均有利于提高育肥效果。

四、育肥期与屠宰期

根据目前我国肉牛生产情况，选择 18~24 月龄的青年牛进行育肥最好，研究认为其生长能力比其他年龄段的牛高 20%~60%。育肥期以 4~6 个月为好。

一般而言，当体重达到 450~500 kg，绝对采食量随育肥期延长而下降至正常采食量的 1/3 以下或日采食干物质为活重的 1.5% 以下时，可认为已达到最佳屠宰期。

技能训练十　肉牛膘情评定

【目的要求】

掌握评定肉牛膘情的主要部位和评定要领，会初步评定肉牛的膘情。

【训练条件】

育肥度不同的肉牛若干头，育肥度评定标准。

【方法步骤】

1. 目测

绕牛一圈，仔细观察牛体各部位的发育情况，重点是体躯的宽窄深浅，腹部状态及尻部、大腿等处的肥满情况。

2. 触摸

结合目测，用手探测颈、垂肉、下胁、肩、背、腰、肋、臀、耳根、尾根和去势公牛的阴囊等部位的肉层厚薄、脂肪蓄积的程度。具体方法如下。

①检查下胁：以拇指插入下胁内壁，余四指并拢，抚于胁外壁，虎口紧贴下胁边缘，掐捏其厚度与弹性，确定其育肥水平，特别是脂肪沉积水平。

②检查颈部：评定者站于牛体左侧颈部附近，以左手牵住牛缰绳，令牛头向左转，随后右手抓摸颈部。高度育肥个体肉层充实、肥满；瘦牛肌肉不发达，抓起有两层皮之感。

③检查垂肉及肩、背、臀部：用手掌触摸各部位，并微微移动手掌，然后对各部位进行按压，按压时由轻到重，反复数次，以检查其育肥水平，肥者肉层厚，有充实感，瘦者骨棱明显。

④检查腰部：用拇指和食指掐捏腰椎横突，并以手心触摸腰角。如果肌肉丰满，检查时不易触觉到骨骼；否则，可以明显地触摸到皮下的骨棱。只有高度育肥状态下，腰角处才覆有较多脂肪。

⑤检查肋部：用拇指和食指掐捏肋骨，检查肋间肌肉的发育程度。对于育肥良好的牛，不易掐住肋骨。

⑥检查耳根、尾根：用手握耳根，高度育肥的牛有充实感；尾根两侧的凹陷很小，甚至接近水平，用手触摸坐骨结节，有丰满之感。

⑦检查阴囊：高度育肥的去势公牛，用手捏摸阴囊，充实而有弹性，内部充满脂肪。如阴囊松弛，证明育肥尚未达到理想水平。

3. 评定等级

结合目测与触摸，按表5-1的标准评定等级。

【考核要求】

各小组任务完成后，由教师随机抽取 1~2 名成员，考核其肉牛膘情评定的准确度，其考核成绩计入本组所有成员的平时成绩。

【实训报告】

记载所评定肉牛各主要部位特征并确定膘情等级。

◎ 考证提示

家庭农场畜禽养殖 1+X 技能证书、执业兽医资格考试大纲相关的知识点如下。

序号	考点	知识点
1	肉牛生产	（1）肉用犊牛的饲养管理。 （2）青年牛育肥。 （3）繁殖母牛饲养的管理。 （4）成年牛育肥。 （5）架子牛育肥
2	牛胴体	胴体质量评定
3	牛膘情	膘情评定方法

模块四

牛的保健

项目七　牛的保健管理

项目导学

学时	6
要点	参照《动物防疫条件审查办法》，本项目介绍了牛场综合防疫措施、常用消毒方案以及牛场免疫程序的制定，为养牛事业的健康发展保驾护航
目标	**❖素质目标** 1. 激发学生服务"三农"、扎根"三农"的意识。 2. 树立学生养殖场的生物安全意识。 3. 强化学生爱岗敬业、恪尽职守、吃苦耐劳的岗位责任感。 4. 培养学生精益求精、一丝不苟的工匠精神。 **❖知识目标** 1. 了解牛场常用的消毒方案。 2. 掌握牛场卫生管理和消毒方案。 3. 掌握牛场免疫程序制定方法。 **❖能力目标** 1. 会制订牛场卫生管理和消毒方案。 2. 会制定牛场免疫程序
资源	1.《畜牧场规划设计》《畜牧场规划与设计》等教材。 2.《中华人民共和国环境保护法》《中华人民共和国水污染防治法》等法律法规。 3. 畜场规划设计网站——京鹏畜牧
策略	1. 教师可运用任务驱动法、讨论法、演示法等教学方法开展教学。 2. 学生能根据项目所要完成的任务、提供的资讯查阅相关材料，自主探究或合作完成学习任务
评价	1. 牛场综合防疫措施。 2. 牛场常用消毒方案。 3. 牛场免疫程序的制定

学习情境 1　制订牛场卫生管理和消毒方案

学习情境

为保证牛群的健康，除了建立科学的饲养管理制度外，还需制定严格的防疫措施，贯彻"预防为主，防重于治"的方针，防止和消灭牛场疾病，特别是传染病、代谢病，使牛更好地发挥生产性能，提高养牛业的经济效益。

学习目标

1. 了解兽医卫生综合防疫措施。
2. 掌握牛场消毒方案。
3. 培养学生养牛场的生物安全意识，强化严谨认真、爱岗敬业的工匠精神。

任务书

制订牛场消毒方案。

任务分组

班级		组号		指导教师	
组长		学号			
成员		姓名	学号	姓名	学号

任务分工：_____

获取资讯

一、兽医卫生综合防疫措施

养殖场动物疫病的防疫必须将"养、防、检、治"四个环节相结合，只有单方面的防疫措施是不够的。综合防疫措施分为平时的预防措施和发生疫病时的扑灭措施两个方面。

1. 平时的预防措施

①加强饲养管理，搞好卫生消毒工作（见图7-1），增强家畜机体本身的抗病能力。坚持自繁自养的原则，以减少疫病的传播。

②拟订并执行定期预防接种计划。

③定期杀虫、灭鼠（见图7-2），进行粪便的无害化处理。

图7-1 牛场道路消毒

图7-2 灭鼠

④认真贯彻执行国家检疫、市场检疫、交通检疫和屠宰检验等各项工作，及时发现并消灭传染源。

⑤各地（省、区、市）兽医机构应调查研究当地疫情的分布情况，组织相邻地区对家畜传染病的联防工作，有计划地进行消灭和控制，并防止外来疫病的侵入。

2. 发生疫病时的扑灭措施

①及时发现、确诊和上报疫情并通知邻近单位做好疫情的预防工作。

②迅速隔离病畜和疑似病畜，在受污染地方执行紧急消毒措施。若发生重大疫病，如口蹄疫、炭疽等，则应采取封锁等综合措施。

③紧急接种疫苗，及时治疗病畜。

④死畜和淘汰病畜要合理处理。

二、牛场兽医卫生防疫基本措施

1. 场地的选择

牛场应选择地势高燥、背风向阳、水源充足、排水良好、交通方便、远离人群和工厂、距离交通要道500 m以上的场地。

2. 场内布局和要求

①生产区和办公区要严格分开，生产区和办公区应处于上风向，粪场、病牛牛舍、兽医室应处于下风向，场门、生产区入口处应设置消毒池。

②牛场生产区的净道和污道要分开，减少交叉，雨水和污水分开排放。

③牛舍的地面和墙壁应选用适宜的材料，以便于清洗和消毒。

④牛场内不饲养其他动物。患结核病和布鲁氏菌病的人不准入场。

3. 建立严格的消毒制度

消毒是综合性预防动物疾病的重要措施，规范化的养殖场必须建立严格的消毒制度。

三、牛场消毒方案

1. 牛舍的消毒

牛舍的消毒是保证牛健康和饲养人员安全的一项重要措施。牛舍一般每月消毒一次，此外，在春秋季节或牛出栏后应对牛舍内外进行彻底的清扫和消毒。

（1）清扫或刷洗

机械清扫是搞好牛舍环境卫生最基本的一种方法，可以清除污物和大量的病原微生物。为了避免尘土及微生物飞扬，应先用水或消毒液喷洒，然后对牛舍进行清扫，清除粪便、垫料、剩余饲料、墙壁和顶棚上的蜘蛛网、尘土等。扫除的污物应集中进行烧毁或生物热发酵。污物清除后，如地面是水泥地面，还应再用清水进行刷洗。

（2）消毒药喷洒或熏蒸

牛舍清扫、刷洗干净后，即可用消毒药进行喷洒或熏蒸。消毒时应按一定的顺序进行，一般从离门远处开始，按地面、墙壁、棚顶的顺序喷洒，最后再将地面喷洒一次。喷洒后应将牛舍门窗关闭 2~3 h，然后打开门窗通风换气，再用清水冲洗饲槽、地面等，将残余的消毒药清除干净。另外，在进行牛舍消毒时，也应将牛舍附近及饲养用具等进行消毒。牛舍消毒常用的消毒药有 20% 石灰乳、5%~20% 漂白粉溶液、30% 草木灰水、1%~4% 氢氧化钠溶液、3%~5% 来苏尔溶液、4% 福尔马林溶液等。消毒时应将牛舍内的用具、饲槽、水槽、垫料等物品适当摆开，以利于气体穿透。

此外，在牛场门口应设消毒池（槽），里面盛放 2% 氢氧化钠溶液或 5% 来苏尔溶液和草包，以便人、车进出时进行鞋底和轮胎的消毒。消毒池的长度应不小于轮胎的周长，宽度与门宽相同，池内的消毒药应注意添换，使用时间最好不超过一周。

牛场门、生产区入口处的消毒池内药液要经常更换（2% 的火碱溶液），使之保持有效浓度，车辆、人员要从消毒池经过，见图 7-3。

图 7-3 牛场门口的消毒池

牛舍内要保持通风良好、卫生整洁。牛床要打扫干净，牛舍每月消毒一次，每年春、秋两季各进行一次彻底消毒。常见消毒药见表 7-1。场区入口的消毒室采用紫外线消毒，粪便、垫料采用发酵消毒。

转群或出栏净场后，对整个牛舍和用具要进行彻底的消毒。

表 7-1 常见消毒药

消毒药	使用浓度/%	消毒对象
石灰乳	10～20	牛舍、围栏、饲料槽、饮水槽
热草木灰水	20	牛舍、围栏、饲料槽、饮水槽
来苏尔溶液	5	牛舍、围栏、用具、污染物
漂白粉溶液	2	牛舍、围栏、车辆、粪尿
火碱溶液	1～2	牛舍、围栏、车辆、污染物
过氧乙酸溶液	0.5	牛舍、围栏、饲料槽、饮水槽、车辆
过氧乙酸溶液	3～5	仓库（按仓库容积，2.5 mL/m³）
臭药水	3～5	牛舍、围栏、污染物

2. 粪便的消毒

患有传染病的牛，排出的粪便中含有大量的病原微生物和寄生虫卵，如不进行消毒处理，直接作为农业肥料，往往会成为传染源。因此，对牛粪便必须进行严格的消毒处理。

（1）掩埋法

掩埋法是指将粪便与漂白粉或新鲜的生石灰混合，然后深埋于地下，一般埋的深度在2 m左右。这种方法虽然简单易行，但是病原微生物有经地下水散布的危险，且损失大量的肥料，故很少采用。

（2）焚烧法

焚烧法是消灭一切病原微生物最有效的方法，但大量焚烧粪便显然是不合适的。因此这种方法只用于消毒患烈性传染病的牛的粪便。

（3）化学消毒法

适用于粪便消毒的化学消毒剂有漂白粉或10%～20%漂白粉溶液、0.5%～1%过氧乙酸溶液、5%～10%硫酸苯酚合剂、20%石灰乳等。使用时应注意搅拌，使消毒剂浸透混匀。

（4）生物热消毒法

生物热消毒法是消毒粪便最常用的方法。使用这种方法既能杀灭粪便中非芽孢性病原微生物和寄生虫卵，又不会失去粪便作为肥料的应用价值。

3. 土壤的消毒

病原微生物常随着患病牛的排泄物、分泌物、尸体和污水、垃圾等污物进入土壤而使土壤受到污染。土壤中的病原微生物除了来自外界污染以外，土壤中本身就存在着能够较长时间生活的病原微生物，且土壤中的病原微生物也可通过施肥、水源、饲料等途径传染给牛。因此，土壤的消毒，特别是对被病原微生物污染的土壤进行消毒是十分必要的。

消灭土壤中的病原微生物，生物学和物理学因素起着重要的作用。疏松土壤，可增强微生物间的拮抗作用,使其充分接受阳光中紫外线的照射。另外,种植冬小麦、黑麦、葱蒜、三叶草、大黄等植物,也可杀灭土壤中的病原微生物,使土壤净化。在实际生活中,除使用上述自然净化方法外,也可运用化学消毒法进行土壤消毒,迅速消灭土壤中的病原微生物。化学消毒时常用的消毒剂有漂白粉溶液或5%~10%漂白粉澄清液、4%甲醛溶液、10%硫酸苯酚合剂溶液、2%~4%氢氧化钠热溶液等,消毒前应首先对土壤表面进行机械清扫,并将被清扫的表土、粪便、垃圾等集中深埋或生物热发酵或焚烧,然后用消毒剂进行喷洒,用量为1 000 mL/m²。

4. 兽医诊疗器械及用品的消毒

兽医诊疗工作中使用的各种器械及用品,在用前和用后都必须按要求进行严格的消毒。根据器械及用品的种类和使用范围不同,其消毒的方法和要求也不同。一般对于进入牛体或与黏膜接触的诊疗器械,必须严格进行消毒灭菌;对于不进入动物组织,也不与黏膜接触的器械,一般要求去除细菌的繁殖体及亲脂病毒。

5. 兽医诊疗室的消毒

兽医诊疗室是对患病牛进行诊疗的主要场所,患病牛携带的病原微生物经各种途径排出体外后,会污染兽医诊疗室的地面、墙壁等,每次诊疗前后应用3%~5%来苏尔溶液等进行消毒。室内尤其是手术室内空气,可用紫外线在术前或手术间歇期间进行照射,也可使用1%漂白粉澄清液或0.2%过氧乙酸溶液作空气喷雾,有时也用乳酸、福尔马林等加热熏蒸,有条件时采用空气调节装置,以防空气中的微生物降落到创口或器械的表面,引起创口感染。

6. 水和空气消毒

牛生产中要消耗大量的水,水的质量好坏直接影响牛的健康及产品的卫生质量。为了杜绝经水传播的疾病发生和流行,保证牛的健康,水必须经过物理消毒法或化学消毒法消毒处理后才能饮用。

空气中微生物的种类和数量受地面活动、气象因素、人口密度、地区、室内外、牛的饲养量等因素影响,其会随着空气的流动到处传播,因此必须对牛舍的空气进行消毒,尤其应注意对被病源污染的牛舍空气进行消毒。空气消毒常用紫外线照射和化学消毒剂消毒。

7. 尸体处理和疫源地消毒

(1) 尸体处理

合理、安全地处理尸体,对于防治牛的传染病和维护公共卫生都有重要意义。病牛尸体的处理方法有掩埋、焚烧、化制和发酵4种。

①掩埋法:此法简便易行,但不是彻底处理的方法,故烈性传染病尸体不宜用掩埋法。在掩埋病牛尸体时,应注意选择远离住宅、农牧场、水源、草原及道路的僻静地方,土质干

燥、地势高、地下水位低，并避开水流、山洪的冲刷。

②焚烧法：此法是销毁尸体、消灭病原体微生物最彻底的方法，但需消耗大量的燃料，所以非烈性传染病尸体不常应用。焚烧尸体要注意防火，应选择离村镇较远、下风向的地方，在焚尸坑内进行。有条件的地方也可送火化场焚烧。

③化制法：此法是将病牛尸体放入特制的加工器中进行炼制，以达到消毒的目的。化制时要求有一定的设备条件，在基层可采用土法化制方法，将尸体或组织块放在有盖铁锅内进行烧煮炼制，直至骨肉松脆。

④发酵法：此法是将尸体抛入尸坑内，利用生物热的方法进行发酵分解，从而起到消毒除害的作用。

（2）疫源地消毒

疫源地包括患病牛所在的牛舍、隔离场地，患病牛的排泄物、分泌物，以及被病原微生物污染和可能被污染的一切场所、用具和物品等。在实施消毒过程中，应抓住重点，保证疫源地消毒的实际效果。

📠 工作计划

根据所收集的资讯和决策的制定过程，制订知识梳理方案，并分析牛场综合防疫措施、消毒方案等，完成表 7-2、表 7-3。

表 7-2 牛场综合防疫措施

项目	工作内容	负责人

表 7-3 牛场消毒方案

消毒对象	工作内容	负责人

🔊 工作实施

🔲 引导问题 1：牛场综合防疫措施有哪两个方面？

引导问题2：如何制订牛场消毒方案？

✥ 评价反馈

项目	内容	分值	赋分		
			自评	组评	师评
职业素养	生物安全意识、责任意识	20			
	严谨认真、爱岗敬业	20			
	态度端正、按时完成	20			
职业技能	熟练制定牛场综合防疫措施	20			
	正确制订牛场消毒方案	20			
总分		100			
总评	自评×30%+组评×30%+师评×40% =			教师签字：	

📖 拓展思考题

1. 牛场的消毒方案有哪些？
2. 如何制订牛场消毒方案？

📝 相关知识点

牛场常用的消毒方法

1. 喷雾消毒

用一定浓度的次氯酸盐、过氧乙酸、有机碘混合物、新洁尔灭等，通过喷雾装置进行喷雾消毒，主要用于牛舍清洗完毕后的喷洒消毒、带牛环境消毒、牛场道路和周围及进入场区车辆的消毒。

2. 浸润消毒

用一定浓度的新洁尔灭、有机碘混合物的水溶液，对手、工作服或胶靴等进行清洗。

3. 紫外线消毒

在人员入口处常设紫外线照射灯，以起到杀菌效果。

4. 喷洒消毒

在牛舍周围、入口、产床和牛床下面等区域，喷2%～3%氢氧化钠溶液或撒生石灰以杀死细菌和病毒。

5. 熏蒸消毒

常用 37% 的甲醛溶液和高锰酸钾密闭熏蒸 24 h，进行牛舍内消毒。

学习情境 2　制定牛场免疫程序

学习情境

免疫接种是防控疾病最重要的手段之一。牛场免疫程序应根据当地及牛场实际情况，结合牛群的种类、年龄、饲养管理、母源抗体的干扰，以及疫苗的性质、类型和免疫途径等各方面因素和免疫监测结果，制定适合本牛场的免疫程序。

学习目标

1. 掌握牛场的常用免疫程序。

2. 培养学生的生物安全和责任意识，强化一丝不苟、精益求精的工匠精神，激发其爱农情怀。

任务书

制定牛场的常用免疫程序。

任务分组

班级		组号		指导教师	
组长		学号			
成员		姓名	学号	姓名	学号

任务分工：_____

![获取资讯图标] **获取资讯**

一、牛的常用疫苗及保存方法

1. 牛的常用疫苗

牛常用疫苗分为灭活苗和弱毒苗，其种类见表 7-4。灭活苗免疫期短，使用相对安全；弱毒苗免疫期长，保存效果好，但存在散毒风险。牛在严重应激情况下，接种疫苗的效果会不好。有时疫苗的副作用还会导致母牛流产，故有时要调整免疫时间。

表 7-4　牛常用疫苗种类

免疫疾病	常用疫苗
口蹄疫	口蹄疫 A 型灭活苗、O 型-亚洲 I 型二价灭活苗、三联苗
布鲁氏菌病	牛型 A19 株疫苗（A19）、猪型 S2 株疫苗（S2）、羊型 M5 株疫苗（M5）
传染性鼻气管炎	灭活苗、弱毒苗
牛病毒性腹泻-黏膜病	弱毒苗
炭疽	炭疽芽孢杆菌苗
狂犬病	狂犬病疫苗灭活苗

2. 疫苗保存方法

不同疫苗的运输和保存方法不同，应根据疫苗对温度的要求进行运输和保存。活的弱毒苗要保存在 -20~-15 ℃低温条件下，避免反复冻融、高温和阳光照射；灭活苗应保存在 2~8 ℃条件下，避免温度过高或冻结。

二、免疫接种前的准备

1. 人员准备

免疫接种工作要由本牛场技术娴熟的兽医技术人员操作，要做好相应的准备和防护工作。免疫接种人员要剪短手指甲，用肥皂或消毒液（来苏水或新洁尔灭溶液）洗手，再用 75% 酒精消毒，穿好工作服，戴好工作帽、口罩、胶手套等。接种布鲁氏菌菌苗等特殊疫苗时，还要戴防护眼镜。

2. 物品准备

不同的疫苗接种方法不同，需要准备的器械和物品也不同。一般要准备的物品有连续注射器、针头、消毒器械、保定器械、消毒药品、急救药品和人的防护用品，以及耳标钳、耳标等。准备好合适的针头，要保证每头牛一个灭菌针头，防止交叉感染。

3. 牛群健康

检查牛群的健康状况，加食欲、体温是否正常，患病、瘦弱、不正常或不适合接种的牛只可不接种或暂缓接种。可免疫的牛群应做到应免尽免。

4. 疫苗准备

检查疫苗保存是否正常，是否有分层、冻结等现象；注意标注的有效期，切忌使用过期及不合格的疫苗；疫苗应随用随取，不可大量长时间保存，使用时升温到室温并摇匀；需要稀释使用的疫苗要现用现配，防止效价降低或失效。

三、牛场基本免疫计划

（一）牛场年度基本免疫计划

一般牛场年度基本免疫计划见表7-5。

表7-5　牛场年度基本免疫计划

计划免疫时间	常用疫苗类型
1月	口蹄疫A型灭活苗、O型-亚洲Ⅰ型二价灭活苗、三联苗
3月	炭疽芽孢杆菌苗
5月	口蹄疫A型灭活苗、O型-亚洲Ⅰ型二价灭活苗、三联苗
8月	布鲁氏菌菌苗
9月	口蹄疫A型灭活苗、O型-亚洲Ⅰ型二价灭活苗、三联苗

（二）不同时期牛群免疫计划

1. 犊牛免疫程序

犊牛免疫程序见表7-6。

表7-6　犊牛免疫程序

序号	免疫时期	常用疫苗类型、接种方法
1	1日龄	牛瘟超免（在常发生牛瘟的牛场，犊牛吃初乳前注射一头份牛瘟弱毒苗，隔1~2 h后哺喂初乳）
2	7~15日龄	气喘病灭活苗
3	10日龄	肌内注射或皮下注射传染性萎缩性鼻炎疫苗
4	10~15日龄	犊牛水肿苗
5	20日龄	肌内注射牛瘟苗
6	20~25日龄	肌内注射伪狂犬病弱毒苗
7	30日龄	肌内注射传染病萎缩性鼻炎疫苗

序号	免疫时期	常用疫苗类型、接种方法
8	35~40 日龄	口服或肌内注射犊牛副伤寒菌苗。在疫区，首免后隔 3~4 周再二免
9	60 日龄	2 倍量肌内注射牛瘟-牛肺疫-牛丹毒三联苗

2. 后备牛免疫程序

①每年春季（3~4月），肌内注射乙型脑炎疫苗 1 次。

②配种前 1 个月肌内注射细小病毒疫苗。

③配种前 1 个月接种狂犬病疫苗。

④配种前 20~30 天，4 倍量肌内注射牛瘟-牛丹毒二联苗（或加牛肺疫的三联苗）。

3. 成年牛免疫程序

成年牛免疫程序见表 7-7。

表 7-7　成年牛免疫程序

序号	免疫时期	常用疫苗类型、接种方法
1	空怀期	4 倍量肌内注射牛瘟-牛丹毒二联苗（或加牛肺疫的三联苗）
2	每年	肌内注射 1 次细小病毒灭活苗，3 年后可不注射
3	每年春季（3~4月）	肌内注射 1 次乙型脑炎疫苗，3 年后可不注射
4	产前 2 周	肌内注射气喘病灭活苗
5	产前 45 天、15 天	分别注射 K88，K99，K987 大肠菌苗
6	产前 45 天	注射传染性胃肠炎-流行性腹泻二联苗
7	产前 35 天	皮下注射传染性萎缩性鼻炎疫苗
8	产前 30 天	肌内注射犊牛红痢疫苗
9	产前 25 天	肌内注射传染性胃肠炎-流行性腹泻二联苗
10	产前 13 天	肌内注射伪狂犬病弱毒苗

4. 其他疾病的免疫

（1）牛传染性胸膜肺炎

在犊牛期 1，3，5 月龄时各免疫 1 次。

（2）牛链球菌病

成年母牛每年春秋季各 1 次；犊牛 10 日龄首次免疫，60 日龄加强免疫；或者出生后首次免疫，断乳后 2 周加强免疫。

工作计划

根据所收集的资讯和决策的制定过程，制订知识梳理方案，并分析牛场免疫相关知识，完成表7-8、表7-9。

表7-8　牛的常用疫苗及保存方法

项目	具体内容	负责人

表7-9　牛免疫接种前的准备

项目	准备内容	负责人

工作实施

引导问题1：牛的常用疫苗有哪些？如何保存？

引导问题2：牛免疫接种前需要准备什么？

评价反馈

项目	内容	分值	赋分		
			自评	组评	师评
职业素养	生物安全意识、责任意识	10			
	一丝不苟、精益求精	10			
	态度端正、按时完成	20			
职业技能	能够正确保存牛的常用疫苗	20			
	能够熟练开展免疫前的准备工作	20			
	能够科学制定牛的免疫程序	20			
	总分	100			
总评	自评×30%+组评×30%+师评×40% =		教师签字：		

拓展思考题

1. 当地牛的传染病主要有哪些？应选用哪些疫苗？
2. 在牛免疫接种前需要做哪些准备工作？

考证提示

家庭农场畜禽养殖 1+X 技能证书、执业兽医资格考试大纲相关的知识点如下。

序号	考点	知识点
1	消毒方法	（1）养殖场外环境及畜禽舍内环境消毒的主要方法及注意事项。 （2）评判养殖舍及养殖设施的消毒效果
2	疫苗	（1）常用疫苗的保存。 （2）免疫接种前的准备